LE BANQUET DES ANGES

DU MÊME AUTEUR

ROMANS

L'ÉCORCE DES PIERRES, 1959, Grasset.
L'AUBE, 1962, Grasset.
LETTRE A DORA, 1969, Grasset.
LES ENFANTS DE GOGOL, 1971, Grasset.
PORPORINO OU LES MYSTÈRES DE NAPLES, 1974, Grasset et Livre de Poche.
L'ÉTOILE ROSE, 1978, Grasset et Livre de Poche.
UNE FLEUR DE JASMIN A L'OREILLE, 1980, Grasset.
SIGNOR GIOVANNI, 1981, Balland.
DANS LA MAIN DE L'ANGE, 1982, Grasset et Livre de Poche.

VOYAGES

MÈRE MÉDITERRANÉE, 1965, Grasset et Livre de Poche.
LES ÉVÉNEMENTS DE PALERME, 1966, Grasset.
AMSTERDAM, 1977, Éditions du Seuil.
LES SICILIENS, 1977, Denoël (en collaboration avec Ferdinando Scianna et Leonardo Sciascia).
LE PROMENEUR AMOUREUX, *de Venise à Syracuse*, 1980, Plon.
LE VOLCAN SOUS LA VILLE. *Promenades dans Naples* (Photographies de Jean-Noël Schifano), 1983, Plon.

ESSAIS

LE ROMAN ITALIEN ET LA CRISE DE LA CONSCIENCE MODERNE, 1958, Grasset.
L'ÉCHEC DE PAVESE, 1967, Grasset.
IL MITO DELL'AMERICA, 1969, Edizioni Salvatore Sciascia (Rome).
L'ARBRE JUSQU'AUX RACINES, *Psychanalyse et création*, 1972, Grasset.
EISENSTEIN, *l'Arbre jusqu'aux racines II*, 1975, Grasset.
LA ROSE DES TUDORS, 1976, Julliard.
INTERVENTI SULLA LETTERATURA FRANCESE, 1982, Matteo (Treviso).

TRADUCTION

UNE ÉTRANGE JOIE DE VIVRE ET AUTRES POÈMES, de Sandro Penna, 1979, Éditions Fata Morgana (en collaboration avec Jean-Noël Schifano).

ISBN 2-259-01172-1

Dominique Fernandez

LE BANQUET DES ANGES

L'Europe baroque de Rome à Prague

Photographies de
Ferrante Ferranti

Plon

ITALIE

Arcanes du nombre quatre

Rome, piazza Navona, au quatrième étage de la maison qui fait l'angle de via Tor Millina : par les fenêtres, nous voyons, qui pointe sa spirale, ses boules, ses flammèches, derrière l'enchevêtrement des toits de tuiles à la pente douce, la lanterne de Saint-Yves-de-la-Sapience. En nous penchant au-dessus de l'appui, nous pourrions distinguer, sur notre droite, un peu des courbes et des renflements de l'autre église de Borromini, Sainte-Agnès ; et, devant l'église, prendre une vue plongeante et imprévue de la Fontaine des Fleuves, en nous gardant toutefois de remettre pour la centième fois en compétition Borromini et Bernini, qui, en bons rivaux, se détestaient. Une culture, dans ses grandes époques de création, s'exprime toujours par paires, afin d'offrir les deux faces, complémentaires, de son génie. Montaigne et Pascal, Corneille et Racine, Voltaire et Rousseau, Léonard et Michel-Ange, Wagner et Verdi. Si Bernini, autant par sa vie de grand seigneur que par l'éloquence de son style, exprime de l'âge baroque l'aspect extraverti, fastueux, luxuriant, Borromini, que son tempérament mélancolique porta à se jeter sur la lame de son épée, et qui chercha dans les formes une pureté aussi fine que celle des maîtres de la Renaissance, nous rappelle que baroque signifie également solitude, austérité, dépouillement, tension intérieure vers la perfection.

Saint-Yves, Sainte-Agnès, Fontaine des Fleuves ; puis Sant'Andrea della Valle, qui bombe son opulente coupole au fond de la place, et, derrière nous, Sainte-Marie-de-la-Paix,

Le Gange.
ROMA/AMOR (Bernini, pont Saint-Ange).

La Fontaine des Fleuves.

de Pietro da Cortona, dont nous ne manquerons pas, en redescendant, d'aller admirer le péristyle arrondi encastré entre deux rues : la grande aventure a commencé ici, en bas de cette fenêtre, piazza Navona étant bien l'ombilic, le creuset, l'épicentre de cette culture inouïe qui a bouleversé si fort presque toute l'Europe — hormis la France — et pas seulement, un exemple immédiat va nous le montrer, l'Europe des arts plastiques. Au risque de basculer par-dessus bord, n'apercevons-nous pas, au rez-de-chaussée de la maison, les tentures bleu et blanc des « Tre Scalini » ? Une *gelateria* entre les plus fameuses de Rome, où se déguste, sinon le meilleur *tartuffo*, du moins une des meilleures de ces glaces au chocolat dont le nom italien, si pulpeux déjà en lui-même, peut seul évoquer la consistance subtile et graduée — *tar* figurant assez bien l'enveloppe ferme, craquante, et *tuffo*, qui se prononce en appuyant sur le *u* suivi du double *ff* murmuré comme un soupir, le cœur léger, mousseux, immatériel. Est-ce un hasard si cette merveille de l'art oral se fabrique à quelques mètres de l'endroit où Bernini a pétri et modelé le tendre travertin de la fontaine comme s'il s'agissait de blocs de sucre ou de ruisseaux de crème ? Premier réseau d'analogies, entre les ondoiements gustatifs des arômes fondant sur la langue, et les volutes de la pierre battue et fouettée comme de simples blancs d'œufs.

Pendant que Ferrante photographie un vendeur de beignets qui se faufile, derrière sa charrette, entre les badauds et les pigeons, je me rappelle tout ce qui a été écrit au sujet du Rio de la Plata. Ce grand et fort personnage tend la main devant lui, en direction de la façade de Sainte-Agnès. Comme s'il voulait la repousser, affirme une légende bien connue : au moyen de ce geste, Bernini aurait signifié son horreur du travail accompli par Borromini. Fable plaisante mais dénuée de fondement, puisque la Fontaine des Fleuves a été construite six ans avant l'église. Seulement, écroulée cette conjecture, les exégètes restent pantois. Comment expliquer ce bras dressé, ces doigts raidis, ce mouvement de recul et de désapprobation ?

— Est-ce si difficile à deviner ? dis-je en montrant les « Tre Scalini ». Le Rio de la Plata, déjà bien assez corpulent et robuste, se dresse avec la dernière énergie contre la tentation des *tartuffi* présents et futurs. Il ne repousse pas l'église, il repousse la *gelateria.*

Le Rio de la Plata.

— Son camarade, dit Ferrante, manifeste moins de scrupules. Regarde-le, la tête cachée sous un voile !

— Il représente le Nil. Puisqu'on ignorait où ce fleuve prenait sa source, il fallait le sculpter sans visage.

— *Macché* ! Compère Nil avale en douce et pour l'éternité un de ces régals de la bouche que l'ère baroque a suscités partout sur son passage.

— D'ailleurs, s'agit-il bien de fleuves ?

Je songe à cette capacité spéculative et à ce goût de la symbolisation si typiques du génie italien. Comment Bernini aurait-il pu se contenter de prendre au hasard le Rio de la Plata, le Nil, le Danube et le Gange entre des centaines de fleuves possibles ? Quelle nécessité interne se serait-elle exprimée par ce choix ? La volonté jésuite d'évangéliser les quatre continents suffirait-elle à l'expliquer ? Pourquoi ces quatre noms, pourquoi pas d'autres ? Une sélection arbitraire, une fantaisie géographique, indignes d'un artiste romain ! Quand Michel-Ange retint pour la chapelle Médicis à Florence le nombre quatre, ce n'était pas pour s'arrêter ni pour arrêter notre attention sur de simples accidents horaires tels que le jour, la nuit, l'aurore et le crépuscule ; mais bien plutôt pour entreprendre une vaste méditation sur l'homme et les quatre servitudes qui pèsent sur son destin : la sanguine, personnifiée par l'Aurore, la mélancolique, par le Crépuscule, la flegmatique, par la Nuit, la colérique, par le Jour. Servitudes du tempérament, classées selon la philosophie grecque, auxquelles il a voulu associer, par un jeu subtil de correspondances, les quatre influences cosmiques (dans le même ordre : Air, Terre, Eau, Feu) et les quatre déterminations climatiques (Printemps, Automne, Hiver, Été). Un système parfait, clos en lui-même, une explication du monde.

A Bernini, que restait-il à faire, après une démonstration de cette force ? Le nombre quatre n'avait-il pas épuisé ses symboles et ses mystères ? Une seule voie demeurait ouverte : reprendre le même sujet, mais sous sa version humoristique. Représenter, par exemple, les quatre moments de la servitude orale. D'où ces géants, en équilibre précaire. Rendus inquiets et instables par la gourmandise, pleins d'agitation à l'idée que l'insatiable curiosité de leur palais serait toujours circonscrite par les capacités de leur estomac, affolés par la proximité des « Tre Scalini », pour un peu ils bondiraient de leurs rochers en direction de la *gelateria*, malgré le tatou des Indes, le crocodile, le lion, le serpent tapis à leurs pieds dans les eaux, prêts à mordre. Le Gange — que nous ne voyons pas de notre observatoire — se retient à un long bambou, les yeux, la barbe, la poitrine tout gonflés de désir. Le Danube lève le regard et les paumes vers le ciel : prière pour obtenir un supplément de manne, ou pour invoquer une aide contre la tentation ? Mais l'*homo barocchus* et sa voracité de friandises ne se révèlent en plein que dans les deux phases suivantes : celle où le glouton, déjà repu et tout honteux de découvrir en lui un reste d'avidité pâtissière, se cache la figure derrière un voile pour une dernière manducation clandestine ; et l'ultime et dramatique péripétie, sommet de l'émotion sucrière, quand le désir, vaincu par la satiété, s'oblige à ce geste de refus qui est geste de désespoir :

— Par pitié, éloignez de moi cette glace, ce gâteau, ô Dieu, dérobez à mes yeux cette nouvelle splendeur dont le flanc crémeux réveille déjà mes papilles alanguies...

Le songe romain

Derrière nous, le maître de maison sourit imperceptiblement. Non pas qu'il mette sur le compte de l'enthousiasme touristique notre empressement à photographier la place Navone du haut de ses fenêtres, mais parce qu'il nous a compris et tient en réserve pour nous, à côté de cette vision extérieure du baroque, une vision plus originale. Et en effet, à peine nous sommes-nous retournés vers l'intérieur de l'appartement, que nous sommes saisis, enchantés par le tableau accroché au-dessus du canapé : la toile la plus célèbre de notre hôte et le chef-d'œuvre, peut-être, de Fabrizio Clerici.

Il nous invite à nous approcher et à distinguer mieux ce qui nous apparaît d'abord comme une sorte d'atelier frappé par la peste où des morts et des mortes, nus ou drapés dans des tuniques flottantes, gisent à la renverse au milieu d'échafaudages déchiquetés.

— *Il Sonno romano*, murmure Fabrizio.

« Le sommeil romain », mais aussi, *sonno* étant tout proche de cet autre beau mot italien *sogno*, « le songe romain ». Dorment-ils, rêvent-ils, tous ces corps abandonnés sous un rayon de soleil oblique, entre des rameaux de grenades éclatées, des crânes, des débris de vases funéraires ? La couleur de leur peau est la même que celle de leur vêtement : une même teinte blême les enveloppe, cadavres et linceuls, comme si Rome avait connu le sort de Pompei, et qu'il ne restât, de cette immense civilisation, que quelques formes humaines pétrifiées dans un songe blafard. L'Urbs,

Ombres et lumières dans le Gesù.

accablée par le poids de son histoire, dort d'un sommeil éternel, et son rêve, si elle en fait un, ne peut être qu'un rêve de fin du monde, un rêve de décoloration et d'anéantissement de tout.

Pourtant, rien de moins figé que ce tableau, qui palpite d'une vie étrange. Ces corps sont-ils bien des cadavres ? Et leurs vêtements des linceuls ? En haut, à gauche, je reconnais, pâmée et la main crispée sur le cœur, la bienheureuse Ludovica Albertoni, telle que l'a sculptée Bernini : moins célèbre que sa consœur sainte Thérèse, mais elle aussi en proie à quelque transe qui l'a jetée violemment en arrière et mise absolument hors d'elle. Statues, également, que les autres personnages de cette toile : la couleur blanche qui semble avoir fondu sur eux comme une coulée d'outre-tombe n'est que la pâleur de la pierre. Ce ne sont pas des morts, mais des marbres. Fabrizio Clerici a regroupé ici quelques échantillons de la sculpture romaine, peints avec fidélité : seuls le décor et la disposition des statues sont de son invention.

A droite, au premier plan, voici, couché sur le dos auprès de l'Hermaphrodite de la Villa Borghese, un jeune homme nu de la plus grande beauté, le buste cambré, la tête renversée, une main sur la poitrine. Je ne reconnais pas mieux les trois figures qui se trouvent au-dessus, placées sur des socles de pierre à des étages différents. Le Faune de la Glyptothèque de Munich, me glisse Fabrizio : nu, assis de face, les jambes écartées, un bras pendant dans le vide, l'autre passé derrière la tête qui penche en arrière, toute la pose (ivresse ? volupté ?) suggérant une dépossession de soi-même non moins complète ni mystérieuse que les extases des saintes catholiques. Et celle-là ?

— Une « Ariane abandonnée », dit Fabrizio, mais il ne se rappelle plus où il a vu cette femme enveloppée de voiles qui enserre sa tête de ses mains et donne les signes de la plus entière détresse.

— Mais celle-ci, tu la reconnais, non ? Sainte Martine, dans l'église des Saints-Martine-et-Luc, près du Forum.

Autre femme couchée, autres voiles, autre spectacle d'abandon, de solitude, d'épuisement, mais d'épuisement bienheureux.

Remontant à l'Antiquité (le Faune, l'Ariane ?) ou sculptées à une date plus récente, toutes ces statues composent une étonnante galerie, comme si la brûlure d'un extrême tourment ou d'une extrême jouissance leur avait ôté la force de se tenir debout. Victimes du destin résignées ou béates, hommes jetés à terre par quelque secrète fatalité, femmes ployées vers le sol et clouées à un lit de douleur consentie, tous se sont donné ici rendez-vous. Humanité qui souffre et qui gémit en silence : ce ne sont pas les cendres du Vésuve qui les ont abattus ainsi et brisés dans leurs fonctions vitales, mais quelque mal intérieur dont la pointe les ronge et les torture sans remède.

Aussitôt je me demande : ce type de personnages dolents, prostrés, vaincus, où l'ai-je déjà rencontré ? Cette façon de se pâmer, de se tordre les mains, de se tenir la tête, de se presser le flanc, ces langueurs, ces torpeurs, ces agonies, ces jouissances d'agonie, à quel univers me font-elles penser ? Des statues, oui, mais qui me renvoient à un autre monde où des hommes et des femmes bien vivants se tordent et se pâment en public. Pour des mourants, ou pour des rêveurs, le trait le plus étonnant n'est-il pas qu'ils aient l'air de se donner en spectacle ? Voilà le caractère qui unit entre elles les statues choisies par Clerici : le goût de se donner en spectacle. Le sommeil, ou le songe, romain, n'est pas une aventure privée. Ludovica comme le Faune, l'Hermaphrodite comme Ariane, ne sont pas gens à se retirer pour dormir, pour jouir, pour souffrir. Leur sommeil, leurs rêves, leurs émotions, leurs passions sont d'abord du spectacle, du théâtre. Du théâtre ? Je me trouble encore plus à cette idée, je sens que je touche au but. Mais il me manque certains éléments : par exemple, fixer plus précisément l'époque où ces statues ont été faites m'aiderait à retrouver où ces héroïnes, où ces héros me sont déjà apparus. Celles qui ne remontent pas à l'Antiquité appartiennent-elles au même siècle que la bienheureuse figurée par Bernini ? Dans ce cas, la solution serait toute proche... Mais d'abord, ne devons-nous pas aller regarder sur place les œuvres qui ont servi de modèles au peintre ?

Surpris par mon ignorance au sujet de sainte Martine, il me montre sur un plan de Rome l'emplacement de l'église à l'entrée du Forum. Ludovica, nous la trouverons à San Francesco a Ripa, dans le Transtévère ; l'adolescent cambré, à San Sebastiano, en dehors des murailles, sur l'Appia antica, du côté des catacombes.

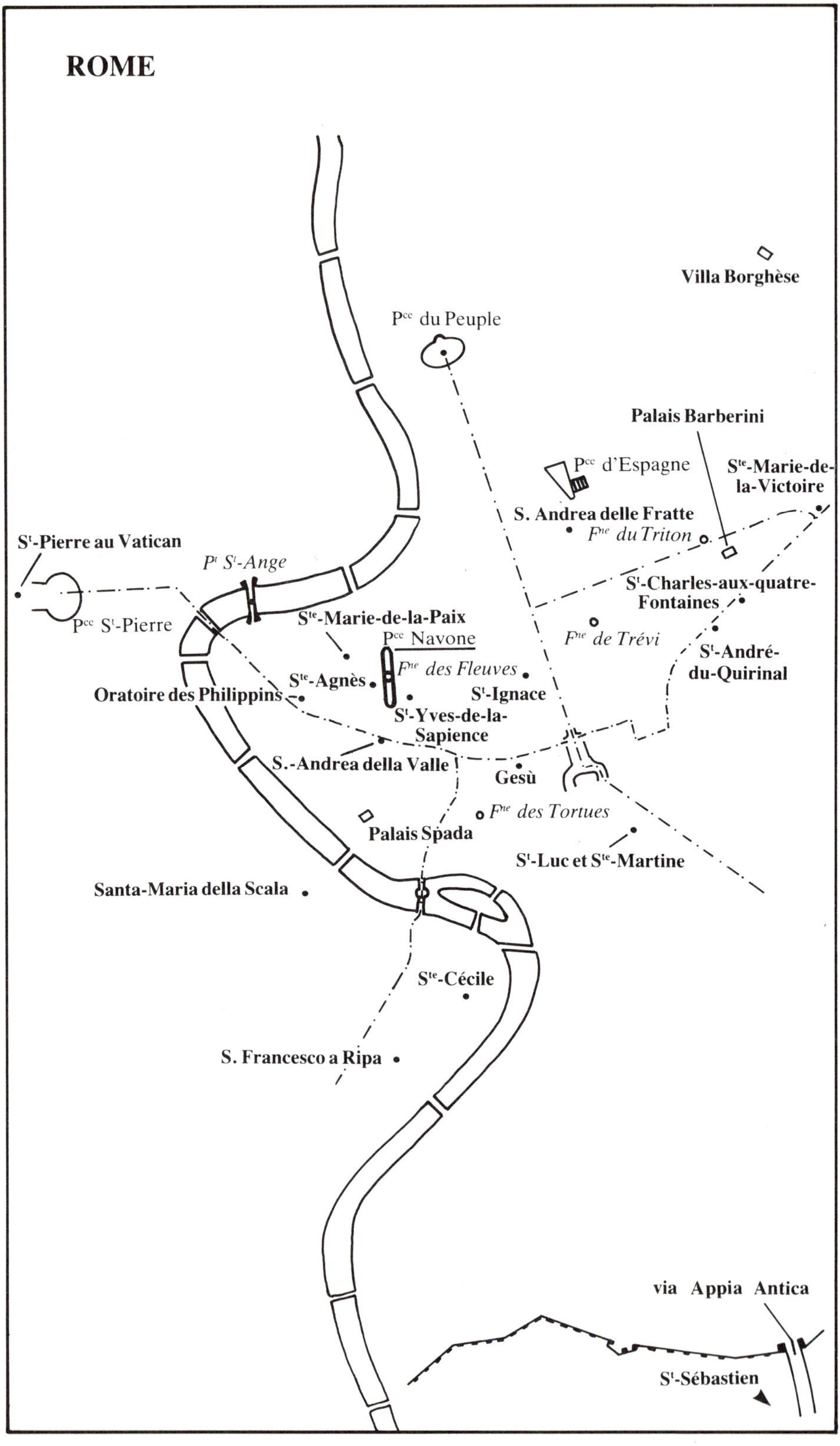
ROME
Villa Borghèse
Pce du Peuple
Palais Barberini
Pce d'Espagne
Ste-Marie-de-la-Victoire
S. Andrea delle Fratte
Fne du Triton
St-Pierre au Vatican
Pt St-Ange
St-Charles-aux-quatre-Fontaines
Pce St-Pierre
Ste-Marie-de-la-Paix
Pce Navone
Fne de Trévi
St-André-du-Quirinal
Fne des Fleuves
Ste-Agnès
St-Ignace
Oratoire des Philippins
St-Yves-de-la-Sapience
S.-Andrea della Valle
Gesù
Fne des Tortues
Palais Spada
St-Luc et Ste-Martine
Santa-Maria della Scala
Ste-Cécile
S. Francesco a Ripa
via Appia Antica
St-Sébastien

Fabrizio parle avec le détachement et la courtoisie d'un grand seigneur. Je regarde, fasciné, sa toile, où le génie de Rome, sommeil ou songe, est magnifiquement résumé. S'il a passé par le surréalisme, ce peintre ne peut en aucun cas être considéré comme un de ses épigones : aucun maniérisme chez lui, aucun de ces tics d'école, mais une vision originale, un œil neuf posé sur les choses. Comme tous les Italiens de quelque envergure, il contemple médusé le déclin des civilisations. Mais, à la différence des étrangers qui, depuis Chateaubriand jusqu'à Thomas Mann, identifient le voyage en Italie à une rêverie sur le crépuscule et sur la mort, il ne se laisse pas duper, lui, par ce lieu commun. Quel pays plus vital trouverait-on sur la surface de la terre ? Parmi ses auteurs favoris, Clerici cite Stendhal et Alexandre Dumas ; parmi ses peintres préférés, Signorelli, dont les fresques puissantes viennent de lui inspirer de merveilleuses variations sur le thème, non point de la décadence, mais au contraire de la résurrection ; parmi ses amis, peu lui ont été aussi chers que l'écrivain Alberto Savinio, avec qui il partage le coup d'œil d'aigle sur la comédie humaine, l'humour, la hauteur de pensée, et aussi la difficulté à se faire connaître en France. Nombre de peintres italiens médiocres ont fait une carrière à Paris, quand l'œuvre de Clerici, masquée par son propre éclat et l'ésotérisme des sujets, reste dans l'obscurité.

Devant *le Sommeil romain*, il me semble que je vois non seulement un tableau important, mais une de ces œuvres qui m'éclairent sur l'aventure artistique d'un peuple et d'une nation, un témoignage de poids pour comprendre ce qui se passe entre le col du Brenner et le cap Passero, du nord au sud de la péninsule, depuis le Haut-Adige jusqu'à la profonde Sicile. Ce rêve qui agite ces statues épuisées et tord leurs membres sous les plis de leur tunique, n'est-ce pas le même qui dilate notre cœur et enflamme notre esprit chaque fois que le mot : Italie vient nous frapper de ses trois syllabes magiques ?

Ludovica Albertoni.

La bouche ouverte

Transtévère : il faut s'enfoncer à l'intérieur du quartier pour trouver l'église San Francesco dont le surnom (*a ripa*, sur la rive) indique qu'elle s'élevait autrefois au bord même du Tibre. Au bout d'une longue rue, voici la façade dont la couleur, vue de loin et baignée de soleil, paraît rouge sang. Une heure moins vingt ! Vite, il faut courir si nous voulons arriver à temps. Cette damnée habitude des églises italiennes de fermer entre une heure (quelquefois midi — mais la porte, là-bas, est ouverte) et quatre heures ! Notre course et le rougeoiement pourpre sur le crépi me remettent en mémoire la nouvelle de Stendhal, à mon sens la plus forte des *Chroniques italiennes.* Le chevalier de Sénecé, charmant et frivole jeune Français en séjour à Rome, las de subir la passion ténébreuse de la princesse Campobasso, s'était tourné vers les grâces plus légères de la comtesse Orsini. Vraiment romaine fut la riposte de la princesse. Un soir, le chevalier devina qu'il était suivi. Quatre ou cinq hommes s'arrêtaient quand il s'arrêtait, recommençaient à marcher quand il marchait. Il se mit à courir, remarqua droit devant lui l'église de San Francesco a Ripa, se rua à l'intérieur. Le moine qui lui avait ouvert referma la barre de fer de la porte. Mille cierges brûlaient dans l'église. La surprise du chevalier redoubla quand il aperçut un catafalque magnifique et lorsqu'il entendit chanter l'office des morts. Enfin, il reconnut sur le drap du mausolée ses propres armes et une inscription latine en l'honneur du « haut et puissant seigneur de Sénecé, mort à Rome ». Une heure plus tard, en rentrant chez lui, il recevait vingt balles de tromblon qui l'étendirent raide dans son jardin.

Nous nous jetons dans l'église et nous précipitons au fond, sous l'œil courroucé du prêtre qui s'apprêtait à fermer pour aller déjeuner. Dans la dernière chapelle de gauche, sur un lit dont le coussin lui aussi est sculpté dans le marbre, gît la bienheureuse Ludovica, qui mérite bien cette épithète. Sa tête est rejetée en arrière, elle ferme les yeux, entrouvre la bouche, presse son sein à travers le fouillis des étoffes, au comble d'une exaltation qui est sur le point de lui faire perdre les sens, observée par une dizaine d'angelots dont les frimousses rondes se détachent du mur au-dessus d'elle. Tout entier plongé dans le souvenir de Stendhal, je me demande si le chevalier, terrifié par le spectacle de ses propres obsèques, a eu le temps de jeter un coup d'œil sur la statue de Bernini, dans laquelle il aurait pu reconnaître le même goût de l'absolu, la même frénésie possessive, la même force destructive que chez sa princesse Campobasso, et sans doute la même beauté aussi, la même élégance au milieu du désordre des passions.

Mais Stendhal lui-même, si épris qu'il fût du Corrège et des peintres maniéristes de l'école bolonaise, le Guide, le Guerchin ou le Dominiquin (comme on disait alors), a-t-il été sensible à l'art baroque ? Borromini, trop obscur, lui est resté inconnu. Bernini, il n'en parle que pour ses travaux à Saint-Pierre, le louant pour la colonnade mais comme sculpteur le jugeant « précurseur de la décadence » et « père du mauvais goût » : en quoi Stendhal, d'un jugement d'habitude si libre, se montre le fils du dix-huitième siècle français, élève de Voltaire, de Cabanis et de Testutt de Tracy, disciple des Lumières et de la Raison. « Mauvaises statues colossales », dit-il des Fleuves de la place Navone ; « draperies maniérées », au sujet de Ludovica, à peine mentionnée, et sous le nom bizarre d'« Aloïse ».

Ferrante, comme beaucoup de jeunes gens de sa génération, est plus imprégné de culture lyrique que de culture littéraire. Il interrompt mes réflexions par un cri :

— Mais c'est la Traviata au troisième acte ! Ne dirait-on pas qu'elle chante *Addio del passato bei sogni ridenti* ? Regarde, sa bouche est ouverte ! Pourquoi ouvre-t-on la bouche, sinon pour chanter ? Ton catafalque, je veux bien. Mais au lieu de cet imbécile de petit Français, couchons-y Violetta dans le bruissement de ses ultimes vocalises...

Du coup, tout ce que j'avais pressenti devant le tableau de

la place Navone me devient clair : ce n'est pas une sainte, c'est une héroïne d'opéra qui se pâme et se tord sous nos yeux. Mimi à bout de forces attendant le retour de Rodolfo.

— Ou Desdémone murmurant : *Uccisa ingiustamente, muoio innocente.*

— Chez Rossini, dis-je, elle ne soupire pas : « Tuée injustement, je meurs innocente », mais s'écrie : « Épanche ta coupable fureur, je mourrai intrépide. » *Sfoga il tuo reo furor, intrepida morrò.* Cette Ludovica est plus verdienne que rossinienne.

— Stendhal, en tout cas, qui aimait tant Mozart et Rossini, comment n'a-t-il pas vu que les statues de Bernini, sous prétexte de figurer des saintes, représentent des héroïnes du *bel canto* ?

Douleur ; extase ; paroxysme dans la douleur et paroxysme dans la jouissance ; prostration qui n'est que le degré ultime de la volupté : les thèmes du baroque ne sont-ils pas les mêmes que ceux de l'opéra ? Et que nous disent les dates ? Bernini né en 1598, Borromini en 1599 ; le premier opéra de l'histoire, la *Dafne* de Peri, joué en 1597 ; l'*Euridice*, du même Jacopo Peri, en 1600 ; l'*Euridice*, de Caccini, en 1602 ; l'*Orfeo*, de Monteverdi, qui a donné au genre ses lettres de noblesse, en 1607. Théâtre lyrique et art baroque sont apparus en même temps.

Et sur les ruines, faut-il ajouter, de l'épopée, laquelle avait nourri pendant deux siècles l'imaginaire des Italiens. 1483 : le *Morgante* de Luigi Pulci ; 1506 : l'*Orlando innamorato* de Matteo Boiardo ; 1516 : l'*Orlando furioso* de l'Arioste ; 1580 : *La Gerusalemme liberata*, et 1593 : *La Gerusalemme conquistata* du Tasse, ultime rameau, quoique déjà fatigué, de cet arbre glorieux. Poèmes ardents et chevaleresques, tout de suite très populaires, centrés soit sur les paladins de Charlemagne soit sur les croisés en Terre sainte, et dont les principaux personnages, Roland, Angélique, Renaud, Tancrède, Clorinde, auteurs d'exploits merveilleux racontés dans le style naïf et coloré de l'enluminure, se retrouveront dans l'opéra, quand la parole aura perdu son pouvoir incantatoire et que la musique aura dû la relayer. Il est frappant de constater que le déclin de la poésie épique italienne coïncide avec le double essor du théâtre lyrique et de la sculpture oratoire.

Quand nous irons, au lieu de la méconnue Ludovica,

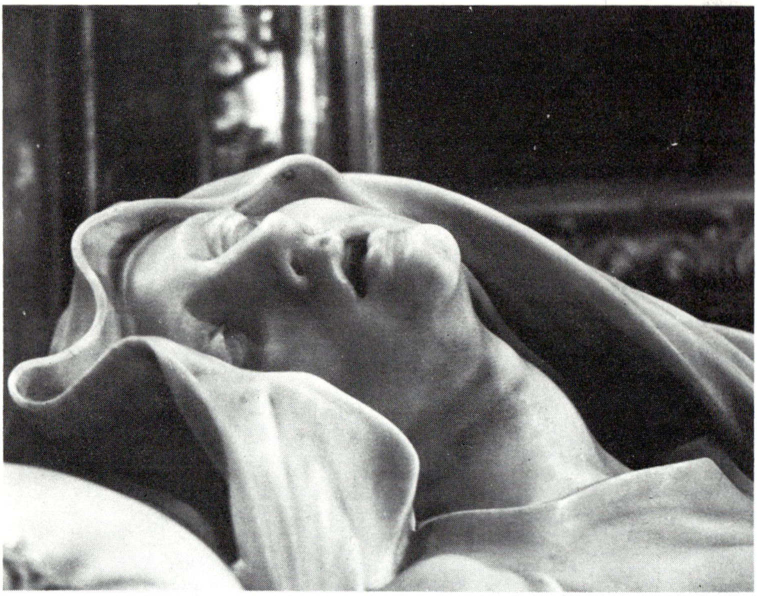

De la pâmoison de Ludovica à l'extase de Thérèse.

photographier la célèbre Thérèse, dans l'église Santa Maria della Vittoria, plus manifeste encore sera la révélation. Thérèse reçoit le dard de l'ange sur un plateau d'opéra, devant un public de seigneurs qui se penchent de leurs loges à droite et à gauche de la scène. « Quel art divin ! » s'est exclamé Stendhal, pour une fois renonçant à son jugement négatif, mais ne songeant qu'à féliciter le sculpteur d'avoir su traduire « les lettres les plus passionnées de la jeune Espagnole », sans se demander si cette beauté en transes n'était pas le portrait d'Eurydice, la première des héroïnes lyriques, ou d'une autre de ces femmes excessives qui ont pour nom Desdémone ou Elvire, Médée ou Norma, Lucia ou Armide, toutes également déchirées entre Eros et Thanatos, entre la béatitude et l'épuisement, toutes terrassées par un trop-plein de sentir et de jouir.

Pour son second opéra, Monteverdi écrivit une *Ariane*, aujourd'hui perdue, dont il ne reste que le sublime lamento. Aucun sculpteur baroque n'ayant laissé d'Ariane, Fabrizio Clerici est allé en chercher une dans la statuaire antique, au musée du Vatican, où elle figure sous le nom erroné de Cléopâtre. Son tableau est donc bien une vision de l'Italie comme gigantesque opéra, galerie de héros et d'héroïnes consumés par l'effort de donner toute leur vie dans leur voix, et trouvant dans le chant et dans la jubilation du chant un accroissement, un redoublement d'existence.

Cependant le prêtre, de plus en plus fâché à l'idée que la *pasta* préparée par sa gouvernante refroidit sur la table du presbytère, fait mine d'éteindre le projecteur qu'il a eu la complaisance de nous allumer. Ah ! les mille cierges que la princesse Campobasso avait commandés pour les funérailles anticipées de son amant ne seraient pas de trop aujourd'hui. Mieux que l'ampoule électrique qui aplatit les nuances, un éclairage diffus et changeant rendrait justice à la virtuosité poétique du ciseau. Sur les plis du marbre jouerait le tremblement des lueurs et des ombres ; une auréole de mystère et de paix envelopperait la bienheureuse ; et, de son visage doucement ravagé par l'extase, de ses mains délicatement convulsives, de son corps secoué de frissons irradierait une clarté vacillante où nous reconnaîtrions l'équivalent lumineux du vibrato musical.

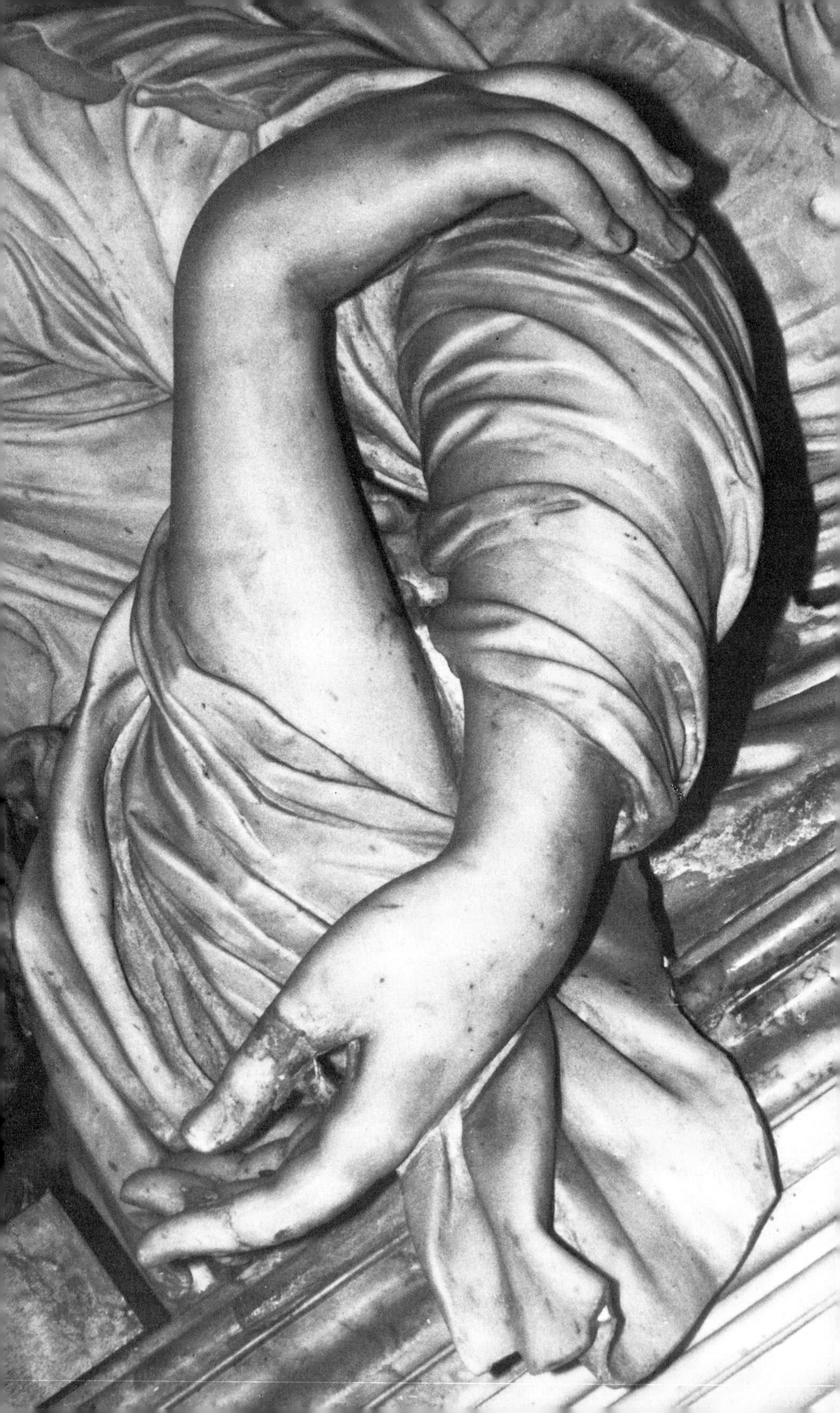

Martine et Sébastien

L'église des Saints-Martine-et-Luc a été construite en 1635 par Pietro da Cortona, le troisième des grands architectes baroques romains. Trois ans avant, Longhena avait commencé la Salute à Venise ; trois ans après, Borromini élèvera Saint-Charles-aux-quatre-fontaines. Pour arriver à l'église, nous passons par la place du Capitole ; hommage à Michel-Ange, à Marc Aurèle et aux Dioscures ; puis redescente par l'escalier du fond, à gauche, qui mène au Forum. A la pinacothèque du Capitole, ce sont les toiles de Guido Reni que je serais allé revoir. Le peintre avait soixante ans lorsque Cortona ouvrit son chantier ; mais l'autoportrait accroché dans le Palais des Conservateurs le montre dans tout l'éclat d'une jeunesse dédaigneuse et sensuelle. Un Sébastien élégiaque, frère de celui qui à Gênes émut tant Mishima, plusieurs portraits de femmes, d'une facture très moderne, où les traces du pinceau, restées visibles, forment à elles seules des valeurs picturales, une grande composition androgyne intitulée *Anima beata* et qui annonce les symbolistes belges de la fin du XIXe siècle, voilà de quoi faire réviser le jugement hâtif qui fige le peintre de Bologne dans un académisme douceâtre, une morbidesse fade. Ce n'est pas le Lamartine de la peinture, c'en est le Verlaine.

L'Académie de Saint-Luc, qui réunissait les peintres romains, siégeait dans l'ancienne église des Saints-Martine-et-Luc. Pietro da Cortona travaillait à rénover la crypte, dédiée à Martine, lorsque les os de la sainte furent retrouvés dans les éboulements. Aussitôt on décida de reconstruire

Les mains de Martine.

l'église supérieure, consacrée à Luc, et le même architecte fut désigné pour cette tâche. L'église, assez petite pour Rome, se présente à l'intérieur comme un espace blanc et nu d'une seule pièce : croix grecque à bras très courts, surmontée d'une coupole à caissons. Comme à la Salute de Venise, comme à Saint-Charles-aux-quatre-fontaines, comme plus tard dans l'église ovale de Saint-André-du-Quirinal par Bernini, la grande architecture baroque affirme sa prédilection pour le plan central, pour la forme qui peut être inscrite dans un cercle, et donne l'idée de la perfection. C'est la Contre-Réforme, avide d'accueillir des foules nombreuses de pèlerins, qui allongera de nouveau les églises, comme nous le verrons en Allemagne.

Plutôt que la liste, gravée sur un mur, des académiciens qui continuèrent à siéger ici jusqu'à la fin du XIXe siècle, nous attire tout de suite la statue de la sainte logée dans l'autel entre quatre colonnes d'albâtre. Cortona, paraît-il, fut très fâché de cette intrusion : peintre lui-même, il aurait voulu exécuter un portrait de Martine pour l'autel. Mais le cardinal Francesco Barberini, qui finançait les travaux de restauration, protégeait aussi un certain Niccolò Menghini, qu'il imposa à l'architecte. On ne sait rien d'autre de ce sculpteur, qui n'est mentionné dans aucune histoire de l'art, sinon qu'il fut remboursé de six écus pour les vingt-cinq ciseaux qu'il avait achetés entre le 20 juillet et le 8 octobre 1635 : dates entre lesquelles s'inscrit la création de cette merveilleuse figure couchée, qui aurait rendu célèbre un artiste sous n'importe quels autres cieux moins encombrés de génies.

Martine est allongée sur le flanc ; les nombreux plis de sa robe ondulent avec ordre ; ses deux bras sont croisés dans un geste d'abandon et de confiance ; sa tête repose sur une coupe d'albâtre ; un bandeau enserre ses cheveux, qui se répartissent en deux masses égales de chaque côté d'une raie. Son visage se montre à nous de face : ovale, régulier, le front bien dégagé, le nez droit assez long. De cette bouche sereine ne peut sortir qu'une respiration tranquille. Tout, dans cette physionomie, respire le calme, la paix, le bonheur. L'art baroque, donc, ne tend pas toujours au paroxysme, au mouvement, au désordre : nous tenons là un exemple magnifique de baroque doux, égal, athénien. Le geste des bras est ce qu'il y a de plus remarquable dans cette statue : aucune fièvre, aucune angoisse, mais un mol abandon des deux mains. Au lieu de se crisper sur l'étoffe, au lieu de triturer le sein, elles se détendent dans le vide comme chez les dormeurs heureux.

Le « sommeil romain » de Martine n'est traversé de nul cauchemar. Sera-t-elle exclue pour autant de notre plateau d'opéra ? Ce serait oublier que si la plupart des héroïnes lyriques se déchaînent et clament leurs souffrances, d'autres ont le profil harmonieux d'une statue grecque. La Somnambule de Bellini, Amina, repose devant nous : elle rêve, elle traverse la vie comme en rêve, sûre qu'Elvino finira par l'épouser. Le robuste villageois suisse à qui elle est promise en mariage l'a d'abord soupçonnée d'infidélité à cause de ses errances nocturnes ; mais elle sait que son innocence sera reconnue : il comprendra qu'elle n'est pas responsable de cet état second auquel la livre son tempérament hypnotique.

Chaque fois que nous rencontrerons une chanteuse qui se laisse bercer par son rêve intérieur plutôt que tordre par l'excès de ses passions, nous penserons à Martine et à ce Niccolò Menghini dont les vingt-cinq ciseaux ont travaillé paisiblement. Baroque sans crise, diva sans cri.

Hors les murs, mais où ? « A cent mètres, tout près, en haut d'un escalier. » Nous laissons la voiture sur la via Appia antica, près de la tombe de Priscilla, et partons à la recherche de l'église Saint-Sébastien. Cent mètres, cinq cents mètres, un kilomètre, rien. La route s'enfonce entre deux hauts murs, au milieu d'une campagne plate où on ne voit pas ce qu'un escalier viendrait faire. Tels sont les Romains : cette paysanne qui a cru nous renseigner vit dans une si intime familiarité avec les siècles et avec les fantômes de l'Urbs, qu'elle ne saurait compter le temps ni l'espace avec nos mesures exactes. Après un quart d'heure de marche allègre dans l'air vif du matin, voici les catacombes de Saint-Calixte, puis celles de Saint-Sébastien. L'église elle-même ne paye pas de mine. Au plafond, à plat sur nos têtes, une image du saint est sculptée sur un panneau de bois : il sourit vers le ciel, une flèche enfoncée dans le ventre. Occasion de nous souvenir que cet officier de l'armée romaine, converti au christianisme, ne mourut pas de ses blessures. L'empereur Dioclétien l'avait livré à quelques

Sébastien : souffrance et volupté.

archers de Mauritanie mais Irène, veuve du saint martyr Castule, étant venue pour l'enterrer, le trouva encore vivant ; elle le fit emporter secrètement dans sa maison où, en peu de temps, il recouvra la santé. C'est cette circonstance, connue d'eux, ce miracle de la mort dans la vie et de la vie dans la mort qui a excité tant de peintres et de sculpteurs : et le premier d'entre tous, l'auteur de cette extraordinaire statue que nous découvrons maintenant sous l'autel.

Percé de flèches en fer, le jeune homme, presque nu, est couché sur un lit de marbre ; comme Ludovica, il renverse la tête en arrière ; ses cheveux bouclés se répandent en abondance ; quoique pourvu de favoris, il paraît imberbe ; un bras étendu le long du corps, l'autre replié sur la poitrine, il montre dans son visage l'alliance unique de la beauté, de la souffrance et de l'extase. La pose est empruntée aux saintes de Bernini : après de longues recherches, un ami nous a communiqué l'identité du sculpteur, aussi peu connu que celui de Martine. Si on sait son nom, Antonio Giorgetti, et qu'il fut élève de Bernini, on ignore la date de sa naissance. « Mort avant le 22 août 1670 », et membre de l'Académie de Saint-Luc, il aurait laissé, outre ce Sébastien, l'ange du pont Saint-Ange qui tient une éponge. Jacob Burckhardt, dans son fameux *Cicerone* (1855), le mentionne sous le nom erroné de Giorgini.

Quelle volupté sur cette face aux yeux clos, quelle langueur dans ce corps mais sans aucune mièvrerie ! Est-ce Tristan qui, étendu sur la falaise de Karéol avec la plaie de Melot au flanc, et bercé par la mélodie du cor anglais, se laisse glisser dans le souvenir de sa nuit d'amour avec Isolde ? Ou peut-être, pour prendre un héros qui se remettra de ses blessures, faudrait-il citer don Alvaro, au troisième acte de *la Forza del destino*, quand on l'apporte sur une civière après la bataille et qu'il scelle un pacte d'amitié avec son camarade de combat ? Officier comme Sébastien, don Alvaro chante une superbe phrase pour dire qu'il va mourir en paix.

Rares sont les héros d'opéra qui meurent, encore plus rares ceux qui meurent en douceur et en beauté. Les grandes agonies sont réservées aux femmes, qu'elles s'appellent Didon ou Violetta, Lucia ou Médée. Rodolfo ou Alfredo font pâle figure auprès de leurs amantes : s'ils restent en vie, c'est qu'ils ne sont pas dignes de partager l'apothéose flamboyante qui les emporte, elles, dans la gloire du tombeau. La routine quotidienne de l'existence sera leur piteux destin. Pollion ? Il monte sur le bûcher avec Norma, mais parce que la sauvage détermination de la druidesse le force à sortir des limites d'un caractère par nature falot. Dans la sculpture baroque aussi, peu de pâmoisons masculines ; peu d'hommes couchés ou abandonnés à la renverse ; ce qui nous rend encore plus chère la beauté tendre de ce Sébastien.

Je m'approche, et m'aperçois qu'il y a quatre trous ronds creusés dans ses chairs, mais seulement trois flèches plantées. Je tire sur une des empennes ; la flèche vient à moi. A-t-on volé la quatrième ? Je peux essayer plusieurs combinaisons, choisir entre les deux jambes, le bras et le ventre pour varier le supplice. Je peux même ôter toutes les flèches, et contempler le corps dans l'éclat lisse de sa blanche nudité.

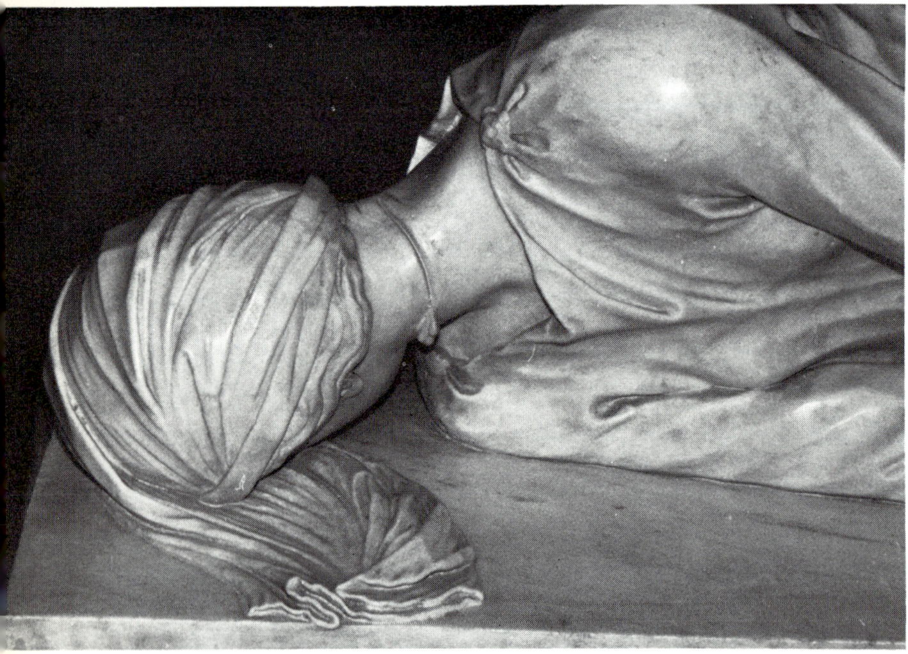

Cécile

Je ne l'ai pas encore mentionnée, à cause de l'énigme qu'elle nous pose : mais c'est elle qui occupe le centre du tableau de Fabrizio Clerici, c'est elle que nous avons vue d'abord, couchée de face mais le visage tourné vers le sol, en sorte que nous n'avons pu distinguer ses traits. Ludovica, Ariane, le Faune, Martine, Sébastien sont placés sur les côtés ou même aux coins du tableau : elle, rayonne au milieu de la toile. Les autres s'offraient complètement à nos regards : elle, et elle seule, nous a dérobé sa figure. Comme si elle ne voulait pas participer au spectacle, comme si elle refusait de prendre place entre les héros et les héroïnes d'opéra. Tient-elle le rôle de la diva boudeuse ? Est-elle là pour annoncer le scandale du 2 janvier 1958 (le tableau a été peint en 1955), quand Maria Callas, qui aura chanté le premier acte de *Norma* pour le gala d'ouverture de l'Opéra de Rome, en présence du président de la République, refusera de chanter le second, fiévreuse et aphone dira-t-elle, faute d'avoir été suffisamment applaudie prétendra la cabale ? Mais quelle est cette statue ? Se présente-t-elle ainsi pour de bon ? N'est-ce pas le peintre qui, pour un motif qui nous échappe, lui a tordu le cou et tourné la tête vers l'arrière ?

— Comment ? a-t-il murmuré surpris, mais sans se départir de son altière courtoisie, vous ne connaissez pas la Cécile du Transtévère ?

Retour au Transtévère, donc. Il est onze heures du matin, l'église qui porte le nom de la sainte sera ouverte. Un petit jardin s'étend entre la façade et la rue, et la grille qui ferme ce jardin est close. Je sonne. *« In restauro »*, répond à l'interphone une voix peu aimable de nonne. En restauration ? Aucune trace de travaux n'est visible. « Revenez à quatre heures », ajoute-t-elle. A quatre heures l'église aura-t-elle été restaurée ? Mais la bonne sœur a déjà raccroché. Autrefois, dans tout le Mezzogiorno, et surtout en Sicile, les nonnes cloîtrées employaient le plus clair de leur temps à confectionner de succulentes pâtisseries qu'elles passaient dans le tour pour les offrir aux clients. *Trionfo di gola*, « triomphe du gosier », s'appelait la plus célèbre de ces pièces montées, orgueil du couvent de Santa-Caterina à Palerme. Peut-être ici, me dis-je pour me consoler, sainte Cécile ordonne-t-elle à ses servantes dévouées de perpétuer cette tradition ; peut-être s'affairent-elles devant leurs fourneaux : à chanter, pour faire plaisir à la sainte qui est la patronne de la musique ; et à remuer la pâte au fond de grandes bassines, pour honorer dans leur composante sucrière les arts baroques, auxquels rien de ce qui relève de la bouche ne doit rester étranger. Chant et sirops, trilles et meringues, fioritures dans le plâtre ou dans la crème, triomphe de l'oralité !

Nous profitons de cette pause pour entrer au hasard dans les églises du quartier. En voici une parfaitement inconnue : Santa-Maria-della-Scala. Stupeur ! Un rayon de soleil tombe sur un ange de marbre perché au bord d'un demi-fronton cintré, dans les hauteurs de la nef. Revêtue de splendeur dorée, nous apparaît la créature la plus ravissante qui ait jamais orné le sommet d'un autel. Ange ou démon, mais, pour sûr, tentateur. Un vent invisible pousse ses cheveux en boucles sur son front ; une de ses jambes pend dans le vide ; il lève le bras droit et recourbe deux doigts en signe d'invite. A quel banquet nous convie-t-il ? De son autre main il tient un écusson, où s'étale en lettres d'or une grande inscription : *Aut pati Aut mori.* Ou souffrir ou mourir. Ce pourrait être la devise du baroque, à condition qu'on la lise sans quitter des yeux la figure adorable du messager. Rien de moins doloriste que sa religion, rien de moins affligeant que son offre. Les souffrances auxquelles il nous invite ne peuvent être que ces merveilleuses pâmoisons auxquelles nous avons vu céder Ludovica dans sa niche, Sébastien dans son habitacle, Lucia, Violetta, Didon, Tristan sur toutes les scènes du monde. La mort elle-même sera une mort d'opéra, apothéose plus que destruction, Eros plus que Thanatos, éclatement dans la jouissance plutôt que chute dans le néant.

Où qu'il veuille nous entraîner, nous répondrions sans hésiter à son geste, ne serait-ce que pour aller le regarder de plus près, détailler les grâces de ce visage et de ce corps véritablement angéliques. Haut perché comme il est, l'aurions-nous même aperçu, dans la pénombre de l'église, sans ce rayon de soleil ? Aguichant et évasif, souriant et inaccessible, l'art suprême de la séduction.

Quatre heures : la grille est ouverte. Restauration achevée, ou gâteaux cuits. Hélas ! nulle odeur pâtissière dans le jardin. Le remplacement du tour par l'interphone aurait dû nous avertir. Aucun échafaudage dans l'église. Sous l'autel orné de marbres polychromes, Cécile tout de suite frappe nos regards : telle exactement que l'a reproduite Clerici, couchée de face sur le flanc, les deux bras allongés devant elle, mais la tête détournée avec force, et le visage caché. Seuls ses pieds et ses mains dépassent de sa longue robe ; une sorte de voile enveloppe ses cheveux, ne laissant dégagés que le cou, l'oreille et une partie de la joue gauche. Pourquoi cette pose étrange ? Elle semble allongée ; mais Ferrante, qui s'est placé de biais avec le viseur, me signale qu'elle replie les jambes, dans une position presque fœtale.

Cécile était la fille de patriciens romains ; ses parents la donnèrent en mariage à Valeriano, jeune noble lui aussi. Les époux s'étant retirés après la cérémonie, Cécile révéla à son mari que, convertie au christianisme, elle avait fait vœu de chasteté. Valeriano sortit à l'aube, monta à cheval, rencontra sur la via Appia le pape Urbain et lui demanda de venir célébrer leurs noces blanches. Un ange (peut-être celui de Santa-Maria-della-Scala ?) tendit, au-dessus de la tête des jeunes gens décidés à rester seulement deux époux spirituels, une couronne de lis et de roses.

Ils furent découverts ; Valeriano mis à mort ; Cécile condamnée à périr étouffée dans les vapeurs d'une étuve ; mais, protégée par son ange qui la rafraîchissait du haut du ciel, elle sortit indemne de ce supplice. Le bourreau désigné alors pour lui trancher la tête s'y prit à trois reprises mais en vain. La loi romaine interdisait une quatrième tentative. Cécile agonisa pendant trois jours sur le plancher de sa maison, avant de rendre son âme à l'ange — toujours le même, réfugié depuis ce temps dans la nef de l'église voisine, où il continue à planer, aérien et insaisissable.

La légende veut que, le soir de ses noces, Cécile soit entrée chez son mari en chantant et accompagnée par les orgues. A partir du XVe siècle, l'orgue lui fut assigné comme attribut. Elle devint la sainte protectrice de la musique et du chant.

Mais pourquoi l'avoir sculptée dans cette pose ? La question ne cesse de m'intriguer. Première hypothèse : lorsque, le 20 octobre 1599, le cardinal Paolo Sfondrati procéda à la reconnaissance des reliques déposées sous le grand autel de l'église Sainte-Cécile, il trouva, à l'intérieur du cercueil de cyprès, le corps de la martyre intact et dans l'attitude précise où il demanda au sculpteur de la reproduire, les deux bras tendus en avant et la figure tournée en arrière. Deuxième hypothèse : seule cette pose pouvait mettre en valeur le cou et faire apparaître nettement l'entaille de la hache. Troisième hypothèse : le sculpteur désigné pour cette œuvre, Stefano Maderno, n'avait que vingt-quatre ans en 1599 et n'avait encore rien produit d'important. Il aurait tourné la tête de côté pour éviter d'avoir à reproduire les lignes du visage et d'avouer les limites de son jeune talent.

Je ne suis guère convaincu. Quel indice me donnera la clé ? Mais la date, bien sûr, où la statue a été commandée et faite ! 1599 : deux ans après le premier opéra de l'histoire, *Dafne* ; un an avant le deuxième, *Euridice*. N'est-ce pas clair ? Cécile, par ce geste d'enfouir son visage et de se boucher la vue, refuse cette nouvelle forme d'art, dit non à l'opéra. Et pourquoi ce refus ? Parce que Cécile, patronne de la musique, n'aime et ne protège que la musique qu'on entend : la musique instrumentale et vocale telle qu'on la pratiquait jusqu'à la fin du XVIe siècle. Voir la musique ? Transformer les sons en spectacle ? Un vrai scandale, dont il faut se détourner avec horreur. Aussi Cécile, jusque dans le cercueil, continue-t-elle à montrer son oreille — l'organe de la musique pure — mais en prenant soin de coller par terre ses yeux — l'organe de la musique impure, celle que prétendent imposer les nouveaux maîtres du baroque. Écouter, non regarder : fière devise de la musique avant l'ère de l'opéra.

Un jour sans doute, se dit la sainte, elle relèvera la tête et consentira à dévoiler ses traits, lorsque les temps seront redevenus meilleurs et que la Musical Society de Londres commandera, chaque année pour le 22 novembre, jour de la Sainte-Cécile, une ode aux plus grands compositeurs du temps. Purcell en écrira trois, entre 1683 et 1694, John Blow quatre, et Händel une monumentale, encore en 1739. Purcell poussera si loin la dévotion à la sainte, si loin le culte de la musique pure, qu'il choisira pour mourir un 22 novembre... Mais n'aura-t-il pas eu à se faire pardonner son opéra *Didon et Enée* qui, pour être bref, n'en est pas moins un chef-d'œuvre du théâtre baroque ? Quant à Händel, auteur de plus de quarante opéras... Non, décidément, mieux vaut se voiler la face et soupirer après l'époque où musique signifiait orgues, luth, cromorne, rebec, voûtes gothiques et assistance recueillie, non point hystéries de gosiers devant un public en transes...

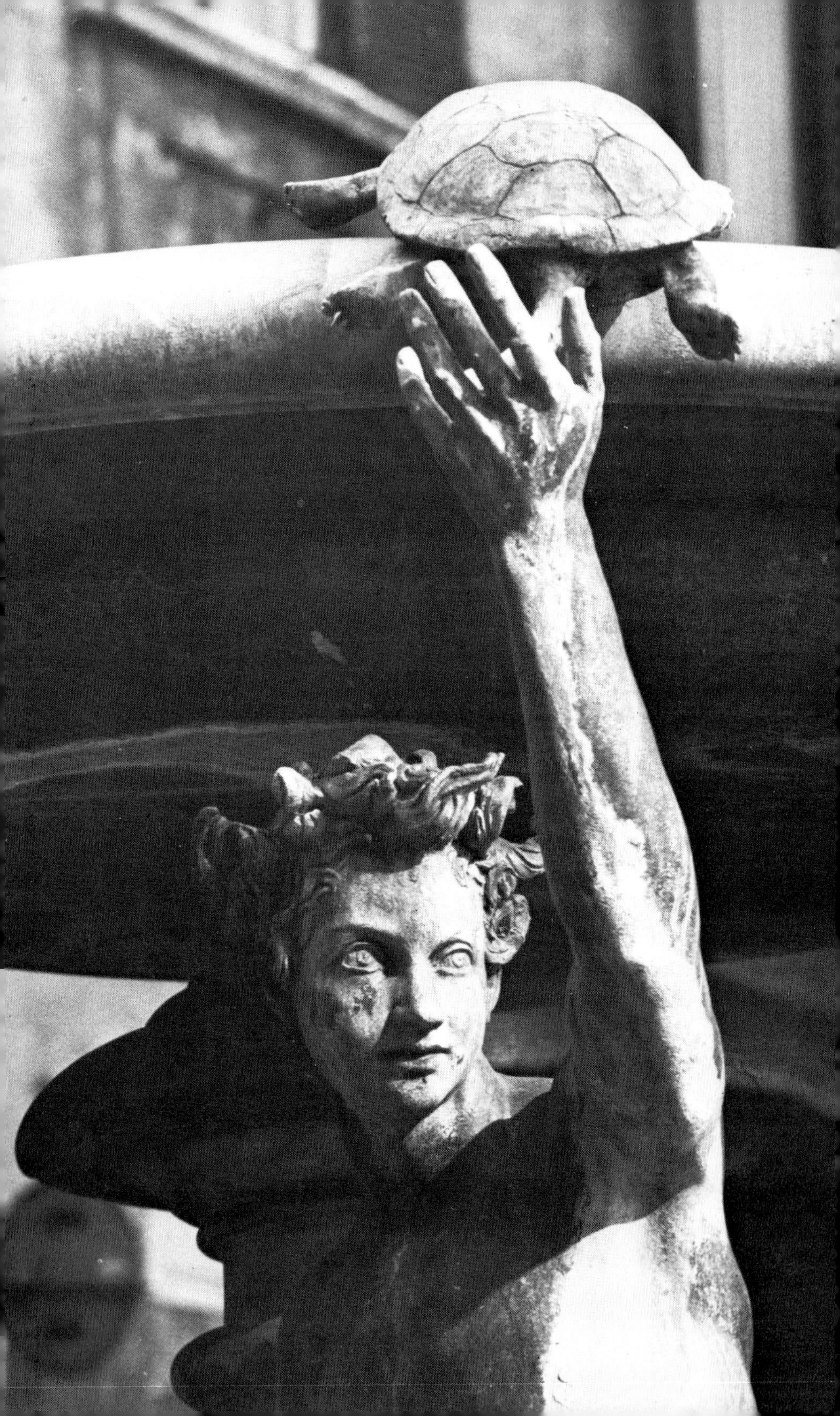

Orphée

Si la Cécile de Stefano Maderno personnifie le refus de l'opéra, il faudra bien trouver à Rome une autre statue qui symbolise l'adoption de l'opéra par le goût baroque : non pas seulement une Ariane, une Violetta, une Amina, un Tristan, mais un héros ou une héroïne qui serait l'opéra par excellence, qui tournerait la tête vers le nouveau siècle avec autant de décision que Cécile en détourna la sienne... Mais oui, j'y suis ! Cette formulation m'a mis sur le bon chemin : dans le tableau de Fabrizio Clerici, par opposition à Cécile qui montre son corps de face tout en rejetant son visage en arrière, l'Hermaphrodite de la Villa Borghese nous présente son corps de dos tout en tournant vers nous sa figure. Il est couché à plat ventre, ce qui ne l'empêche pas de dégager son visage. Cette torsion du cou, cet effort pour regarder devant lui sont le signe même de son choix. Lui veut non seulement entendre, il veut voir. A la fois son et spectacle, telle sera la musique pour lui.

Bien entendu, le fait qu'il soit hermaphrodite aura aussi une signification importante et nous aidera à comprendre l'essence de l'opéra. Parmi les héros de la mythologie grecque qui ont fait carrière à l'opéra, pendant toute l'ère baroque et grâce aux livrets de Métastase surtout, plusieurs se signalent par quelque épisode de travestissement : Achille, que sa mère, pour le soustraire à la guerre de Troie, déguisa en fille et confia à Lycomède, roi de Scyros, dans le palais duquel il vécut sous le nom de Cercyséra ; Hercule, à qui Omphale, reine de Lydie, fit quitter sa peau de lion et sa

Fontaine des Tortues (Rome).

couronne de tremble pour porter des colliers de pierreries, des bracelets d'or, un turban de femme et un châle pourpre ; mais d'abord Orphée, à la double nature, à la double vie, le héros androgyne par excellence. L'Hermaphrodite de la Villa Borghese, appelons-le Orphée. Orphée, qui fut la figure emblématique de l'opéra à ses débuts, le fétiche choisi par les créateurs du théâtre lyrique, les librettistes Rinuccini et Striggio, les compositeurs Caccini, Peri et Monteverdi.

Pourquoi cette prédilection pour l'aède de Thrace ? Parce que l'Orphée de la mythologie est quelqu'un qui a réussi à reculer les bornes de la nature physique et humaine, et que le rêve d'échapper aux contraintes qui enserrent les hommes de toutes parts constitue la fin suprême de la musique et en particulier de l'opéra.

1° Orphée, le meilleur musicien de son temps, charme au moyen de sa lyre, dont les Muses lui ont appris à jouer, non seulement les bêtes féroces, mais les arbres et les rochers qui se déplacent pour le suivre. Négation, transgression de la loi qui établit des barrières strictes entre les trois règnes animal, végétal et minéral, et veut que la pierre soit pierre, immobile et froide, la forêt incapable de se mouvoir, la bête féroce inaccessible aux transports d'un sentiment tendre. Selon le principe d'identité qui régit chaque chose comme chaque être, et les isole entre les frontières étroites d'un état civil invariable.

2° A l'Orphée époux inconsolable d'Eurydice s'oppose l'Orphée qui, selon Ovide, introduisit en Grèce l'amour des garçons. S'oppose ? Ainsi parlerait le bon sens, le sens étriqué, forgé par deux mille ans de morale chrétienne puis trempé par deux cents ans de morale bourgeoise. En vérité, c'est en pleine harmonie avec lui-même et sans aucune contradiction qu'Orphée aime à la fois les femmes et les garçons. Un seul rôle ne lui suffirait pas : en quoi on voit qu'il est un dieu. Ni viril exclusivement ni exclusivement féminin, mais homme et femme, homme-femme. Négation, transgression de la loi qui établit des barrières strictes entre les sexes et assigne à l'homme un rôle différent de celui qu'elle réserve à la femme.

Comment être sûr que les fondateurs du théâtre lyrique choisirent Orphée comme négateur et transgresseur des lois physiques et sociales ? Faute de pouvoir utiliser la légende dans la version fournie par Ovide, ils eurent recours à un langage symbolique : le chanteur qui tiendrait la partie d'Orphée serait un castrat, ni homme ni femme, voix de femme dans un corps d'homme, union du masculin et du féminin, plénitude retrouvée. Nous connaissons le nom de celui qui créa le rôle-titre dans l'opéra de Monteverdi : Giovanni Gualberto. Quelque cent cinquante ans après, c'est également un castrat, Gaetano Guadagni, qui chanta le premier l'*Orfeo* de Gluck à Vienne. De l'hermaphrodite au castrat, la filiation est claire. L'opéra serait un instrument de libération pour l'humanité, que la coupure des sexes, depuis Platon et la division en deux moitiés des sphères androgynes primitives (pour les païens), depuis Adam et la naissance d'Ève par séparation et arrachement du corps indifférencié originel (pour les judéo-chrétiens), a condamnée à la mutilation. Écouter une voix humaine, c'est d'abord oublier à quel sexe on appartient, puis, après ce premier et indispensable affranchissement, oublier dans quelle époque on vit, qui on est, perdre son identité, échapper au temps, à l'angoisse, à la mort, se fondre dans quelque chose de mystérieux et d'ineffable où l'individualité de chacun, qui n'est que souffrance et pauvreté, s'absorbe, se résout, s'éclaire, se transfigure.

Mais, penchés de nouveau à la fenêtre de la place Navone, quel est ce cri qui nous frappe ? Il monte de la coupole voisine et rebondit de toit en toit jusqu'à nous.

— Mario ! Mario !

— Écoute ! me dit Ferrante dont je lis sur le visage l'extrême réserve avec laquelle il a accueilli mes propos. Ce dôme appartient bien à Sant'Andrea della Valle ? C'est elle, c'est Tosca faisant irruption dans l'église à la rencontre de son amant ! As-tu jamais entendu cri de femme plus féminin, plus charnellement, plus viscéralement féminin ? L'opéra que j'aime, c'est l'opéra des femmes, l'opéra où elles clament leur féminité.

— La Callas, tu trouves qu'elle était seulement féminine ?

— Peut-être pas la Callas, en effet.

— Mais, dis-je, ne fut-elle pas la plus grande des Tosca ?

— Puccini n'aurait jamais pu écrire pour un castrat. S'il y a un auteur qui ait séparé plus nettement les hommes et les femmes...

— Oui, oui, mais le premier acte de *Tosca* se passe à Sant'Andrea della Valle, hommage indirect à l'architecte Carlo Rainaldi, aux peintres Lanfranco et Domenichino, à la place Navone toute proche, à Bernini et à Borromini qui embellirent la place Navone, à Ludovica sculptée par Bernini, à Sébastien sculpté par Giorgetti élève de Bernini, à Mario Cavaradossi préfiguré par Sébastien, les balles du préfet Scarpia au lieu des flèches de l'empereur Dioclétien...

— Callas descendrait donc tout droit des castrats ?

— Tu ne crois pas si bien dire ! Les castrats tinrent la vedette jusqu'à leur disparition, vers 1810. Il fallut alors inventer une solution de rechange. Ce fut la diva : Malibran, Pasta, Viardot, Grisi... Les monstres sacrés... Pourquoi « sacrés » ? Pourquoi ces femmes sont-elles appelées « divines » ?

— C'est reparti ! s'exclame-t-il.

Non, nous préférons nous taire, à présent, et contempler une dernière fois cet ensemble unique de façades, de coupoles, de lanternes, de toits, de fontaines qui a nom place Navone, et d'où est partie — Ferrante ici ne me contredirait pas — il y a presque quatre siècles la grande aventure baroque avec son complément musical, l'opéra, et son corollaire buccal, les gâteaux. Pour arriver où ? Par quels chemins ? Après quelles distorsions infligées au projet initial ? Nous aurons bien le temps d'en discuter, au cours de notre voyage qui n'en est qu'au début et doit nous emmener, loin de Rome, loin de l'Italie, à travers l'Europe, partout où s'est déployée cette civilisation à la triple efflorescence, au triple génie.

Rome, il faudrait s'y attarder encore, bien sûr ; un livre entier ne suffirait pas à épuiser les beautés purement baroques de cette ville. Dire que beaucoup de touristes, comme Goethe et les voyageurs d'autrefois, n'ont d'yeux, encore aujourd'hui, que pour les ruines, pour les vestiges de l'Urbs antique ! Nous avons rencontré Bernini, Borromini, Pietro da Cortona ; nous les rencontrerons à nouveau, car ils ont fait école partout ; nous reviendrons sur les peintres, inexplicablement négligés ici, tels Gaulli ou Andrea Pozzo. Pour le moment, que l'amateur de fresques se rende seul au Gesù ou à Saint-Ignace, qui donne sur l'exquise place du même nom, et qu'il se perde avec délices dans la contemplation vertigineuse du plafond ! Nous lui proposons une carte qui lui permettra de s'orienter entre les églises, les palais, les places, les fontaines baroques ; mais nous, renonçant au plaisir de nous asseoir sur les marches de la place d'Espagne ou de flâner sous la colonnade de Saint-Pierre, et sûrs, pour avoir jeté notre pièce dans la fontaine de Trevi, de retourner bientôt devant ses bouillonnantes cascades, nous avons hâte d'explorer le reste du territoire baroque. Est-ce une excuse suffisante pour avoir oublié de faire visiter, comme c'eût été le devoir d'un guide exhaustif, les statues de la Villa Borghese, le Baldaquin, la Chaire et les tombeaux des papes à Saint-Pierre, l'oratoire des Philippins et tant d'autres chefs-d'œuvre dont l'énumération remplirait un chapitre ?

Le bestiaire d'Orphée (Bernini, le tatou des Indes).

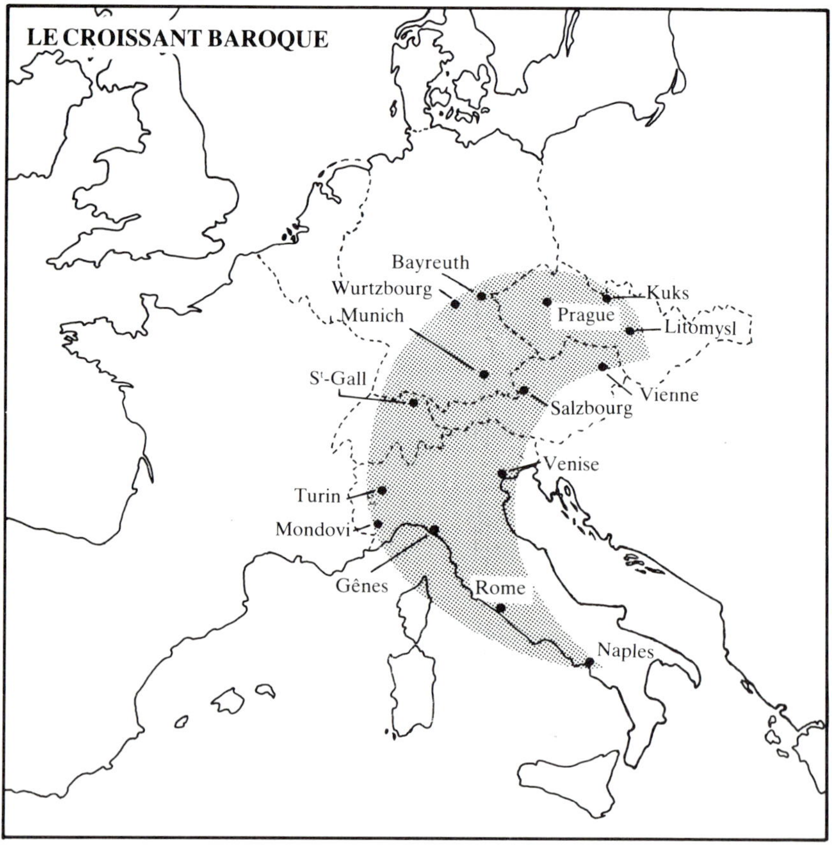
LE CROISSANT BAROQUE
Bayreuth
Wurtzbourg
Munich
Kuks
Prague
Litomysl
St-Gall
Vienne
Salzbourg
Venise
Turin
Mondovi
Gênes
Rome
Naples

Le croissant baroque

Déplions une carte d'Europe : la civilisation baroque y forme une sorte de croissant, dont la pointe sud-ouest se trouve en Italie méridionale et la pointe nord-est au-delà de Prague. Ce croissant englobe dans son arc Rome, Gênes, Turin, la Suisse orientale, Venise, l'Allemagne du Sud, l'Autriche et la Bohême. On explique la formation de cette barrière d'églises et de monastères par la nécessité d'opposer à la Réforme et aux austères commandements de Luther et de Calvin un front de monuments aimablement et richement décorés qui rendent à la religion catholique l'attrait qu'elle avait perdu.

Que la Contre-Réforme ait fortement appuyé le développement et la diffusion de l'art baroque, nul ne peut en douter, même si d'autres raisons, que nous essayerons de découvrir, doivent être prises en compte. Certes le génie d'un Bernini, d'un Borromini, échappe aux déterminations historiques trop précises ; mais le baroque se répandit vite comme un style, comme une mode ; et, dans ce goût de l'extase et de la pâmoison qui caractérise le XVIIe siècle et le XVIIIe siècle en Europe centrale, dans ce foisonnement d'anges, d'angelots, de *putti* qui sourient, cabriolent et virevoltent sur les retables, dans ces débauches de stucs et de marbres, dans cette frénésie décorative, comment ne pas reconnaître une volonté politique ?

Il s'agissait de ramener les foules, un moment séduites par la voix du moine de Wittenberg, sous la souveraineté du pape. Le catholicisme était en train de perdre son audience.

Braun, Mercure (Prague).

La corruption, la dépravation des mœurs, les scandales avaient discrédité Rome. Comment redresser la barre ? Les Jésuites, ces fins politiques, furent les premiers à comprendre quelle carte il fallait tenter : celle de l'émotion, de la stupeur, du ravissement. Épater le peuple par un étalage inouï de richesses. Le bouleverser par le spectacle de saintes en transes et de martyrs crucifiés. Luther jouait sur la pureté de la doctrine, sur la simplicité du culte, sur le refus des images, sur le retour à la rigueur des Évangiles ? Eh bien ! Rome tablerait sur la surabondance des images, sur la puissance émotive des statues, sur le vertige des plafonds peints, sur l'émerveillement que cause une nef surchargée d'ornements, sur la beauté de matériaux rares et précieux, sur le chatoiement des marbres, sur le prestige de l'or. Est-ce un hasard si les plus fastueuses de ces églises sont alignées en Allemagne du Sud, Souabe, Franconie et Bavière, là où il fallait repousser le double péril de la Saxe luthérienne et de la Suisse calviniste ?

Mais une fois qu'on a rendu à la Contre-Réforme et en particulier aux Jésuites leur juste part dans la propagation de l'art baroque, on reste fort embarrassé pour répondre à une question que les historiens de l'art, trop cantonnés dans leur département, ne se posent jamais : ni le fondamental Wölfflin[1], ni Tapié, auteur de l'ouvrage de référence *Baroque et Classicisme*[2], ni Wilhelm Hausenstein, dans *Vom Genie des Barock*[3], ni Andreina Griseri, dans *Le Metamorfosi del Barocco*[4], ni Pierre Charpentrat, qui a le premier tracé une carte du croissant baroque dans *Baroque*[5] ni aucun des autres érudits dont les travaux plus ou moins récents ont considérablement augmenté notre connaissance de cette

1. *Renaissance und Barock*, 1888 (*Renaissance et Baroque*, Livre de Poche, 1967) et *Kunstgeschichtliche Grundbegriffe*, 1915 (*Principes fondamentaux de l'histoire de l'art*, Gallimard, « Idées/Arts », 1965).

2. Paris, Plon, 1957.

3. München, Prestel-Verlag, 1956.

4. Torino, Einaudi, 1967.

5. Fribourg, Office du Livre, 1964. Yves Bonnefoy a consacré à cet ouvrage fondamental, enrichi de nombreux plans d'églises et de vues axonométriques, une belle étude, *l'Architecture baroque et la pensée du destin*, reprise dans *l'Improbable et autres essais*, Idées/Gallimard, 1983. Sur l'architecture, voir aussi les ouvrages qui couvrent l'ensemble du croissant baroque, *Architecture baroque et classique* (1979) et *Architecture du baroque tardif et rococo*, par Christian Norberg—Schulz, Berger-Levrault, 1984.

époque. Pourquoi les terres où ont pris leur essor les arts plastiques baroques, architecture, sculpture, peinture, sont-elles les mêmes exactement qui ont vu naître et triompher l'opéra ? En vain interrogerait-on les spécialistes de l'art lyrique : murés eux aussi dans leur domaine, ils n'ont jamais songé à faire le rapprochement entre Zimmermann et Mozart, entre Bernini et Monteverdi, entre le jaillissement des vocalises et le flamboiement des stucs.

Rouvrons la carte de l'Europe : quelles sont les capitales de l'opéra, dès le XVIIe siècle ? Ni Paris, ni Londres, ni Berlin, mais Naples, qui devient une officine de castrats, mais Venise, où s'est installé Monteverdi et où, en 1637, pendant que Longhena construit la belle église baroque de la Salute, le premier théâtre public d'opéra, le San Cassiano, ouvre ses portes. A Rome, ce sont les Barberini qui, dans leur palais complété par Bernini en 1624 et que Pietro da Cortona ornera bientôt de fresques, créent en 1632 une salle privée, à deux pas de la fontaine du Triton terminée par Bernini en 1630. Bernini construit les décors et assure la mise en scène d'opéras à grand spectacle. Quand on reprend, en 1634, à l'occasion de la visite à Rome du frère du roi de Pologne, le *Sant'Alessio* de Stefano Landi au théâtre Barberini, le sculpteur-architecte imagine une triple perspective de rues derrière un arc de triomphe, et toute une machinerie de nuages, de forêts et de jardins, qui fait date et donne le ton à la scénographie pour deux siècles.

Disons tout de suite que ni les prélats de la Contre-Réforme ni les Jésuites ne sont pour rien dans cette vogue. Le concile de Trente, dans une de ses dernières sessions, a bien imposé des règles aux compositeurs, mais elles ne concernent que la musique d'église. On leur prescrit de faire correspondre à chaque syllabe une note, afin que le texte des messes, des motets, des psaumes soit intelligible aux fidèles. La clarté, la transparence des œuvres de Palestrina dérivent en partie — en partie seulement — de ces prescriptions. Mais, pour l'opéra, aucune directive, aucun conseil. L'opéra naît comme un genre profane, et avec une telle force de séduction que, nous l'avons vu, la Ludovica et la Thérèse de Bernini, le Sébastien de Giorgetti enlèvent immédiatement leur masque religieux pour revendiquer leur personnalité lyrique.

Au siècle suivant, quand la primauté musicale passe à

l'Allemagne, l'aire de l'opéra reste circonscrite au territoire baroque. Gluck, Haydn, Mozart rayonnent à partir de Vienne. C'est à Munich, en Bavière, qu'a lieu la première d'*Idomeneo*, à Prague, en Bohême, celle de *Don Giovanni*. Les arts plastiques baroques sont délimités dans le temps : deux siècles bien précis. Mais l'opéra leur a survécu ; et l'on s'émerveille que les peuples les plus créateurs d'opéras, les plus portés vers l'opéra, soient demeurés les peuples du croissant baroque. L'Italie, bien entendu ; mais aussi la Bohême et la Moravie, avec Smetana, Dvorak, Janacek, Martinu ; mais aussi Vienne, avec Beethoven, qui y fit jouer *Fidelio*, avec Schönberg, avec Alban Berg, trois compositeurs dont on peut dire qu'ils n'ont rien de baroque, mais seulement à condition de limiter le baroque à une écriture alors qu'il est une catégorie mentale. Que penser de Wagner, l'antibaroque par excellence, qui oppose à la gratuité des fioritures italiennes un art sérieux, philosophiquement réfléchi, mais qui, pour fonder son Festspielhaus, choisit Bayreuth, en Bavière, la ville où Giuseppe, un des cinq fameux Bibiena italiens, a élevé en 1743 l'Opernhaus, un des plus beaux théâtres baroques au monde ?

Quant à Richard Strauss, nul besoin de le tirer par les cheveux pour le rattacher au baroque. Il est né en 1864, c'est un petit-bourgeois par l'âme et par les mœurs, mais tous ses opéras plongent dans l'univers rococo, par leur style même, par la mousse capiteuse qui pétille dans l'orchestre et dans les voix, au point que, bien souvent, dans telle ou telle église de Bavière et jusque dans celle de Garmisch-Partenkirchen, ce village des Alpes où le compositeur munichois vécut et travailla pendant quarante ans avant d'y mourir, Ferrante sera tenté de s'écrier : « Mais Salomé devrait venir danser devant cet autel ! Mais voilà le décor de crème fouettée idéal pour le Chevalier à la Rose ! »

Crème fouettée : il faudra nous demander aussi pourquoi les peuples du croissant sont également les plus friands de gâteaux, pourquoi ils en fabriquent de bien plus voluptueux que partout ailleurs. Coïncidence ? Ou chaîne mystérieuse et ininterrompue qui relie art baroque, opéra et pâtisserie dans une ronde sensuelle et gourmande ?

Bernini, chaire de Saint-Pierre.

Un cas de résistance

Commencer par le Sud semblerait le plus nécessaire. Naples d'abord, la cité baroque par excellence, bien plus que Rome, où le baroque ne représente qu'une étape, entre la Rome latine de l'Antiquité et la Rome bourgeoise des temps modernes. Tout, à Naples, ville réfractaire à l'ordre bourgeois, est baroque : les quartiers bourboniens de Spaccanapoli, de Monte di Dio, de Chiaia, les centaines d'églises et de palais ; mais d'abord le sentiment même de la vie, la fragilité psychologique des habitants, la mémoire héréditaire des éruptions volcaniques et des tremblements de terre, la peur de la mort, la gesticulation, la théâtralisation de chaque moment de l'existence. Il n'y a pas jusqu'au système économique des Napolitains, ce refus de mettre de côté, cette avidité à jouir tout de suite, cet état permanent de crise et de rupture, cette insécurité voulue autant que subie, qui ne trahisse leur goût du précaire, de l'instable et du labile. Mais si la Rome baroque exigeait un livre, Naples réclamerait une vie.

Après Naples, nous devrions faire un détour par Lecce, dans les Pouilles, petite ville tout entière sculptée et ornée comme de la dentelle, les carrières voisines fournissant une pierre tendre et plastique qu'on peut, telle l'argile, pétrir et modeler avant qu'elle ne sèche au soleil. Enfin la Sicile, l'opulente et tropicale Sicile, étalerait devant nous les splendeurs de Palerme, de Syracuse et de Noto, dans lesquelles nous retrouverions un mélange d'influences romaines, de traditions espagnoles et de composantes indigènes. Repous-

Bernini, colonnade de Saint-Pierre.

sons cette tentation, car jamais, depuis les rives de la mer Ionienne, où les citronniers nous tendraient leurs fruits d'or dans le crépuscule embaumé, nous n'aurions le courage de remonter vers le Nord. Et d'examiner, comme c'est maintenant notre office, de quelle manière les deux villes les plus chargées d'art et d'histoire, Venise et Florence, ont réagi au chant de la sirène baroque. Mais qu'il soit clair, au préalable, que si nous passons sous silence, dans le présent livre, le baroque napolitain et sicilien, ce n'est pas que nous le jugions, à la suite de tous les guides, manuels et histoires de l'art, comme un simple drageon sans importance jailli du tronc de Rome. Le baroque méridional est un monde en soi, si lié aux coutumes et aux mentalités du Sud, qu'il faudrait l'étudier dans ses rapports avec les autochtones, avec leur vie quotidienne, plutôt que d'un point de vue esthétique et abstrait.

Venise n'a pas repoussé l'appel de la sirène : seulement, dès la fin du XVIe siècle, il n'y avait plus un pouce de terrain libre pour de nouvelles constructions. Baldassarre Longhena utilisa l'étroite pointe de la Dogana pour y édifier la Salute, cette église sans façade qui combine deux des principales obsessions de l'architecture baroque : le plan central et le mouvement. L'octogone à déambulatoire forme une rotonde qui serait parfaite, si Longhena n'avait accolé à un des côtés un chœur ovale, lequel introduit la perspective dans ce lieu clos, crée des lignes de fuite et transforme en espace ouvert la rigoureuse symétrie du plan. Le style monumental, la rigidité de la structure, l'harmonie des proportions font penser à Palladio ; le pittoresque des pleins et des vides, les jeux de lumière, la dilatation du volume intérieur agrandi comme une scène de théâtre indiquent la rupture avec les siècles classiques. L'autre génie baroque de Venise est Giambattista Tiepolo : comme il ne trouvait pas assez de plafonds à peindre dans sa ville natale, nous devrions le suivre partout en Europe où il a déployé sa multicolore fantaisie, à Udine, à Wurtzbourg, à Vicence, à Madrid.

Le cas de Florence est plus clair : refus pur et simple du baroque, par entêtement à se considérer comme l'héritière de la Renaissance et la seule arbitre du goût. Demandez à un Florentin ce qu'il est, il vous répondra par ce qu'il fut, disait Stendhal, à qui n'avait pas échappé le ridicule de cet orgueil.

Au nom de Dante, de Boccace, de Masaccio, de Botticelli, de Ghiberti et des autres artisans de l'âge classique, la Toscane déclare de mauvais ton et indignes de retenir l'attention les nouveautés de l'ère baroque. Florence s'enferme une fois pour toutes entre ses hauts murs d'apparence militaire et s'engonce dans un attachement stérile à une tradition morte. Aujourd'hui encore, c'est la ville la plus figée d'Italie, celle à qui la gloire d'avoir donné le jour aux grands hommes du Trecento et du Quattrocento et fixé la langue italienne qui n'est autre, comme on le sait, que l'idiome toscan, semble interdire toute ouverture aux temps modernes, toute aventure de l'esprit. Pas un seul monument, après le XVIe siècle, qui témoignerait que la vraie fidélité à Brunelleschi, à Leon-Battista Alberti, à Michelozzo Michelozzi, à Sangallo, à Michel-Ange, eût consisté à leur trouver des successeurs.

Depuis quelque temps, il est vrai, on cherche à combattre cette opinion, selon laquelle Florence se serait arrêtée de produire dès la fin de la Renaissance. Le poète Pietro Bigongiari nous emmène dans son bel appartement à deux étages qui surplombe l'Arno. Il nous montre sa collection de tableaux du XVIIe et du XVIIIe siècle, et nous demande si nous ne voyons pas là des preuves suffisantes pour parler d'une école baroque locale. Voici une *Sainte Agathe visitée en prison par saint Pierre*, où Giovanni Martinelli oppose au gris de la pénombre la violence de certains tons contrastés, une *Communion de sainte Pétronille*, de Simone Pignoni, remarquable par sa composition oblique et par le flot de lumière qui entre en diagonale, et des œuvres à l'élégance plus sophistiquée de Cesare Dandini, de Francesco Furini. Mais, quel que soit l'intérêt de ces toiles, elles sentent l'influence et la copie. La grande peinture baroque à Florence, on la doit à deux artistes invités qui apportèrent, l'un de Rome, l'autre de Naples, le génie du nouveau style.

Ferdinand II de Médicis transporta la résidence grand-ducale au palais Pitti, où il fit exécuter un cycle de fresques allégoriques à la gloire de ses aïeux. Le maître d'œuvre fut Pietro da Cortona, qui séjourna dans la capitale toscane de 1640 à 1647, aidé, ainsi que la tradition le rapporte, par le jeune Pierre Puget de Marseille, que nous retrouverons bientôt à Gênes, quand il aura abandonné la carrière de peintre pour celle de sculpteur. Ferdinand II vendit à la famille Riccardi l'ancien palais Médicis de la via Larga.

Francesco Riccardi appela à Florence Luca Giordano, qui peignit dans les années 1680 l'étonnant plafond de la grande galerie, ensemble qui jure avec les peintures de la chapelle exécutées au Quattrocento dans le même palais, mais sans que cet art théâtral et débridé nous paraisse inférieur au graphisme précieux et enluminé de Benozzo Gozzoli.

Évitons cependant de nous attarder sous le plafond de Luca Giordano et de contempler ces scènes de chasse, de triomphe et de mort où les personnages de la mythologie, Adonis, Ganymède, Diane, Proserpine, Orphée, circulent au milieu du bestiaire exotique cher aux baroques depuis que Bernini installa le tatou des Indes au milieu de la place Navone : nous aurions trop envie de quitter l'austère Florence pour la voluptueuse Naples et de nous rendre droit à la chartreuse de San Martino où Giordano trouva un cadre plus approprié à l'exubérance de sa fantaisie.

Pourtant, à condamner ainsi pour sclérose mentale la belle riveraine de l'Arno, je sens la formidable objection qui va m'être adressée : n'est-ce pas à Florence, autour des années 1600, que l'opéra est né ? S'il y a une ville entre cent que la sirène baroque ait réussi à séduire, n'est-ce pas la cité où Jacopo Peri et Giulio Caccini mirent pour la première fois en musique la fable d'Orphée et d'Eurydice ? Regardons d'un peu plus près la question. Dès la fin du XVIe siècle, les musiciens de Florence avaient fondé une sorte de cénacle, la « Camerata fiorentina », qui se réunissait dans le palais du comte Bardi, puis dans la demeure d'un autre mécène, Jacopo Corsi. Vincenzo Galilei (le père de l'astronome) était le théoricien du groupe. Il rédigea un traité pour démontrer la supériorité de l'ancienne musique monodique grecque sur la polyphonie moderne. Peri et Caccini, chanteurs en renom, appliquèrent les idées de Galilei et créèrent une forme de récitatif dramatique propre à exprimer les passions. Alliance de la poésie et de la musique, qui serait désormais le fondement d'un nouveau genre. L'*Euridice* de Peri fut jouée en 1600, celle de Caccini en 1602. On vient de réexhumer ces deux œuvres, dont les auteurs n'avaient pas l'intention de faire concurrence à la tragédie grecque, comme certains musicologues l'ont écrit un peu hâtivement, mais de mettre en scène les mouvements de l'âme, en affinant les formules, déjà largement répandues sous la

Renaissance, du madrigal dramatique, de la pastorale et du ballet.

Ces deux premiers opéras sont beaux, mais d'une sévérité toute florentine. La déclamation en est sèche, pauvre, presque abstraite. Ils se ressentent de leur origine, intellectuelle et théorique. On n'y chante pas, on y récite, en scandant les phrases et en marquant par les intonations le déroulement du poème. Si chaque syllabe est parfaitement claire et intelligible, c'est au détriment de la sensibilité. Ils s'adressent à l'esprit, procurent à l'esprit du plaisir, laissant le cœur assoiffé. L'opéra était né, mais ce n'était pas encore l'opéra. C'était une idée, une épure de l'opéra. Il n'est pas étonnant que la ville dont le génie plastique avait brillé avant tout dans le dessin, par l'élégance et la précision qu'on observe aussi bien dans les toiles de Botticelli que dans le profil des tours, dans les bas-reliefs de Donatello que dans les études de Léonard, ait choisi le théâtre lyrique comme une nouvelle occasion de faire prévaloir un idéal de netteté et de pureté linéaires dont l'opéra serait bientôt mort s'il n'avait reçu hors de Florence un secours providentiel.

Bien que Peri eût fait jouer, dès 1597, une *Dafne*, on fixe à 1600 la date de naissance de l'opéra, à cause du sujet de son deuxième ouvrage, à cause de la circonstance solennelle dans laquelle il fut représenté, et à cause du spectateur exceptionnel qui y assista. L'*Euridice*, dont le protagoniste inaugure une série éclatante, au point de pouvoir passer pour le héros type du théâtre lyrique, fut donnée à l'occasion du mariage d'Henri IV et de Marie de Médicis, sœur de la femme du duc de Gonzague, souverain de Mantoue. Le duc, invité aux noces de sa belle-sœur, accourut à Florence de son palais décoré par Mantegna. Il avait emmené avec lui le compositeur attitré de sa cour, Claudio Monteverdi, alors âgé de trente-trois ans, et auteur de trois livres de madrigaux. En présence de Rubens, qui fixerait plus tard dans ses peintures l'éclat des cérémonies, mais non du roi de France, représenté par le sieur de Bellegarde, son grand écuyer, Monteverdi écouta l'opéra. Le récitatif inventé par le musicien florentin lui parut monotone, la musique étriquée, l'ensemble dénué d'expression.

Il revint à Mantoue et écrivit l'*Orfeo*, en ajoutant à la déclamation de son prédécesseur les deux choses qui manquaient à cet exercice scolaire pour devenir une œuvre d'art, et sans lesquelles l'opéra ne serait jamais sorti des limbes distingués d'une haute et stérile spéculation : l'émotion et la couleur. L'émotion, il l'introduisit en substituant au récitatif florentin un arioso plus libre et plus flexible qui épouse toutes les nuances du sentiment. La couleur, il la puisa dans les timbres de son orchestre, en caractérisant chacun de ses personnages par un leitmotiv et en variant, pour chaque strophe d'un même air, le soutien instrumental. Palette sonore d'une richesse extraordinaire, dont chaque élément est utilisé en fonction du contexte dramatique. Trompettes et timbales pour la fanfare d'introduction. L'orgue régale, instrument de deuil, et les trombones, voix caverneuses de l'au-delà, accompagnent les habitants de l'Enfer, le nocher Charon et le dieu Pluton, dont ils soulignent la mortelle froideur par leurs sons âpres et térébrants. Flûtes à bec et clavecins réservés aux Bergers et aux Nymphes et à leurs rondes bucoliques, car ces instruments, d'une fraîcheur aérienne, ne sont pas faits pour descendre sous terre. Chitarrone solo pour Eurydice, harpe pour Apollon, et grande variété pour Orphée, dont les plaintes mélancoliques et la véhémence désespérée s'appuient tour à tour sur les violons, les théorbes, les cornets à bouquin, noms qui par leur seule diversité et luxuriance lexicale évoquent une profusion et une prodigalité bien étrangères au puritanisme toscan.

Monteverdi était né à Crémone, au milieu de cette plaine du Pô, dont les horizons s'estompent sous les rayons dorés de soleils moites : paysages mûrs et opulents, qui portent à la rêverie et à la musique. Il partagea sa vie entre Mantoue et Venise, où, entre 1637, date d'ouverture du San Cassiano, et 1700, pas moins de seize théâtres d'opéra furent fondés. Venise, ville de la couleur et de la lumière, s'oppose à Florence, ville de l'épure et du dessin. Pour que l'opéra pût devenir un genre viable, il fallait qu'il quittât les rives trop bien découpées de l'Arno, l'atmosphère cristalline où se détachent les coupoles et les tours du XVe siècle, et trouvât sa pulpe et sa chair sous les ciels mouillés de l'Adriatique, avant de recevoir, en descendant vers les terres enflammées de Naples, un surcroît de vivacité et d'ardeur.

Après Peri, Caccini et leur ami Marco da Gagliano, auteur d'une *Dafne* jouée en 1608, le rôle de Florence dans l'histoire de l'opéra est fini, et fini pour toujours. Il suffit, pour s'en convaincre, de considérer la fonction plus que subalterne réservée au théâtre local. La Pergola, qui est à Florence ce que la Scala est à Milan ou le San Carlo à Naples, n'a pas eu l'honneur d'une seule création importante, exception faite du *Macbeth* de Verdi. Naples, Venise, Rome puis Milan détiennent depuis trois siècles le quasi-monopole de l'opéra italien. Aucun des grands compositeurs de la péninsule n'a pensé trouver à Florence un public digne de les comprendre. Bellini a confié un de ses ouvrages à Parme. Verdi a choisi une fois Rimini, deux fois Trieste, sans compter Londres, Paris, Saint-Pétersbourg et Le Caire. Rossini n'a dédaigné ni Bologne ni Ferrare. *Manon Lescaut* et *la Bohème* ont pris leur envol à Turin, ville d'apparence encore plus froide que Florence mais dont nous découvrirons bientôt les secrètes magnificences. « Afin que l'Italie offrît tous les contrastes, notait Stendhal, le ciel a voulu qu'elle eût un pays absolument *sans passions* : c'est Florence. » Et de relever dans le caractère des Toscans « quelque chose de sec, d'étroit, de raisonnable, de fidèle aux convenances, d'inexaltable, en un mot ». En un autre : de réfractaire à l'opéra, d'imperméable au baroque.

Le miracle de l'œuf rose

Quant à la France, c'est de ferme propos qu'elle s'est exclue du croissant baroque. Deux temps forts de cette exclusion : l'échec de Bernini à Paris, la défaite de Puget à Marseille.

En 1665, invité par Louis XIV, Bernini, âgé de soixante-sept ans, arriva en grande pompe à Paris, accueilli avec le faste réservé aux ambassadeurs. Le plus glorieux monarque et le plus célèbre sculpteur-architecte de leur temps entreprenaient de reconstruire et d'agrandir le Louvre, alors résidence de l'encore jeune souverain. Pour servir de guide et d'interprète au « Cavalier Bernin », qui ne parlait pas un mot de français, on lui adjoignit le sieur de Chantelou, maître d'hôtel du roi, qui consigna dans son journal chaque détail de ce séjour de cinq mois.

Jamais artiste ne fut suivi plus minutieusement dans ses gestes. Ce texte[1] est d'abord un document sur un homme exceptionnel, dont le franc-parler étonna ses hôtes d'autant plus choqués que l'auteur de la colonnade de Saint-Pierre ne se gênait pas pour critiquer tout ce qui lui paraissait mesquin dans le goût français. « Qu'on ne me parle de rien qui soit petit ! » disait-il. Les toits de Paris lui semblèrent trop pentus. Devant le dôme du Val-de-Grâce il soutint qu'on avait mis une bien petite calotte sur une grosse tête. En revanche il professait une vénération pour Poussin et s'age-

1. *Journal de voyage du Cavalier Bernin en France*, réédité en 1981 aux éditions Pandora.

La Charité de Marseille.

nouillait devant ses tableaux, avec la même exubérance napolitaine qui lui faisait baiser le sol pendant la messe. Ses peintres préférés étaient Raphaël et Guido Reni, jugement qui remet en question les idées couramment admises sur les sources de l'art baroque. Autre surprise de taille : si Bernini cite souvent en exemple Michel-Ange, il liquide en une phrase méprisante Caravage, en qui nous verrions volontiers le premier maître du clair-obscur et de l'inquiétante étrangeté.

Mais baroque, il l'était en plein par sa manière de sculpter. C'est Wölfflin qui, dans son essai *Principes fondamentaux de l'histoire de l'art* publié en 1915 mais toujours indispensable, a établi la différence entre la vision frontale chère aux artistes de la Renaissance et la vision latérale qui lui a succédé. La vision frontale fixe le modèle de face et cherche à en dégager le caractère éternel : la statue classique, tel l'un ou l'autre des deux Médicis sculptés par Michel-Ange, est faite pour être contemplée d'un seul côté, et pour inspirer au spectateur le sentiment d'une beauté immobile, invariable, à jamais captive de la pierre. La vision latérale tourne autour du modèle, pour en saisir le caractère changeant, transitoire, précaire. C'est l'instant préféré à l'éternité, le fugace au permanent, le vif au définitif, le détail pittoresque à la majesté tranquille. Chargé de faire le buste de Louis XIV, Bernini demandait au roi non pas de poser, mais de marcher en tous sens et de parler librement, pendant qu'il sautillait avec son crayon autour de Sa Majesté. « Un homme n'est jamais aussi semblable à lui-même que lorsqu'il est en mouvement », disait-il devant les courtisans effarés. Pour se venger de ceux-ci, il en fit des dessins poussés à la charge, avec des nez plus crochus que nature, des sourires plus fats, des mentons en galoche : recourant ainsi, avec la caricature, à la forme d'art la plus éloignée de la notion de beau absolu.

Baroques également furent ses deux premiers projets pour la façade orientale du Louvre. Si l'un des deux avait été accepté, Paris se fût trouvé doté d'un monument sinueux et ondoyant, tout en courbes et contre-courbes, véritable décor de théâtre, et sans doute le destin architectural de la capitale en eût été changé. Hélas ! les conseillers de Louis XIV et Colbert à leur tête refusèrent ces maquettes trop audacieuses, et même la troisième, revenue plus sagement aux lignes droites, se heurta au veto des compatriotes de Boileau.

Bernini repartit sur un échec complet, et c'est la colonnade de Claude Perrault, linéaire, géométrique et rationnelle, qui fut choisie pour la façade.

La folie romaine vaincue par la rigidité française, le délire baroque répudié par l'esprit classique : au-delà des anecdotes rapportées par Chantelou transparaît ce conflit entre deux écoles nationales et revit un moment crucial de l'histoire de l'art et de l'histoire des mentalités. Rentré à Rome, Bernini travailla à une statue équestre de Louis XIV, laquelle fut refusée par le roi comme manquant par trop de majesté et de « grandeur ». On pouvait la voir, il y a peu d'années encore, abandonnée au bout de la pièce d'eau des Suisses, à Versailles, en dehors du parc, exclue en quelque sorte de l'aire réservée aux beaux-arts et au bon goût, avant que les autonomistes bretons, particulièrement mal inspirés de la choisir comme symbole de l'absolutisme étatique, la fissent sauter à la dynamite.

Le fiasco du Cavalier Bernin à Paris a été une perte incalculable pour l'art français, désormais bridé par le souci de la juste ordonnance, de la correction, aussi sévèrement que la tragédie par la règle des trois unités. Il fallait être un héros pour braver le code édicté par le roi et par son Premier ministre : c'est bien comme un héros que se présente à nous, émergé à grand-peine des ténèbres où l'histoire officielle de l'art a tenté de l'engloutir, Pierre Puget, le sculpteur-architecte de Marseille.

Malgré Delacroix, malgré Baudelaire, qui en a fait pourtant un de ses phares, ce fils de maçon reste un de nos grands inconnus. En partie, peut-être, à cause de son origine sociale. Que le jeune Giotto ait gardé les moutons avant d'être découvert par Cimabue, que Tintoretto ait été le fils d'un teinturier, Cimarosa le fils d'un maçon et d'une lingère, n'a aucunement nui à leur carrière. Mais l'Italie, mobile et souple, n'est pas la France, précocement durcie dans un système de classes. Puget a payé cher la faute de ne pas être né bourgeois, encore plus cher celle d'être demeuré fidèle, non sans quelque ostentation, à sa souche plébéienne. On lui reprocha d'avoir choisi pour modèles de ses atlantes, à l'Arsenal de Toulon, non les éphèbes assignés par la tradition à ce rôle, mais de robustes portefaix. Quand il parut à la cour de Versailles, il sembla vulgaire aux courtisans de Louis XIV. Le roi le reçut en audience, prêta un moment

Puget, Alessandro Sauli
et Saint Sébastien (Gênes).

l'oreille aux projets qu'il lui soumettait, déclara : « C'est très bien, continuez à travailler », mais ne voulut plus jamais le revoir ni en entendre parler. La maîtresse du souverain, à la vue du Milon de Crotone proposé pour le parc de Versailles, se serait écriée : « Cet homme a beaucoup souffert. »

Il s'était formé à Marseille dans les hangars d'un charpentier de la marine. A dix-sept ans il partit à pied pour Rome, où il fut accueilli par Pietro da Cortona. Quand il revint en France, en 1646, il avait vu le Baldaquin de Saint-Pierre et la fontaine du Triton de Bernini, les églises Saint-Charles-aux-quatre-fontaines et Saint-Yves-de-la-Sapience de Borromini, l'église Saints-Martine-et-Luc de son maître. Il travailla quelques années à Marseille mais, décidément plus à l'aise en Italie que dans son pays natal, s'établit pour longtemps à Gênes.

Tâchons de comprendre pourquoi ces deux nations ont fait des choix si opposés, pourquoi elles se sont donné des décors urbains si différents. L'ordre et la mesure, dont la France a fait son credo esthétique, s'expliquent en réalité par le souci d'économiser : le faste, la surcharge, la luxuriance ornementale coûtent cher. Les villes françaises sont ternes et sévères, non pas en raison d'une option philosophique, mais parce que la clientèle bourgeoise, au pouvoir dès le XVIIe siècle, a adopté le style qui réduisait les dépenses au minimum.

Puget trouva à Gênes, à la fois la sensibilité imaginative du peuple italien, et la politique somptuaire de grands seigneurs à qui la parcimonie eût paru le pire des vices. Entrons à Santa-Maria Assunta, l'église de la place Carignano : deux de ses œuvres nous y frappent de plein fouet, deux immenses statues placées sur deux des piliers qui soutiennent la coupole. Le bienheureux Alessandro Sauli, aux mains puissamment expressives, et l'admirable Sébastien, sculpté debout, les deux bras levés et attachés à un tronc d'arbre, la tête à peine inclinée. Voici un baroque musclé, violent, sauvage, aux antipodes des pâmoisons romaines. Les deux jambes pendent comme cassées (analogues aux jambes du Christ dans la Pietà de Michel-Ange qu'on voit à la cathédrale de Florence), mais le jeune homme, tel un héros de Michel-Ange dont l'influence semble ici évidente, n'a rien perdu de sa vigueur ni de sa combativité. Le visage, d'un modelé tourmenté, rayonne d'une intense énergie. Quel contraste avec le Sébastien renversé et dolent de Giorgetti ! Art vertical, face à l'art couché de Rome. Ce n'est pas Tristan étendu par terre la main crispée sur son flanc dans une interminable agonie, c'est Siegfried foudroyé en pleine action, c'est le verdien Posa tué d'une traîtresse arquebusade. Et pourtant, dans la statue de Puget aussi, il y a l'extase, le ravissement dans la souffrance, cette volupté répandue sur la face et sur chaque membre du corps, sans laquelle il n'est point de baroque.

Souffrance, volupté, extase : si l'art baroque a puisé de préférence à ces trois sources, on comprend que saint Sébastien ait été le modèle préféré de cette époque. A Gênes seulement, on en compte trois remarquables : ceux de Guido Reni et de Salvator Rosa au musée du Palazzo Rosso, celui de Puget. Guido Reni a peint un éphèbe idéalisé, efféminé, doux, si doux qu'il paraît ne même pas souffrir, tout attendri qu'il est par une lumière intérieure dont le reflet brille dans ses yeux levés. Salvator Rosa, au contraire, a peint un athlète, qui dresse contre le ciel son bras au biceps saillant et s'érige dans une attitude de défi : plus semblable à Prométhée qu'à une victime consentante. Puget s'est rallié à une solution intermédiaire : il a rendu la souffrance matérielle du martyr, « d'une manière bien digne du naturalisme sans scrupule de son temps », selon la formule de Jakob Burckhardt qui trouvait « choquante » une telle œuvre ; mais, loin de se soumettre passivement à la persécution, l'officier de Dioclétien garde intacte sa force virile. C'est ce mélange de dolorisme et de vitalité qui fait du Sébastien de Puget une statue belle entre toutes, un des points forts de notre voyage.

Nous restons plus d'une heure dans l'église. Un jeune homme, qui fait office de sacristain et d'enfant de chœur, nous demande comment il pourrait nous aider. Il revient après la messe pour allumer des projecteurs. Personne ne daigne jamais photographier ces statues, ni même leur rendre visite. Il est tout content de nous voir si curieux. « Un Français les a faites », nous dit-il avec un sourire, comme s'il nous adressait un compliment. Comment connaîtrait-il mieux son nom ? Le Guide Bleu de l'Italie du Nord, qui compte 1 222 pages, ne consacre pas une seule ligne à Puget. « Immenses statues baroques », lit-on pour cette église, sans nulle mention de l'auteur. Celui qui avait construit des galères à Marseille et côtoyé la chiourme des esclaves demeure frappé d'excommunication. Même Delacroix, qui saluait en Puget « des parties merveilleuses » et reconnaissait que, si au premier abord il « choque » (décidément !), ensuite « il écrase tout, vous ne pouvez vous en détacher », flétrissait (ne sentons-nous pas dans ce jugement percer le fils de Talleyrand ?) « des défaillances à chaque pas, des parties défectueuses assemblées à grand-peine, l'ignoble, le commun à chaque pas ».

Le palais marseillais de Longchamp, énorme bâtisse Napoléon-III construite en demi-cercle autour d'une cascade, abrite les copies des œuvres majeures de Puget, plus beaucoup de tableaux, de dessins et de bas-reliefs originaux. Quel éblouissement ! Peu de salles de musée m'ont causé une aussi profonde impression, que cette grande pièce aux parois noires, plongée dans l'obscurité, où des projecteurs placés au sol dardent d'obliques rayons sur le Milon de Crotone, le Sébastien, le saint Alexandre, une Assomption de la Vierge, une Immaculée Conception et deux ou trois autres statues toutes blanches, deux fois grandeur nature, dressées debout dans un éclat aveuglant. Nous avons pu passer deux heures là sans qu'aucun visiteur ne vienne troubler le travail de Ferrante. Bruyant, agité, excessif, tel semble bien être le verdict porté par l'opinion cultivée française sur un art qui rompt en visière avec la tradition nationale, et renvoie pour toujours à sa solitude le « mélancolique empereur des forçats ».

D'une seconde exclusion fut victime Puget. Le rustre de Provence présenta à Colbert un projet d'urbanisme qui aurait fait de Marseille la plus belle cité de France. Une colonnade eût fermé le Vieux Port, deux pavillons gardant l'entrée de la Canebière. « Inutile de dépenser pour une ville de galériens. » Sur ce jugement sans appel, le ministre refusa les crédits. Avarice du commis de l'État, mais surtout jalousie de Paris qui voulait conserver pour la capitale le monopole des grands travaux. A Rome, Bernini œuvra pour trois papes ; en France, le refus du baroque de la part de Louis XIV aboutit à l'éviction de cet art sur toute l'étendue du royaume.

Cependant, il reste à Marseille un témoignage du génie architectural de Puget. Mais qui le connaît ? Qui en parle ? Qui en écrit ? Il n'est pas facile de dénicher l'ensemble des monuments qui constituent la Vieille Charité, car, même s'ils ne se trouvent qu'à peu de distance du Vieux Port (à droite quand on regarde la mer), le chemin qui y mène, dépourvu de balises, serpente à travers le quartier le plus ancien de Marseille, escarpé et tortueux, surnommé « le Panier ». Les habitants, se contredisant l'un l'autre, nous indiquent de leurs voix exotiques des itinéraires opposés. Ruelles étroites, odorantes, silhouettes furtives dans l'ombre des seuils, cris rauques d'une fenêtre à l'autre, sonorités gutturales de l'arabe, tout l'enchantement d'un été méditerranéen. Enfin, au cœur de ce dédale, voici notre édifice, découvert presque par hasard au débouché d'une venelle. Aucun recul pour contempler ce qui fut jusqu'à la fin du XVIIIe siècle un hospice, destiné à loger les pauvres et les mendiants. En réalité, sous le couvert d'une institution « charitable », les bourgeois et les commerçants avaient imaginé cet expédient pour se débarrasser de leurs marginaux. Épisode de ce grand « renfermement » des indésirables de tout poil : on sait, depuis les travaux de Michel Foucault sur les fous et les prisons au XVIIe siècle, comment la classe dirigeante a méthodiquement mis sous clef insoumis et dissidents. Un mur d'enceinte, haut, noir et rébarbatif, qui sera démoli, accentue l'aspect pénitentiaire. Après la Révolution, l'armée occupa les lieux, puis des squatters, qu'il fallut reloger quand la municipalité, il y a quelques années, eut décidé la restauration des bâtiments, tombés dans un état extrême de décrépitude et de saleté.

Le visiteur pénètre par une porte cochère dans ce qui est présentement le plus grand chantier des Monuments historiques de France. C'est une vaste cour rectangulaire, bordée sur trois côtés de galeries dont les colonnes se superposent sur trois étages. Simplicité et lyrisme de ces arcades, qui nous enserrent comme les lignes indéfiniment répétées d'une fugue. Le côté gauche et celui du fond viennent d'être remis en état. La pierre, d'un rose tendre et lumineux, palpite dans le jour déclinant. Une lèpre noire ronge encore le côté droit. Bernini a construit la colonnade de Saint-Pierre comme l'image des bras de l'Église arrondis autour des fidèles. Ces trois rangées de portiques, eux-mêmes multipliés en hauteur par trois, symbolisent à la fois la protection qu'on offrait aux gueux et l'élévation vers le ciel qu'on proposait à leur esprit.

Pour arriver jusqu'ici nous avons croisé, dans le labyrinthe des rues populeuses, entre les murs tapissés de lambeaux d'affiches xénophobes qui pâlissent au soleil depuis les dernières élections, une majorité d'hommes et de femmes de couleur ; des Maghrébins coiffés de la chéchia ; des Algériennes encore vêtues du blanc burnous de leur pays natal, la tête enveloppée dans le voile qui ne laisse à découvert que les yeux ; des Noires au port superbe et aux couettes finement tressées. Rien de plus facile, dans cette ville où débarquent des dizaines de milliers d'émigrés, que de désigner dans les fils de l'Afrique la source de tous les maux. Ceux d'Israël aussi furent visés : les commerçants juifs reçurent des tracts où ils purent lire : « Souvenez-vous que vous n'êtes pas Français, vous non plus. » La droite eût-elle été moins inculte, elle eût réclamé qu'on rendît la Vieille Charité à son antique destination, et que tous les parias de la cité, arabes, juifs, gays, objecteurs de conscience, y fussent bouclés à double tour, derrière la muraille garante de l'ordre public.

Mais Puget, dans tout cela ? Eh bien ! insensible à la bassesse de cette moitié de ses concitoyens qui voulait se débarrasser de l'autre par la ségrégation et la réclusion, il élevait au centre du pénitencier, entre les trois façades à portiques, une chapelle, toute rose, au toit en forme d'œuf. Merveille des merveilles, qui d'allègre stupeur nous emplit. Entrons : tout est rose à l'intérieur aussi, depuis les colonnes et les pilastres qui soutiennent la corniche, jusqu'à l'entablement sinueux et à la coupole bombée. Plan ovale, alternance des pleins et des vides, tendresse, lumière, volupté. Impossible de décrire l'harmonie des courbes et des contre-courbes, la grâce de cette construction légère et bizarre. Dans toute l'Italie je n'ai rien vu de plus neuf, de plus audacieux, de plus euphorisant pour l'œil et pour l'esprit : un mélange idéal de pureté linéaire et de magie ondulatoire. L'objectif réussira-t-il à fixer mieux que la plume cette griserie de la pierre qui semble s'enchanter de ses volutes, de ses galbes et de ses festons ?

Non, rien dans toute l'Italie n'évoque avec autant de bonheur l'intimité du nid primordial, sinon peut-être les églises de Borromini, intraverti autant que Bernini était exhibitionniste, épris de la poésie secrète des chiffres et du mystère des nombres parfaits. On devinerait tout seul que Puget a travaillé à Rome, qu'il a étudié l'église Saint-Charles-aux-quatre-fontaines ; le miracle ovoïde de la Charité n'est-il pas le surgeon, unique en France, du baroque recueilli et spéculatif ? Avec cet avantage immense sur les églises de Rome, toutes plus ou moins défigurées par les ornements, les objets de culte, les prie-Dieu, les simulacres pieux qui s'y sont accumulés au cours des siècles, de nous présenter l'espace originel, nu et pur, tel que l'architecte l'a conçu. Pas une croix, pas une chaise, pas même un autel : rien que la pierre et que la lumière, les structures dans leur état premier, rendues à leur innocence radieuse par une intelligente restauration. Que ne voit-on ainsi, débarrassées du mobilier de sacristie, les nefs des grandes basiliques et des cathédrales, Chartres ou Vézelay, dans leur splendeur initiale ?

Personne, depuis tout le temps que nous sommes ici, ne s'est joint à nous. Puget reste bien un créateur maudit ; débile et jaune, selon le portrait de Baudelaire ; si malmené par le destin que, même aujourd'hui, il faut s'obstiner dans les ruelles en pente du « Panier » pour découvrir le fruit sublime de ses rêves.

La vie est un songe

Entre Gênes et Turin, on aperçoit de loin, au milieu de la plaine piémontaise, la colline abrupte sur laquelle la petite ville de Mondovi s'est juchée. Nous ne serions pas montés jusqu'à la place et à l'église de la Mission, si on ne nous avait signalé que le Père Pozzo s'était livré dans ce sanctuaire à ses premiers essais de fresques en trompe l'œil. Le Père Pozzo ! Sujet de remords pour moi, qui ai négligé de l'inclure parmi les grands créateurs de la Rome baroque, alors que, vers l'église de Saint-Ignace, nous ramènent si souvent non seulement le charme extraordinaire de la petite place homonyme dont les maisons, par leur disposition, donnent l'illusion d'un théâtre, avec les rues qui partent de biais comme des coulisses, mais le plafond de l'église elle-même, avec sa coupole feinte et son ciel rayonnant d'où le saint en gloire, aperçu au sommet d'architectures fictives de colonnes et d'arcades, expédie ses disciples sur les quatre continents.

Le fait que le peintre fût lui-même jésuite et participât de façon aussi peu déguisée à la croisade contre la Réforme, la tristesse aussi de voir le nombre 4 dégradé pour les besoins de la propagande et employé utilitairement à la répartition géographique des missionnaires, ne devraient pas faire qualifier cet art de solennel et d'emphatique, avec une nuance de dédain. Si j'en ai eu quelquefois la tentation, ce que je découvre à Mondovi retournerait complètement mon jugement. Et d'abord, cessons d'appeler « Père » ce peintre, et rendons-lui son prénom d'Andrea, ce qui dissipera le

Andrea Pozzo, Église de la Mission (Mondovi).

préjugé contre un homme que le port de la soutane n'a pas empêché d'être un des plus imaginatifs de son temps.

L'église de la Mission (à peine signalée dans le Guide Bleu, elle aussi), construite en 1665 par Boetto, architecte local sans génie, fut transformée onze ans plus tard par Andrea Pozzo, qui était né en 1642 à Trente (encore un détail malheureux qui associe son nom à celui du concile) et entré dans les ordres à vingt-trois ans. Après des séjours à Gênes et à Venise qui comptèrent dans sa formation artistique, il travailla à Turin à des fresques aujourd'hui perdues, puis s'installa pour quatre ans dans la minuscule Mondovi.

Église à une seule nef, à plafond cintré, de taille moyenne. Pozzo métamorphosa cette structure banale en ajoutant sur les côtés des colonnes de faux marbre rouge moucheté de blanc, et surtout en peignant le plafond. Au-dessus de l'entrée, faux tambour à ciel ouvert, avec un décor d'architecture où se détachent les mêmes colonnes, de la même couleur. C'est ainsi l'église tout entière qui semble se prolonger vers le haut, se dilater, se soulever, s'ouvrir sur le firmament où saint François-Xavier flotte entre les anges. Plus complète ne pourrait être l'illusion. Pozzo appliquait ici, pour la première fois, ses calculs sur la perspective, et, si les soldats de Napoléon n'avaient pas volé, en même temps que l'orgue, les dalles du pavé, sans doute trouverions-nous par terre, comme à Saint-Ignace de Rome, la dalle de couleur différente qui nous signalerait le point exact d'où il faut regarder ce trompe-l'œil. La prouesse technique ne fait pas à elle seule le prix de cette fresque : l'assemblage fugué des colonnes, des consoles, des balcons et des entablements est en lui-même très beau, et nous ramène aux grandes utopies architecturales de la Renaissance. Cette galerie octogonale débouchant sur le vide, mélange de précision mathématique et de fantaisie délirante, exprime l'idéal baroque en matière de décor, non moins parfaitement que le tableau anonyme d'Urbino, qui représente un temple rond entre deux alignements de palais, exprimait l'idéal classique en matière d'urbanisme.

D'une œuvre à l'autre, on mesure la différence entre les deux époques. A la dimension horizontale, Pozzo substitue la dimension verticale. Au lieu de mettre son travail à hauteur de nos yeux, il nous force à nous dévisser le cou, il nous fait monter le sang à la tête, exigeant de nous une gesticulation et un effort physique qui sont une introduction nécessaire à un art dont l'angoisse est la règle et l'inconfort l'habitude, inconfort dans le sujet, la gloire aérienne et virevoltante du saint, inconfort de celui qui peint, perché sur l'échafaudage au lieu d'être assis devant le chevalet, inconfort de celui qui regarde, les muscles distordus. Ferrante doit se coucher de tout son long sur le sol, pour prendre ses photos. Pozzo enfin, si on compare son plafond mouvant au tableau d'Urbino qui installe devant nous un espace bien défini, un décor stable, des maisons plantées dans la terre, nous donne le vertige par ces lignes fuyantes, ces murs qui ne semblent ne reposer nulle part, ces colonnes qu'une force ascensionnelle aspire vers l'infini. L'artiste de la Renaissance cherche à nous rassurer, par le spectacle d'une vérité intemporelle ; l'artiste baroque à nous étourdir, à nous tromper, à nous inquiéter. Il nous fait douter de tout, y compris de la solidité du toit qu'il fait danser sur nos têtes.

En nous avançant vers le fond de l'église, nous pouvons même nous demander : sommes-nous bien dans une église ? N'est-ce pas plutôt au théâtre que Pozzo nous a conviés ? Il a peint au-dessus de l'autel une autre fresque, saint François-Xavier prêchant aux Infidèles du haut d'un balcon arrondi qui épouse la forme de l'abside. Ce balcon fictif, qu'un personnage s'apprête à enjamber, ressemble si bien à un balcon réel, qu'on peut ne pas s'apercevoir de la feinte. Mais c'est l'autel lui-même, et le petit temple à colonnes dont il est surmonté, qui révèlent toute la maestria de Pozzo dans l'art du trucage. L'autel qui, de loin, paraissait un robuste bloc de marbre, est en bois creux ; en bois peint également les six cierges qui semblaient de métal ; quant au temple à colonnes, il est fait de deux toiles peintes tendues sur des châssis de bois et disposées sur deux plans pour donner l'illusion de la profondeur.

Je contourne l'autel, amusé et stupéfait. Une estrade à laquelle on accède par un escalier à vis supporte les deux châssis. Ce qui avait l'air d'une construction en marbre n'est qu'un collage de bois et de toile qui oscille à la moindre pression de ma main. Ce temple dont la fausse voûte cintrée repose sur des simulacres de colonnes sert d'arc de triomphe à une grande image de saint François-Xavier. Je la prenais, de loin, pour une statue. Nouvelle erreur, car ce n'est qu'un morceau de tôle découpée et peinte, qu'on enfonce par le

manche dans le plancher de l'estrade. J'aurais voulu oublier la qualité ecclésiastique d'Andrea Pozzo, mais à présent je mesure encore mieux son audace, en me disant qu'un père jésuite a transformé l'endroit le plus sacré de l'église en plateau de théâtre. Passe encore pour la décoration des plafonds ; mais l'autel, mais la demeure du Christ, mais le tabernacle du saint patron ! De toutes les « machines théâtrales » que Pozzo a faites, la plupart pour des spectacles dans les collèges jésuites, ce serait la seule qui subsiste. La religion catholique ne serait-elle, à son tour, qu'une illusion ? L'autel sur lequel s'accomplit le sacrifice divin n'aurait-il pas plus de consistance qu'un décor d'opéra ?

Le plus beau me reste à découvrir. Couchée au fond de l'abside, voici une seconde image de saint François-Xavier : elle aussi en tôle peinte, elle aussi pourvue d'un manche, et de la même taille que la première. Elle le représente qui bénit la foule. Celle qui est plantée pour le moment entre les deux portants du temple le montre les bras levés, en extase. Ainsi, l'élu de Dieu lui-même, en véritable histrion, a ses rôles tout prêts dans la coulisse. Il entre et sort comme une marionnette. Il change d'habit, de gestes et d'expression, tel un chanteur entre deux actes.

Jean Rousset, dans sa belle étude *la Littérature de l'âge baroque en France*, sous-titrée *Circé et le paon*[1], mais d'une portée plus vaste que ne l'indiquent titre et sous-titre, établissait au nombre de quatre les critères de l'œuvre baroque. L'instabilité, « d'un équilibre en voie de se défaire pour se refaire, de surfaces qui se gonflent ou se rompent, de formes évanescentes, de courbes et de spirales ». La mobilité, « d'œuvres en mouvement qui exigent du spectateur qu'il se mette lui-même en mouvement et multiplie les points de vue ». La métamorphose ; et enfin la domination du décor, « la substitution, à la structure, d'un réseau d'apparences fuyantes, d'un jeu d'illusions ». Pour chacun de ces quatre critères, nous pourrions trouver un exemple pur dans un ou plusieurs monuments de Rome. La Fontaine-des-Quatre-Fleuves ou la lanterne en spirale de Saint-Yves-de-la-Sapience, pour l'instabilité ; la façade de Sainte-Agnès, place Navone, qui change d'aspect à mesure qu'on bouge soi-même, pour la mobilité ; le groupe d'*Apol-*

1. Corti, 1960.

Borromini, Galerie du palais Spada (Rome).

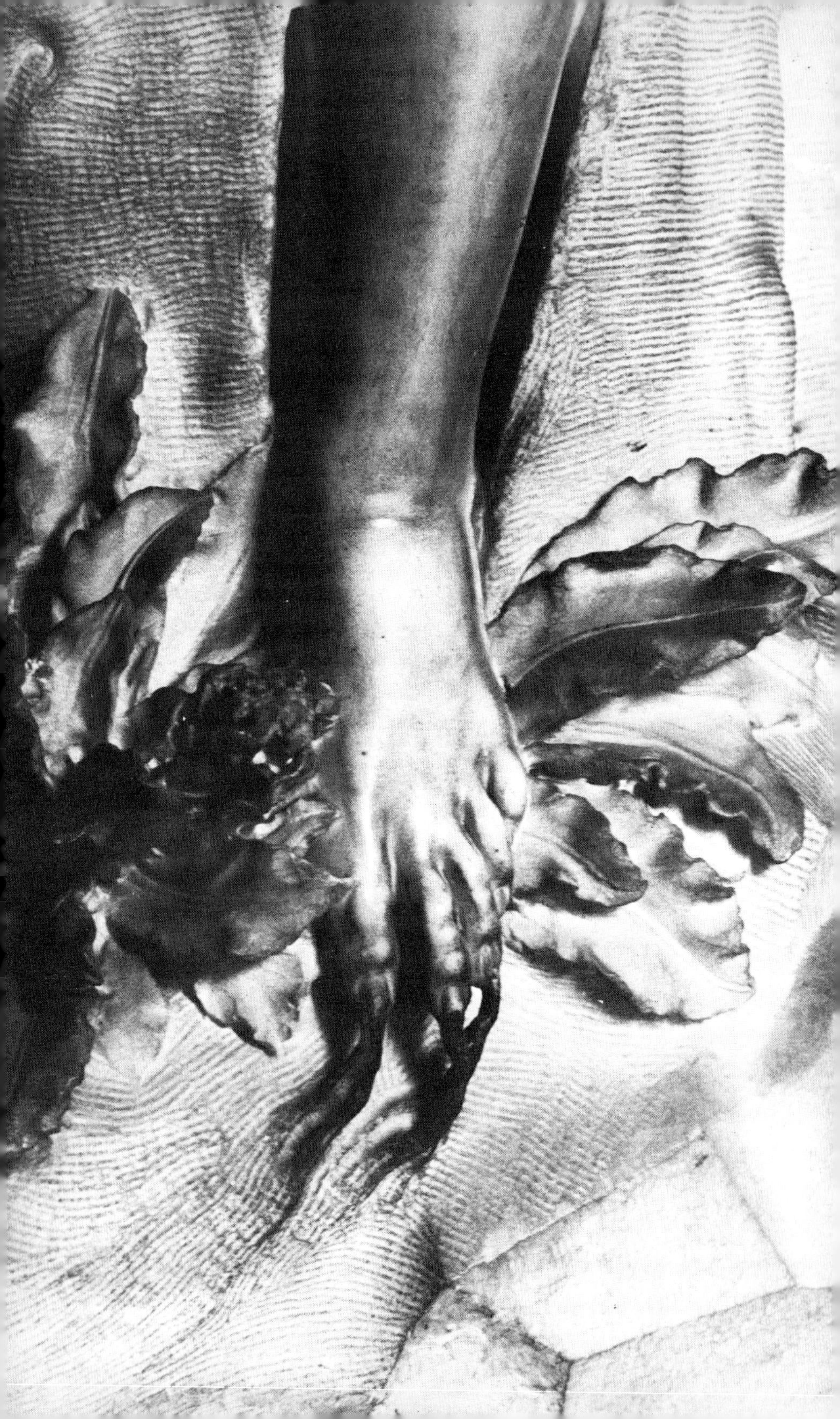

lon et Daphné, à la Villa Borghese, où, par le génie de Bernini, s'opère à vue sous nos yeux la transformation de la jeune fille en laurier, pour la métamorphose ; enfin, pour l'illusion, la galerie du palais Spada, construite par Borromini en sorte qu'elle paraisse très longue et mener jusqu'à une statue dont seul l'éloignement rapetisserait les proportions, alors que la galerie n'a que quelques mètres et que la statue vous arrive à mi-corps.

Andrea Pozzo n'était jamais allé à Rome lorsqu'il imagina l'autel de Mondovi. Si on peut dire que toute œuvre peinte ou sculptée donne l'illusion du modèle représenté, rares sont les peintures ou les statues qui se mettent elles-mêmes en doute et se posent comme l'illusion d'une illusion. Bernini paraît un classique à côté de Pozzo : il sculpte Proserpine en mouvement, Ludovica en agonie, Thérèse en extase, Daphné en métamorphose, mais nous demande de croire à l'identité, à la solidité de ses héroïnes. C'est que les temps ont changé. Pozzo, né quarante-quatre ans après Bernini, appartient déjà à une autre époque, où l'opéra, jeu de miroirs de toutes les illusions, s'est définitivement imposé comme le premier des arts. Le mot de Calderón, « la vie est un songe », a rayonné bien loin hors d'Espagne ; il pourrait servir de devise à tout le mouvement baroque, sauf à être remplacé par une maxime encore plus appropriée : « la vie est un chant ». Après Francesco Cavalli, successeur de Monteverdi à Venise, et qui meurt justement l'année où Pozzo se met aux fresques de la Mission, Marc-Antonio Cesti, Francesco Provenzale, Giovanni Legrenzi, Luigi Rossi, Jean-Baptiste Lully ont inondé l'Italie et l'Europe de productions spectaculaires où les navires font naufrage, la terre s'entrouvre, les volcans éructent, les palais s'écroulent, les rois montent au ciel à dos de chevaux ailés.

En 1679, au moment où Pozzo achève ses travaux à Mondovi, un inconnu de dix-neuf ans fait jouer un opéra qui remporte aussitôt un énorme succès. Il s'appelle Alessandro Scarlatti. C'est un de ceux qui contribueront le plus, par ses quatre-vingt-cinq ouvrages lyriques, à fixer la mode d'un genre où il n'est pas plus étonnant, somme toute, de voir le héros s'envoler sur un nuage en distribuant des baisers au public, que de découvrir dans le fond d'une église un habitant du paradis couché dans la poussière en attendant son tour de plastronner sur l'autel.

Bernini, La Métamorphose (détail).

Des chandelles de Rome aux candélabres de Turin

Nous avons vu que la médiocrité du décor urbain en France s'explique : premièrement, par l'avarice de la bourgeoisie, trop contente de trouver dans l'idéal « classique » d'un Beau dépouillé et sévère la justification esthétique de sa pingrerie ; deuxièmement, par l'impérialisme parisien et la concentration des grands travaux dans la capitale jalouse d'en garder le monopole. Rien de tel en Italie, où la moindre ville était un centre indépendant gouverné par un seigneur local, et où, en l'absence d'une bourgeoisie habile à épargner et à s'enrichir, l'aristocratie, princière ou ecclésiastique, se livrait sans frein au plaisir de dépenses magnifiques.

Même Turin, dont la froide ordonnance des rues tirées au cordeau et la couleur grise des murs trahissent la proximité de la France, s'est assuré les services de deux grands architectes. L'un était un religieux théatin, né à Modène, qui après de longs voyages d'études à travers l'Europe fut appelé en 1666 dans la capitale du Piémont. De son œuvre il reste surtout deux sanctuaires et un palais, mais si originaux, si étranges, qu'ils suffisent à mettre Guarino Guarini à part des autres architectes. Y compris de Borromini, son maître le plus évident, dont il a étudié les ouvrages à Rome, et de qui il semble avoir hérité la passion des nombres et la chimère de constructions fantastiques bâties sur des calculs rigoureux.

Je m'aperçois que je n'ai pas assez parlé de Borromini. Bernini, qui l'avait écrasé de leur vivant par l'abondance et le faste de ses chantiers, par le luxe de son train de vie, par

Bernini, Ange de l'église Sant' Andrea delle Fratte (Rome).

l'insolence de sa gaieté, continue, trois siècles après leur mort, à tenir le devant de la scène. C'est son nom qui revient à tout moment dans ces pages. Comme il a tenté toutes les expériences, qu'il a été architecte, urbaniste, sculpteur, peintre, metteur en scène, décorateur, que sa main a formé des anges, des fontaines, des escaliers, des coupoles, des tombeaux, il résume à lui seul son époque. Son œuvre est comme un répertoire complet du baroque, un dictionnaire où on est sûr de trouver le détail ou la citation recherchés. Borromini, homme d'une idée fixe poursuivie dans la solitude d'une quête ardente et mélancolique, n'a construit qu'un petit nombre d'édifices, dont chacun a la beauté insolite d'une perle rare.

Bernini, qui se faisait payer cher et s'adressait à des commanditaires puissants, a fait ses grands travaux pour des papes : pour Urbain VIII le Baldaquin, le palais Barberini, son tombeau, plusieurs fontaines ; pour Alexandre VII la Chaire et la Colonnade de Saint-Pierre, la façade du palais Chigi, son tombeau ; pour Clément IX les anges du pont Saint-Ange. Borromini, lui, de prétentions infiniment plus modestes, a reçu presque toutes ses commandes d'ordres monastiques aux budgets plus restreints : Saint-Charles-aux-quatre-fontaines, des Carmes déchaux espagnols ; le couvent de Saint-Philippe-Neri, des Philippins ; Sainte-Marie-des-sept-douleurs, des sœurs agostiniennes ; S. Andrea delle Fratte (qui renferme un des plus beaux anges de Bernini), des Franciscains. Deux seuls chiffres, pour donner une idée des dépenses auxquelles les deux rivaux se livraient. Alors que l'église et le cloître de Saint-Charles-aux-quatre-fontaines furent bâtis pour 19 000 écus, le seul Baldaquin de Saint-Pierre, qui leur est contemporain, en coûta 200 000.

Borromini, dont la culture ésotérique embrassait aussi bien la philosophie néo-platonicienne que la poésie de Michel-Ange, l'Antiquité de la Villa d'Hadrien (où il se rendait souvent pour faire des relevés) que l'Orient de Baalbek (connu par des planches), s'oppose à Bernini, héritier de la grande tradition plastique italienne, comme Gérard de Nerval à Victor Hugo, ou Nicolas de Staël à Pablo Picasso. Au poète des *Chimères* et au peintre de *la Vie dure* il ressemble par l'exigence scrupuleuse, la torture intérieure, l'introversion, le repli sur soi, le mépris de l'argent, la hantise d'une œuvre parfaite dont le sens resterait éternellement mystérieux.

Mort de sa propre volonté, lui aussi. Gérard Macé, qui a tracé brillamment son portrait, insiste sur les circonstances du suicide[1]. Le soir du 2 août 1667, il écrivit son testament à la lueur des chandelles. Le jeune homme qui vivait avec lui voulut ensuite les éteindre. Borromini protesta ; il ne se coucherait pas, dit-il, sans lumière dans leur chambre. La dispute se prolongea dans la nuit. Jusqu'au moment où l'architecte se saisit de son épée, la posa sur son lit et se précipita sur la pointe. Le jeune homme ouvrit les volets, le jour entra dans la pièce. « La lumière ! La lumière ! » s'écria le mourant, qui survécut assez longtemps pour faire lui-même au médecin le récit du drame. On sait le nom du jeune homme, Marsari, mais beaucoup d'éléments nous manquent pour interpréter correctement la querelle et la catastrophe finale. Quelle lumière nécessaire à sa vie, dont la flamme des chandelles n'était que le symbole, Borromini réclama-t-il en vain à son compagnon ?

Ellipses, ovales, polygones, spirales, volutes à rebours, entablements ondulés, balustres inversés, ornements en forme de sphères, d'ananas, de torches, de couronnes, hermès angéliques, chérubins aux ailes duveteuses frileusement repliées, Borromini essaya les figures les plus bizarres, non point par caprices, mais au nom d'une logique sévère qui l'incitait à faire de chacun de ses monuments un organisme aussi méticuleusement agencé que peut l'être un coquillage marin ou une oreille humaine. Saint-Charles-aux-quatre-fontaines, à la façade agitée comme un voile sous la brise, et le minuscule cloître attenant ; Saint-Yves-de-la-Sapience, surmonté d'une lanterne à flammèches mais dont l'intérieur trop blanc rappelle de façon moins heureuse l'obsession de la « lumière » chez cet homme qui n'allait vêtu que de noir ; Sainte-Agnès, qu'il ne put terminer lui-même : autant et peut-être plus que ses églises, la lettre qu'il écrivit au cardinal Pamphili pour lui soumettre le plan d'une maison de campagne illustre les complexités saturniennes de son caractère.

Il faudrait, dit-il, que cette maison, carrée comme une forteresse, eût trente-deux fenêtres, afin que, en se mettant

1. *Rome ou le firmament*, Fata Morgana, 1983.

au milieu d'une des pièces, le regard pût s'arrêter aux trente-deux divisions des vents. Par la fenêtre du milieu de chacune des façades, la vue aboutirait au début et à la fin du tropique du Cancer, au début et à la fin du tropique du Capricorne. Les ombres des marches sur l'escalier principal indiqueraient les jours du mois et l'heure du jour. Il conseille de peindre l'orbe céleste sur la voûte d'une des chambres, en y marquant les étoiles selon leur position dans le firmament, « et peut-être même, à l'exemple de ce que fit Néron au Palatin, pourrait-on faire qu'elles soient mobiles », ajoute-t-il sans savoir que, deux siècles plus tard, quand l'utopie baroque se sera dégradée en kitsch, le jeune Louis II de Bavière fera clignoter au plafond de la chambre qu'il occupera dans le château de son père les astres nocturnes. Borromini recommande aussi de border toutes les allées du jardin par des parapets en dur, afin qu'on puisse les inonder et les transformer en rivières, en sorte que les invités qui s'y seraient promenés à pied le matin se reposent des fatigues du déjeuner par une excursion en barque. Enfin, « il faudrait au-dessus de tout la statue du pape Innocent, placé de telle façon que le soleil, d'un de ses rayons, baise le pied de la statue à l'heure où il fut fait pape ».

Borromini avait deux bonnes raisons de faire cette dernière proposition. Innocent X était un Pamphili, comme le cardinal commanditaire de la maison ; et ce pontife, successeur d'Urbain VIII qui avait protégé Bernini, s'était déclaré pendant son bref règne en faveur de Borromini, à qui il confia la reconstruction de Saint-Jean-de-Latran et le chantier de Sainte-Agnès, privant Bernini de commandes (que celui-ci retrouva avec le pape suivant, Alexandre VII) et se décidant même à poursuivre pour malversations les neveux Barberini d'Urbain VIII, qui avaient rénové le palais de la famille près de la fontaine du Triton. Mais on conviendra sans peine que, si un peu de flagornerie a pu inspirer d'abord l'hommage à Innocent X, le baiser du soleil sur le pied de la statue est une idée d'astronome et de poète plus que de courtisan.

Je songeais à cette lettre, à ce mélange de cosmographie, de science des nombres, de goût pour les dépenses voluptuaires justifiées bizarrement par le souvenir de Néron, en entrant dans l'église de San Lorenzo élevée par Guarino Guarini. Luxe décoratif — ce qui n'est pas le cas des églises

Borromini, Saint-Yves de la Sapience
et l'Oratoire des Philippins (Rome).

de Borromini nues et blanches — mais contenu dans un système géométrique très strict. Plan octogonal (le plan central des grands baroques), coupole ronde à croisillons savamment ordonnés selon le nombre 8, de même que les fenêtres, lucarnes et œils-de-bœuf. Beauté de ces nervures aériennes qui s'entrecroisent entre les rayons obliques de lumière : c'est une étoile à huit branches qui scintille au-dessus de nos têtes. A l'étage intermédiaire, quatre loggias à colonnes roses et à frontons cintrés (guerre à la ligne droite !) donnent un éclairage supplémentaire. Le nombre 4, qui semble si cher aux baroques (les Fleuves de Bernini, les Continents de Pozzo) n'est plus emprunté, chez Guarini, à la géographie, à la nature : il l'emploie abstraitement, pour ses possibilités de symétrie et d'équilibre — ce qui doit corriger notre idée de la préférence des baroques pour tout ce qui serait irrégulier, biscornu, inégal, agité. Peu de monuments donnent une impression aussi harmonieuse que l'intérieur de San Lorenzo, et pourtant, nul doute que nous ne tenions là un des exemples les plus accomplis du nouveau style. Les promenades en barque dans les allées parcourues à pied sec le matin trahissaient, de la part de Borromini, une épicurienne nostalgie des plaisirs de la Renaissance. Guarini commença San Lorenzo juste après avoir appris le suicide de son maître. Son église peut passer pour un double hommage, à Borromini et à la Renaissance, car s'il recourt à des effets optiques sophistiqués, à des ruses d'éclairage indirect, à des calculs d'une complexité extrême, c'est pour mieux nous communiquer un sentiment de plénitude heureuse et de calme simplicité.

Palais Carignano. Façade en brique rose, qui ondule en courbes et contre-courbes. Là encore, on pourrait dire que Guarini a trouvé des modèles chez Borromini, dans la façade de Sainte-Agnès ou dans celle de l'oratoire des Philippins, incurvée sur deux étages, avec au milieu un avant-corps bombé. Borromini reconnut qu'il l'avait construite à l'image du corps humain, les deux côtés concaves figurant les deux bras grands ouverts pour accueillir le visiteur. Mais Guarini s'est montré beaucoup plus inventif, beaucoup plus audacieux : d'abord en renonçant à tout anthropomorphisme, à toute justification par la nature, et en déployant les ondulations de sa façade pour le seul plaisir de vaincre la rigidité du matériau ; ensuite en construisant un édifice de très grandes dimensions, dont la masse, comme souffletée par le vent, déroule en moelleuses arabesques ses roses sinuosités.

Atrium elliptique ; puis une cour non moins étonnante, où des briques plus sombres disposées en étoiles rappellent le motif qui semble avoir été le plus cher à Guarini, au point qu'il en a fait son emblème, comme Borromini avait fait le sien de la coquille. Esprits secrets, portés au fétichisme, qui ont besoin de signer leurs œuvres par un petit détail symbolique.

Sacra Sindone, chapelle du Saint-Suaire, bâtie entre 1668 et 1694. On remonte la nef de la cathédrale (édifice des plus ternes) et, tout de suite, au fond du transept droit, on se heurte à une rampe d'escalier raide et sombre qui conduit à la chapelle. Celle-ci, étant un édifice de Cour, se trouve au premier étage, afin que le souverain pût directement, de son palais contigu, avoir accès à la relique. Comme les architectes baroques étaient passés maîtres dans l'art d'incurver ou de croiser les rampes d'escalier, on doit penser que Guarini a fait exprès d'imposer au pèlerin cette montée abrupte et rapide : pour lui donner, sans doute, le sentiment, non de remplir un acte banal de piété, mais de gravir les marches qui le mènent au Saint des Saints.

La couleur ténébreuse du marbre renforce cette impression d'austérité, d'ascèse. Après l'escalier noir, toute noire également la chapelle. Circulaire, elle évoque un mausolée, ou une grotte creusée dans quelque incorruptible matière minérale. Au-dessus de la coupole noire à caissons, dont la voûte largement ouverte se continue par un tambour de frontons et de colonnes, s'élève une lanterne vertigineuse, noire elle aussi, à croisillons. S'élève ? Il faudrait un autre mot pour suggérer le formidable élan qui soulève vers le ciel ces arcs-boutants de pierre noire qui se recoupent en se resserrant vers le haut. Malgré cette couleur funèbre, la lumière entre indirectement par de nombreuses ouvertures cachées entre les nervures. C'est ce mélange de pénombre et de clarté qui surprend le plus. Comment l'opacité sépulcrale des marbres arrive-t-elle à être auréolée de gaieté ?

Guarino Guarini, La Sacra Sindone (Turin).

Crypte ou coupole ? Invitation à la pénitence ou exhortation à la joie ? Guarino Guarini a réussi ce tour de force d'exprimer, par l'architecture et par l'éclairage même de la chapelle, le double symbolisme du Saint-Suaire. Le linceul dans lequel le Christ fut enseveli évoque l'humanité du Fils de Dieu non moins qu'il annonce sa résurrection. L'Homme-Dieu, Homme par son visage imprimé dans le lin, Dieu par son évasion du tombeau. Suggérant à la fois l'agonie du corps et la libération de l'âme, cette pièce d'étoffe ne pouvait avoir plus digne écrin que ce sanctuaire où le conflit de l'ombre et de la lumière traduit l'opposition de la mort et de l'éternité. Et soumet le pèlerin aux émotions contradictoires de la douleur et de l'allégresse, selon une antithèse qui n'était pas seulement réservée au domaine religieux, puisque « la vie dans la mort » est un thème fréquent dans la poésie baroque, surtout dans la poésie érotique.

Cependant, le sens religieux primait certainement pour le frère théatin. Rappelons-nous la situation géographique de Turin, au pied des Alpes de l'autre côté desquelles le calvinisme étendait son hérésie. La Maison de Savoie, en accueillant la relique dans son palais, montrait qu'elle constituait le dernier avant-poste italien du catholicisme. L'architecte a exprimé symboliquement cette fonction, en dressant la chapelle tout en hauteur, comme la tour d'un rempart, au-dessus de la coupole de la cathédrale elle-même. Du dehors, elle érige sa toiture pointue et zébrée aussi fièrement qu'un étendard. On a avancé l'hypothèse que la Sacra Sindone serait une transposition du Saint-Sépulcre de Jérusalem. Les structures à croisillons de Guarini, à San Lorenzo comme ici, dériveraient de modèles arabes connus en Espagne, telle la coupole de l'oratoire de al-Hakam II à Cordoue, et feraient exotiquement allusion à la lointaine Palestine.

Symbolisme religieux et spéculation géométrique ; précision du calcul et mystère du rêve : Guarino Guarini, s'il est le disciple de Borromini par la rigueur mathématique de ses plans, dépasse son maître par l'envol de son imagination. C'est à Gaudi que nous fait penser ce caveau noir qui se fraye un chemin fantastique vers le ciel. Création d'un visionnaire, échantillon unique de baroque nocturne en face des milliers d'exemplaires de baroque blanc. Il nous invite à parcourir, le long de ces nervures qui s'élèvent degré par degré comme les branches d'un arbre surnaturel, le trajet initiatique qui mène de l'obscurité à la délivrance.

Avec Filippo Juvarra, né à Messine en 1676, et appelé par le roi Victor Amédée II à Turin où il se fixa en 1714, nous revenons à une conception éloquente et fastueuse de l'architecture. Juvarra, scénographe et auteur de nombreux décors qui font de lui un des plus grands noms de l'histoire du théâtre, s'oppose à Guarini comme Bernini s'oppose à Borromini. Tel l'architecte de la colonnade de Saint-Pierre, il cherche à organiser avec un sens grandiose de la mise en scène des espaces choisis pour leur valeur théâtrale, alors que Borromini et Guarini construisent des sanctuaires fermés, clos sur eux-mêmes, souvent sans recul, et qui auraient pu tout aussi bien être placés en un autre point de la ville.

Les deux ouvrages majeurs de Juvarra, la basilique de Superga (1731) et le palais de Stupinigi (1729-1733), sont contemporains des deux dernières plus importantes réalisations baroques à Rome, pièces à grand spectacle où souffle encore l'esprit berninien : l'escalier de la place d'Espagne (1728) et la fontaine de Trevi (1732).

La basilique de Superga, du haut de la colline où elle dresse sa coupole et son pronaos à colonnes, domine Turin avec une emphatique élégance. Au milieu de la campagne, à quelques lieues du centre, le palais de chasse de Stupinigi utilise avec non moins de bonheur l'espace plat et infini de la plaine. Avec ses quatre bras articulés comme une croix de Saint-André, il semble faire la roue autour du corps central. Art de parade et d'ostentation. L'énorme salon elliptique, à deux étages séparés par un balcon qui ondule entre des pilastres richement décorés de stucs, pourrait fournir un décor d'opéra ; et on s'étonne que, pour l'inauguration en 1733, des castrats juchés sur la galerie n'aient pas chanté, pour faire pâmer les spectateurs, le dernier ouvrage lyrique du *maestro* Pergolèse, qui mourrait trois ans plus tard après avoir écrit le *Stabat Mater* dont la beauté déchirante éclipserait les mérites pourtant éclatants de ses opéras.

Même impression, à Turin, devant la façade à ordre colossal de six baies du palais Madame. Entrons, et admirons ce gigantesque escalier à deux rampes solennelles qui occupe toute la largeur de l'édifice. Nous ne sommes séparés de la chapelle noire du Saint-Suaire que par l'étendue de la piazza Castello et pourtant, passer du baroque nocturne et opprimant de Guarino Guarini à ce baroque théâtral et lumineux, c'est mesurer en quelques minutes combien le même mot peut cacher de réalités différentes. Ce qu'a tenté Juvarra, c'est de donner une représentation plastique de l'espace, grâce à un jeu dramatique de colonnes, de pilastres, de balustres, de volutes, de croisées, de caissons, qui scandent le volume clair et chantant de l'immense atrium. Les murs ne font plus écran : l'architecte les utilise pour distribuer et exalter la lumière. Avant-goût de ce que nous trouverons en Allemagne, à Pommersfelden ou surtout à Wurtzbourg.

C'est vaste, imposant, spectaculaire, mais, pour rendre pleine justice à Juvarra, il faudrait parler en détail de ses décors de théâtre. Les merveilleux dessins qui nous en restent prouvent que, avec les Bibiena, et en face de cette illustre famille avec laquelle il fut le seul à pouvoir rivaliser, nous tenons en lui le représentant le plus génial de la scénographie baroque.

Plus touchante que ses grandes constructions officielles pour la Cour, nous paraît la petite église de Sainte-Christine qui, au coin de l'harmonieuse place San Carlo dont elle garde le côté gauche en face de son vis-à-vis, présente une surface incurvée surmontée de huit candélabres en pierre. Ils se découpent sur le ciel : huit, deux fois quatre, selon le fétichisme qui incitait Guarino Guarini à mettre huit branches à ses étoiles, huit nervures à la coupole de San Lorenzo.

Si éloigné que Juvarra pût se sentir de Borromini, peut-être retrouve-t-on l'unité circulaire du baroque dans ce geste de planter huit candélabres en plein ciel. Ils brûleront à jamais et répandront sans fin leur lumière pour celui qui réclamait en vain qu'on lui rallumât les chandelles, et qui se tua pour échapper à la nuit.

Juvarra, Escalier du palais Madame (Turin).

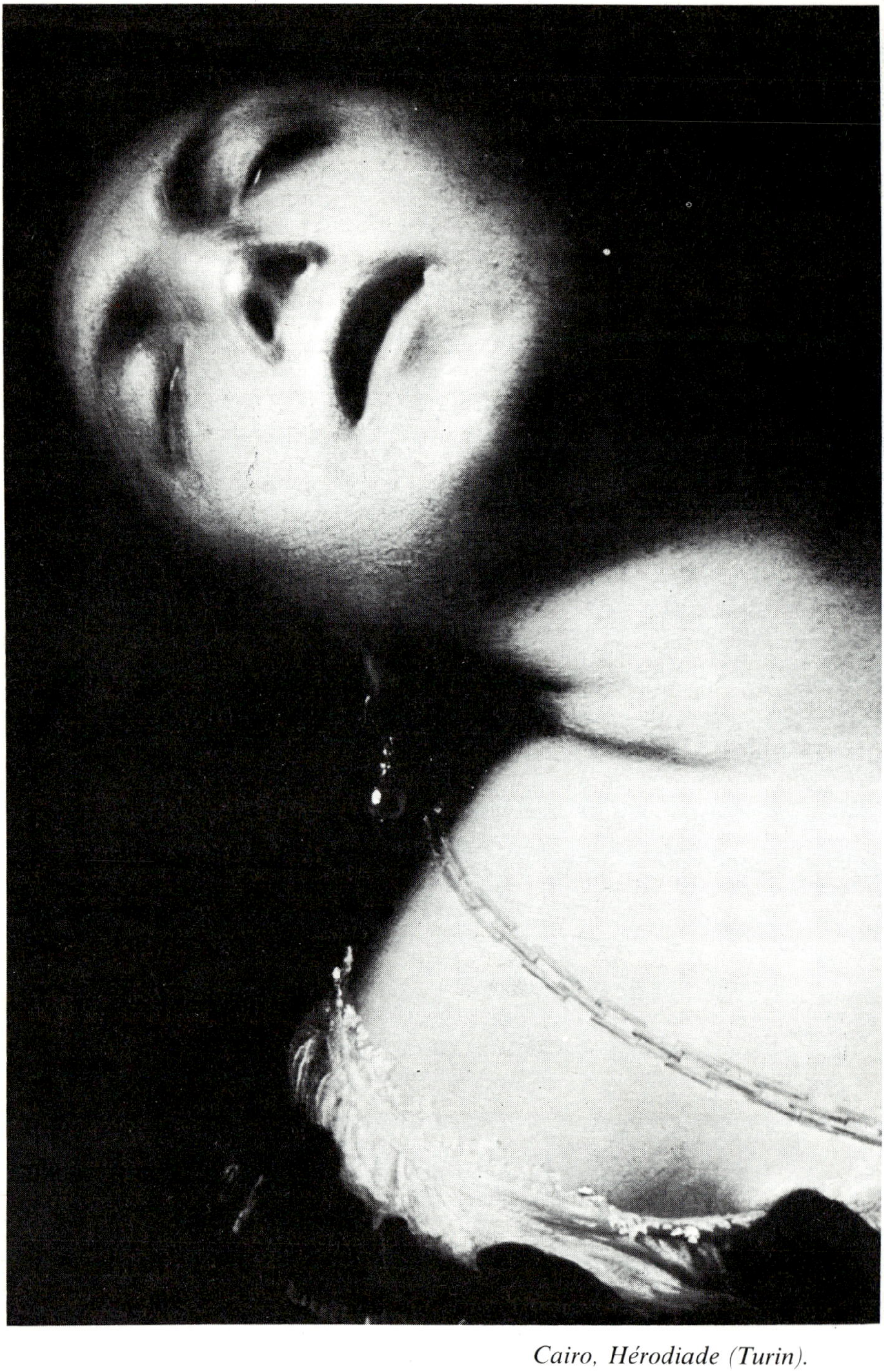

Cairo, Hérodiade (Turin).

La perle d'Hérodiade

A Varese, petite ville au nord de Milan, presque à la frontière suisse, rétrospective du peintre Francesco Cairo. Une résurrection, après plus de trois siècles d'oubli. Né à Milan en 1607 (l'année de l'*Orfeo* de Monteverdi), mort en 1665 (l'année du séjour de Bernini à Paris), Cairo appartint au groupe des peintres lombards influencés par Caravage. On ne sait presque rien de sa vie, sinon qu'il travailla pour la cour de Savoie à Turin, mena une vie scandaleuse et fut même mêlé à une affaire criminelle. Ses œuvres parlent pour lui : voici un Christ au Jardin saisi d'une lassitude et d'une pâleur mortelles, comme s'il avait épuisé toutes ses forces ; une Thérèse qui tombe à la renverse sous le dard qui la perce ; un François d'Assise consumé par l'extase ; un bienheureux qui s'évanouit devant la Madone ; une Madeleine aux seins nus affaissée entre des anges ; une Cléopâtre défaillant sous la morsure de l'aspic ; une Lucrèce poignardée qui agonise. Ce ne sont que têtes chavirées, bouches entrouvertes, yeux clos, langueurs exténuées, pâmoisons déchirantes, sous l'effet d'une douceur trop merveilleuse pour être supportée ; et, pour entourer avec faste ces personnages d'opéra, un décor de lumières rasantes et d'éclairs nocturnes, comme si la nature elle aussi accablée par un excès de délices gémissait et se tordait sans trouver de repos.

Mention spéciale doit être accordée au Sébastien que les soldats de Napoléon volèrent et qui appartient aujourd'hui au musée de Tours. Le jeune homme est renversé sur un lit, la poitrine nue, le visage adolescent comme assoupi dans une béatitude qui en transfigure l'ineffable beauté. Une vieille femme, sainte Irène, penchée sur son corps, panse la plaie d'une flèche avec une plume imbibée du liquide qu'elle tient de l'autre main dans une coupe transparente. Plus jeune que celui de Giorgetti, plus efféminé que celui de Puget, plus passif que ceux de Guido Reni dont les yeux restent ouverts, le Sébastien de Cairo est un dormeur alangui offert à la pure contemplation érotique.

Mais le thème préféré de ce peintre, et qui mêle à une sensualité exacerbée, non plus la douceur d'un élégiaque abandon, mais une volonté sadique de cruauté et de destruction, semble être l'histoire de saint Jean-Baptiste et d'Hérodiade. Cinq de ses tableaux illustrent ce fait divers sanglant. Une fois, la tête coupée du saint gît toute seule sur un plat : le profil, modelé dramatiquement par une violente lumière latérale, se détache sur l'épaisse obscurité du fond. Des pierres précieuses sont encastrées dans le bassin d'or qui soutient la tête. Au premier plan, le peintre a posé, au lieu de la croix du saint, l'épée qui a servi au crime, et dont la poignée richement ciselée jette des reflets fauves. Tout, dans ce tableau, le contraste entre l'orfèvrerie raffinée du plat et son contenu macabre, la substitution de l'emblème meurtrier au symbole chrétien, la solitude de la tête coupée au milieu des ténèbres, dénote l'intention de peindre non pas le sacrifice mystique de saint Jean mais la brutalité homicide d'Hérodiade.

La voici, elle, dans les quatre autres tableaux. Hérodiade, la mère de Salomé, s'était éprise de Jean qui non seulement avait repoussé ses avances mais l'avait traitée publiquement de concubine. Avec son éloquence de prophète, il dénonçait, jusque du fond de son cachot, les amours illicites de la princesse et d'Hérode. Puis eut lieu le fameux banquet ; Salomé dansa devant Hérode ; au comble de l'excitation, celui-ci promit à la jeune fille de satisfaire n'importe lequel de ses désirs. Sur la suggestion de sa mère, Salomé demanda la tête de Jean. Jamais épisode de la Bible ne mélangea avec une telle complaisance débauche et sainteté. Pendant des siècles écrivains et artistes répugnèrent à l'évoquer autrement que par de timides et chastes représentations, jusqu'au jour où le décadentisme européen de la fin du XIXe siècle le redécouvrit et s'en délecta. D'Oscar Wilde à Richard Strauss, de Gustave Moreau à Gustav Klimt, de Mallarmé à

Aubrey Beardsley, de Massenet à von Stück, on assista à des avalanches de paroxysmes luxurieux. Du moins croyait-on que le goût de mêler ainsi le plaisir à la religion, le sexe à la mort, l'érotisme au péché, appartenait en propre aux années 1890. L'exposition de Varese nous force à réviser ce jugement. En ce XVIIe siècle qui n'avait rien de « décadent » mais nous apparaît au contraire comme une époque de forte expansion et de grande vitalité, la fusion de l'exquis et du sanglant excita au plus haut point le génie baroque de Francesco Cairo.

L'Hérodiade de Turin, la tête penchée de côté, les yeux clos, la bouche entrouverte, avance une main tremblante au-dessus de la tête coupée du saint posée devant elle. Robe somptueuse, poitrine largement décolletée, chairs blanches et transparentes comme l'albâtre. Une chaîne traverse en biais sa gorge. L'Hérodiade de Boston penche elle aussi de côté : bouche ouverte, à l'intérieur de laquelle on aperçoit les dents ; yeux non pas clos mais révulsés, dont on entrevoit les iris sous les paupières. La robe monte plus haut mais la même chaîne barre obliquement le buste. Une main plane, comme hésitante, au-dessus de la tête coupée. De son autre main, Hérodiade saisit et tire la langue du mort. Ce geste en apparence atroce et l'extase qu'on lit sur le visage de la femme ne laissent aucun doute sur la signification du tableau. Hérodiade fait l'amour avec Jean. De tout son corps, de toute son énergie, elle consomme avec le cadavre l'acte sexuel manqué et défaille moins d'horreur que de volupté.

Orgasme encore dans le tableau de Vicence, où la meurtrière s'est parée d'une robe de velours fastueuse et drapée dans un frissonnant désordre de fourrures. Même inclinaison de côté, même bouche entrouverte — prête pour quelle *aria* frénétique écrite par Richard Strauss ? —, mêmes yeux pâmés, même expression de jouissance déchirante pendant que la main descend lentement vers la tête du mort. Et puis, ce détail surprenant : une épingle plantée dans la langue de Jean. Ainsi la démoniaque entendait-elle se venger de celui qui l'avait outragée par son refus et diffamée par ses prédications. La légende rapporte que, dans la Rome antique, Fulvie, la femme de Marc Antoine, avait percé d'un stylet la langue de Cicéron décapité, pour le punir de l'avoir, en avocat intarissable, accusée publiquement. Le tableau de Vicence a passé longtemps pour une « Fulvie devant la tête de Cicéron », avant que le rapprochement avec les autres Hérodiades de Cairo n'indiquât sans conteste qu'au lieu de vengeance politique il fallait lire dans cette toile une reconquête amoureuse, fût-elle posthume.

Mais arrêtons-nous un instant sur une seconde signification possible de cette épingle plantée dans une langue pour en arrêter le flot oratoire. Les baroques ont souvent été accusés d'emphase, aujourd'hui encore on ne laisse pas de leur reprocher une tendance à la rhétorique, à la redondance, ils ne seraient point assez concis. Voyez, semble protester Cairo, si à moi on peut objecter ce défaut ! Avec cette épingle dont la tête ornée d'une perle est typiquement baroque, j'arrête l'éloquence sur la bouche du plus bavard des saints, je montre que l'art baroque n'a que faire de longs discours, qu'il est aussi fort, aussi ramassé que l'art de n'importe quelle grande époque. Dites-moi si, depuis Shakespeare et les auteurs du théâtre élisabéthain, on a montré avec autant d'intensité l'union du plaisir et du crime, avec autant d'énergie les ivresses du sadisme !

A propos de perles, Ferrante attire mon attention sur un détail que je n'avais pas remarqué. Les quatre Hérodiades à la tête penchée de Cairo — la quatrième, celle de New York, avec ses cheveux courts et sa robe noire plus stricte, montre presque un visage d'homme : on dirait le portrait d'un castrat — portent toutes à l'oreille — une seule oreille, en raison de l'inclinaison de la tête — un pendentif précieux terminé en perle translucide. Baroque déjà nous semble cette asymétrie délibérée : une seule boucle d'oreille, et qui se détache verticale du visage penché. Mais bien plus baroque le motif même de la perle. *Barroco* : mot portugais signifiant « perle irrégulière », et qui serait à l'origine de l'adjectif « baroque ». Dans l'idée de la perle irrégulière, ne trouve-t-on pas en effet tous les éléments de l'art nouveau ? La perle provient de la nature, comme le palmier ou le tatou de Bernini. Elle est faite d'une matière précieuse, comme le marbre des colonnes, le porphyre des autels. Enfin, si elle est irrégulière, elle incarne le caprice, la fantaisie, la liberté d'invention. Et voici qu'un peintre l'accroche à l'oreille de son héroïne : comme un symbole de la froide cruauté de la princesse, mais aussi comme sa propre signature apposée dans un coin du tableau. La perle comme ornement-fétiche, de même que la coquille distingue Borromini, l'étoile

Guarini. Il eût été surprenant que personne ne se fût approprié l'emblème le plus typiquement, le plus étymologiquement baroque. Cairo ne l'a pas placé n'importe où : dans cette scène d'érotisme macabre et de dépravation, la perle d'Hérodiade met une note cristalline, une note de pureté.

Qui est aussi une note de musique, la seule touche de lumière et d'élégance parmi ces ténèbres morbides.

Dans les tableaux de Cairo revit l'Italie des Cenci, des Este, des Borgia, cette Italie intrépide et sauvage qu'on pourrait croire éteinte avec les derniers spasmes de la Renaissance. Dans son Hérodiade, ressurgissent toutes ces femmes à l'énergie sans limites qui faisaient l'admiration de Stendhal, parce qu'elles allaient jusqu'au bout de leurs passions, quittes à se souiller les mains dans le sang de leur amant. Cairo, baroque par son style, ses clairs-obscurs fuligineux, ses compositions diagonales, appartient par l'esprit à une époque antérieure. A voir son goût des épées, des poignards, des chaînes, des épingles et autres instruments de torture, on se dit qu'une des fonctions de l'esprit baroque a été d'introduire plus d'amabilité, plus de tendresse dans les rapports humains. L'art de Bernini, de Pietro da Cortona, d'Andrea Pozzo, de Luca Giordano servit à adoucir les mœurs d'un pays qui avait besoin d'un vernis plus civilisé. Les anges qui peuplent les églises et étirent leurs membres gracieux sur les ponts de Rome, n'étaient-ils pas nécessaires pour racheter la barbarie du siècle précédent ?

Du coup l'on comprend pourquoi le peintre des Hérodiades sataniques a été mis tout de suite à l'écart : il était devenu anachronique, en un temps où la Thérèse de Rome défaillait en douceur devant un messager céleste dont la tête, loin d'être coupée et sanguinolente, tenait ferme à un corps charmant. Racine désormais avait remplacé Shakespeare, l'élégiaque Bérénice succédé à la féroce lady Macbeth. Il fallait en oubliant Cairo le punir de s'être attardé dans les fantasmes pervers d'une période de l'histoire révolue.

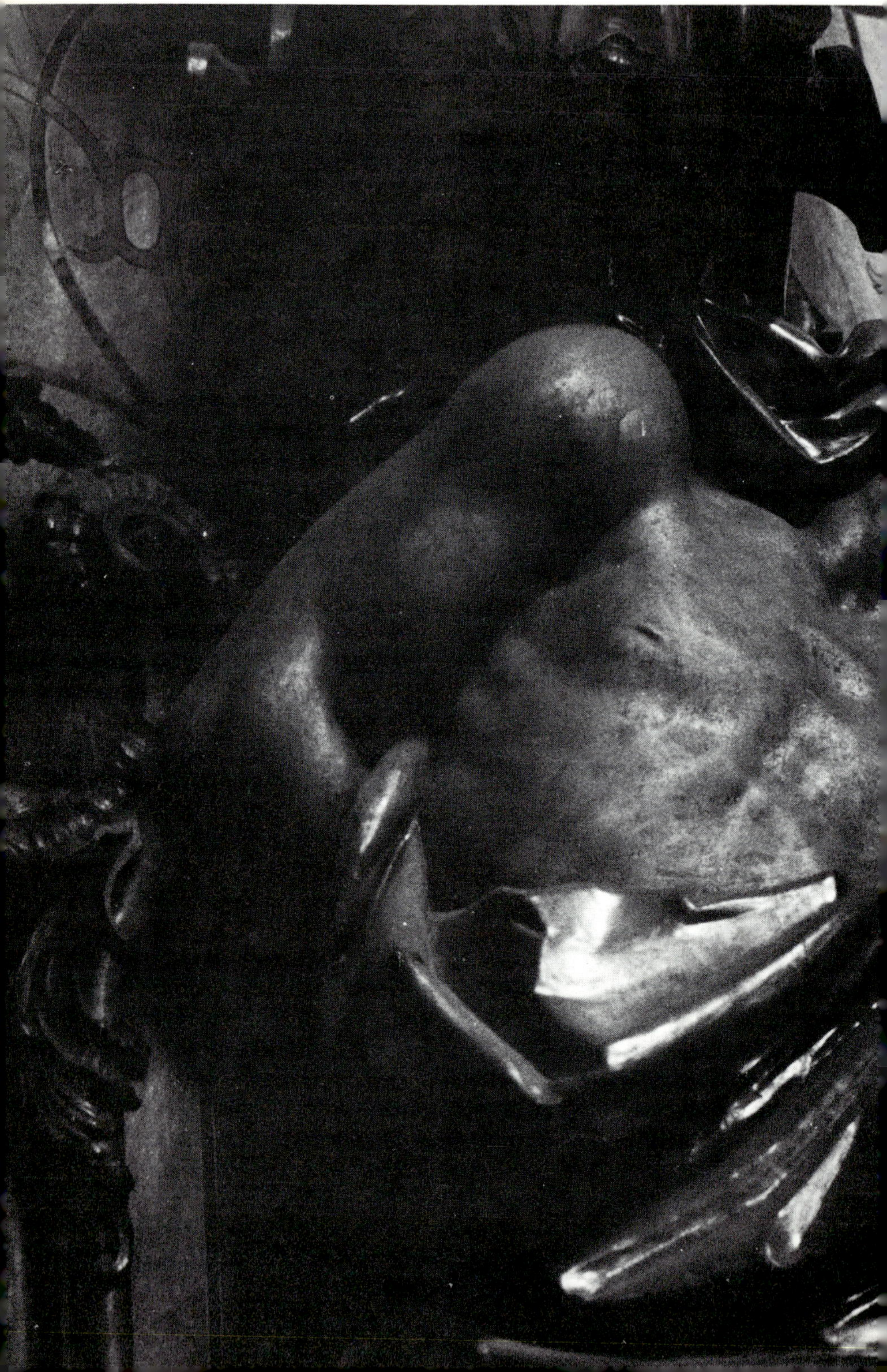

ALLEMAGNE

Miel et fiel

Après l'austère Turin, quel contraste que les bords riants de l'amène Bodensee ! Lac de Constance, comme l'appellent les Français, d'après la ville qui y reflète les créneaux de ses tours et les arbres de ses parcs. Nous, c'est à Lindau que nous établissons notre camp. Lindau, une bourgade fraîche, plaisante, comme la Suisse qui lui fait face. Coquettes maisons coloriées en pastel, étroites façades à colombages, oriels suspendus comme des cages, pignons à redans, jardins au bord de l'eau... Notre première visite sera pour Birnau, dont l'église, isolée sur une terrasse qui surplombe le lac, semble résumer dans les blancs et les ors de sa nef toutes les grâces de ce paysage aux molles ondulations. Que de lumière sous ces plafonds peints ! Quelle douce, tendre, joyeuse lumière ! Voilà une religion faite pour flatter, pour bercer. Que l'inquiétant Guarini, que le violent Cairo semblent loin, avec leurs ténébreuses inventions... Ici tout est repos, sourire, bonne humeur.

Dieu peut-être, mais sans pénitence ni ascèse. Et qu'apercevons-nous sur l'autel de droite ? Un petit garçon délicieusement potelé, qui tient une ruche sous son bras, et suce le doigt de son autre main avec une componction gourmande. La statue est de Joseph Anton Feuchtmayer (écrit parfois Feichtmayer), un des plus célèbres stucateurs de l'Allemagne du Sud. Elle date, comme l'église, des années 1750. Est-elle baroque ? Est-elle rococo ? Notions mal définies, car si le baroque, d'un côté, prolonge l'idéal de rigueur et de pureté de la Renaissance (Borromini, Guarini), d'un autre côté on lui doit la fantaisie, l'extravagance décoratives.

Le Tâte-Miel (Birnau).
Jeux de lumière à Ottobeuren.

Bernini lui-même a pu tour à tour se montrer d'une sévérité toute classique (Saint-André-du-Quirinal, colonnade de Saint-Pierre) et s'abandonner aux plus éperdus délires ornementaux (Chaire de Saint-Pierre). Alors ? Doit-on appeler rococo le XVIIIe siècle, pour le distinguer du XVIIe siècle baroque ? Le *putto* (mot italien intraduisible, désignant un jeune garçon, un préadolescent, quelquefois un bambin, qui tient des Cupidons païens ses joues dodues, et des anges chrétiens ses mines pâmées), le *putto* de Feuchtmayer m'inclinerait plutôt à penser que le rococo est la version orale et gustative du baroque. Dans ce monde gourmand et sensuel, de stucs et de sucres, auquel l'Allemagne du Sud nous invite, nul messager ne pouvait nous accueillir plus radieusement. Avec son doigt dans sa bouche, celui que l'opinion populaire appelle le *Honigschlecker* (le Tâte-Miel) ne nous convie-t-il pas à savourer, autant qu'à regarder, les succulences baroques ?

Examinons-le de plus près. Il se tient à gauche de l'autel, sur un petit socle de marbre. Mais, tandis que sa jambe droite repose sur ce socle, la gauche, en déséquilibre, cherche un appui sur le montant du retable. Je note aussi que, de la multitude d'abeilles en or qui pendent en grappe à l'entrée de la ruche, trois se sont envolées et posées sur le marbre de l'autel. Ces deux détails — le pied qui s'échappe du socle, les abeilles qui se désolidarisent de la statue — appartiennent typiquement à la grammaire de l'art baroque. Une statue classique est autonome, elle existe en soi, indépendamment de ce qui l'entoure, on peut au choix la dresser sur une place publique ou l'enfermer dans un musée, comme le *David* de Michel-Ange. Les baroques, au contraire, lient la statue au cadre et au milieu, ils la mettent en situation. Ce *putto* ne peut se tenir que là où je le vois, on ne pourrait pas le transporter dans un musée, où son pied gauche resterait stupidement en l'air, où trois abeilles manqueraient à la colonie. Si cette statue est rococo par le sujet, elle est baroque par le style, aussi baroque que la Thérèse de Bernini inséparable de sa niche, que les Fleuves de la place Navone inimaginables sans le décor aquatique et rocheux de la fontaine.

Mais ces abeilles elles-mêmes, quel souvenir éveillent-elles en nous ? N'est-ce pas Bernini qui en a semé partout à Rome, sur le Baldaquin de Saint-Pierre, sur la fontaine du

Triton, sur le tombeau d'Urbain VIII ? Encore un lien entre le rococo allemand et le baroque romain. Peut-être fortuit, cette fois, car on sait bien pourquoi Bernini a multiplié les hyménoptères : Urbain VIII, son maître et son commanditaire, appartenait à la famille Barberini, dont le blason contient des abeilles. Pourtant, il faudrait tenir compte aussi du goût baroque pour le bestiaire. Le lion, le serpent, le tatou des Indes, le crocodile de la Fontaine des Fleuves, nul pape ne les a imposés à Bernini. Et qui lui a inspiré l'éléphant qui soutient un obélisque au milieu de la place de la Minerve ? Qui a suggéré à Tiepolo de peindre au plafond de l'escalier de la Résidence de Wurtzbourg cette faune d'autruches, de tigres, de perroquets ? Tendance à l'exotique, au pittoresque, à la forme irrégulière et bizarre. Déjà, à l'extrême fin du XVIe siècle, la fontaine romaine des Tortues exaltait, dans cet animal à la morphologie saugrenue, les caprices et les incongruités de la nature.

Revenons au *putto* de Feuchtmayer. Du point de vue « moral », nous observons qu'il est nu, sauf le sexe, que cache une draperie jaune et rose. Elle fait partie de la statue, elle n'est pas rapportée — comme c'est le cas pour les deux angelots de l'église Sant'Isidoro, à Rome, dont on vient de rendre la paternité à Bernini. Un lourd tampon de plâtre fut appliqué entre leurs jambes, au début de ce siècle, sur la plainte d'un dévot. Mésaventure, on s'en souvient, qui n'épargna même pas Michel-Ange, dont le *Jugement dernier*, au mur de la chapelle Sixtine, fut « caleçonné » par Daniele da Volterra du vivant de l'auteur. Bernini, déjà beaucoup moins libre (aucun nu viril intégral dans son œuvre) que Michel-Ange, se sentait encore autorisé à sculpter le sexe d'un marmot. En 1750, la pruderie, semble-t-il, ne souffrait plus d'exception.

Et du point de vue religieux ? Que signifient cet enfant, ce doigt entre les lèvres, ce miel ? La statue orne l'autel dédié à saint Bernard de Clairvaux, connu sous le nom de « Doctor Mellifluus », sa parole paraissant aussi douce que le miel. Admirable exemple d'accommodement avec le ciel ! Le sculpteur de la Contre-Réforme a pris au pied de la lettre le symbole de la douceur théologique. C'est la religion mise à la portée de la bouche, cuite et dorée au four du pâtissier, servie comme un gâteau.

Au-dehors, sur la terrasse, le soleil tombe à pic. Chaleur,

splendeur de cet été continental. Le lac, couvert de petites voiles, clapote et scintille à nos pieds. Il faudrait prendre un bateau, gagner l'autre bord, entrer en Suisse et visiter l'abbaye de Saint-Gall, contemporaine de Birnau, dont on vante l'église et la bibliothèque comme des merveilles du baroque alémanique. En attendant, nous nous décidons pour l'abbaye de Salem, à quelques kilomètres au nord du Bodensee. Déception : les visites ne se font qu'en groupe, et guidées. Coup d'œil sur le Michelin : on y loue la simplicité cistercienne, mais rendue méconnaissable par les ornements postérieurs, de l'église, la riche décoration des bâtiments abbatiaux, reconstruits au XVIIIe siècle. Très peu pour nous, s'il faut, pour attraper un détail, subir une heure de promiscuité touristique. Nous nous y risquons quand même, à l'annonce qu'on peut ne visiter que l'église, et quitter ensuite le groupe.

Beauté des cours et des pelouses bien entretenues. Ces abbayes de la Contre-Réforme occupaient de vastes terrains, construits de nombreux et opulents édifices. Voici l'église, sobre en effet, mais grise et sans intérêt. Bric-à-brac d'autels et de statues baroques de peu de valeur. Le guide explique consciencieusement chaque pièce de ce panthéon hétéroclite. Nous essayons de nous écarter, de partir à la découverte, bien qu'il soit interdit de photographier et que la femme nous tienne à l'œil.

Ah ! qu'est-ce donc que ceci ? Une pyramide où sont inscrits les noms de tous les abbés, et, sur le côté, un couple extraordinaire : deux squelettes en marbre, dont les os émergent des draperies. Les crânes, les cages thoraciques, les doigts des mains, horriblement effilés, les longues jambes, surtout, nues, sèches, polies... Affalé aux pieds de la Mort, qui écarte le rideau pour montrer à sa nouvelle proie la place qui lui revient sur la pyramide dans la liste de ceux qu'elle a déjà fauchés, c'est un abbé, dont la mitre couronne encore le front glabre. Il tient une jambe recroquevillée contre lui. L'autre pend dans le vide, fémur, rotule, tibia, péroné, et tous les osselets du pied aussi nets que dans un dessin d'anatomie.

Je songe aux tombeaux des Médicis à Florence. Pour les classiques, la mort libère des imperfections terrestres. Elle affranchit même des particularités psychologiques. Les défunts de Michel-Ange ne nous montrent qu'un visage

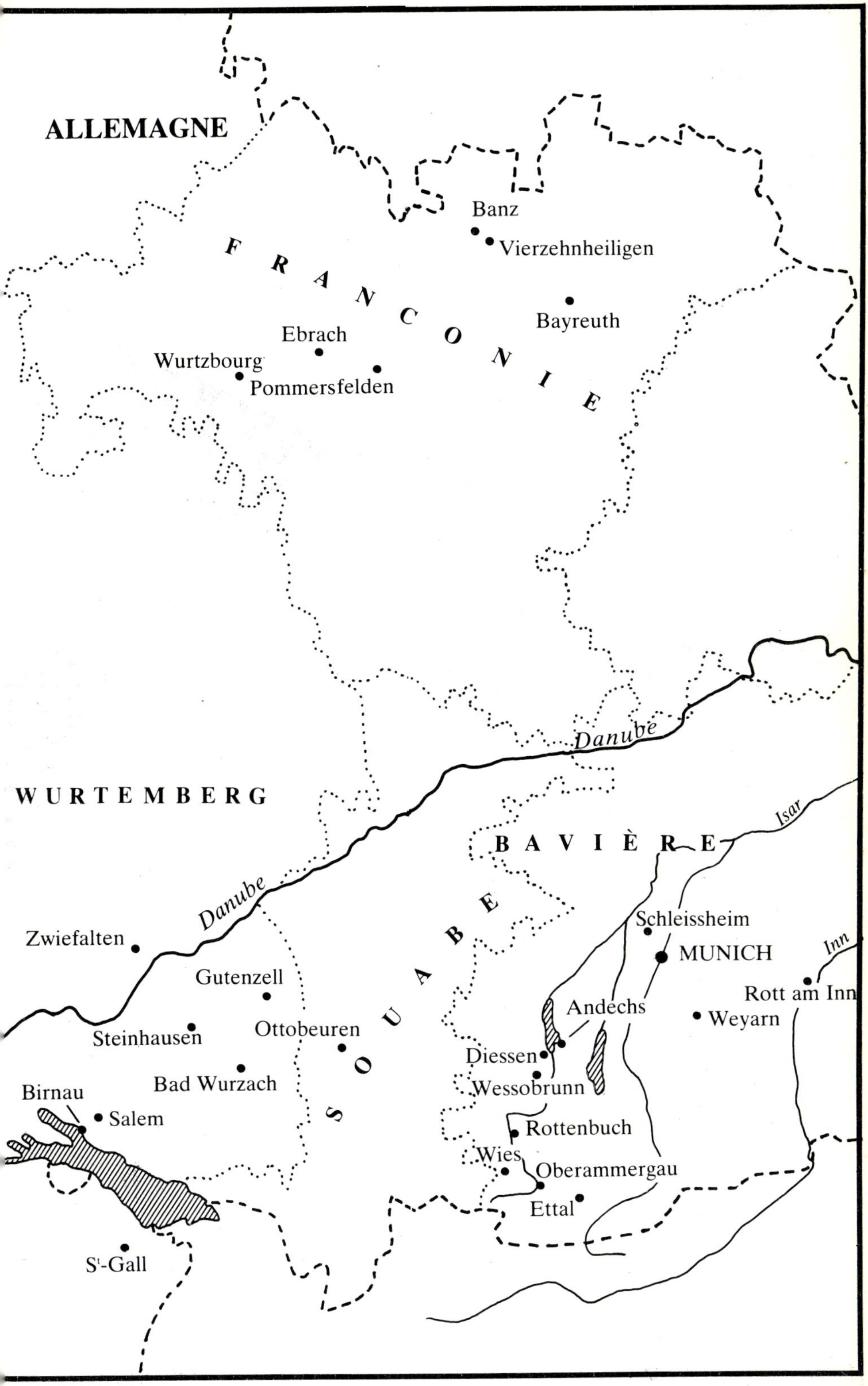

ALLEMAGNE
FRANCONIE
Banz
Vierzehnheiligen
Bayreuth
Ebrach
Wurtzbourg
Pommersfelden
Danube
WURTEMBERG
BAVIÈRE
Isar
Danube
SOUABE
Zwiefalten
Schleissheim
MUNICH
Inn
Gutenzell
Andechs
Rott am Inn
Weyarn
Steinhausen
Ottobeuren
Diessen
Bad Wurzach
Wessobrunn
Birnau
Salem
Rottenbuch
Wies
Oberammergau
Ettal
St-Gall

épuré, idéalisé, tel qu'il restera dans l'éternité. Accusé de n'avoir pas fait « ressemblants » les deux ducs, le sculpteur répondit à peu près en ces termes : « Dans cent ans, qui se rappellera quelle tête ils avaient ? » Rien ne répugne plus à l'esprit baroque que la notion d'éternité. Les baroques, effrénés vitalistes en adoration devant ce qui bouge, ne s'intéressent qu'à l'individu et au moment, à ce qui est singulier, fugitif, transitoire. La mort, c'est pour eux l'instant, non de la délivrance, mais de la décomposition. Le classique a le goût du funèbre, le baroque le goût du macabre. L'abbé de marbre que nous avons devant nous « ressemble » à ce qu'il était de son vivant. C'est son visage lui-même, ses mains, son corps, mais rongés par le travail destructeur du néant.

Le groupe nous rejoint. La guide, qui s'est arrêtée devant chaque statue, contourne ces deux-là sans pause ni commentaire. Personne ne prête attention aux deux macchabées dont je crois entendre s'entrechoquer les os, bouleversé par la force et la cruauté de ce réalisme. La guide, nous voyant immobiles, déclare, d'un ton mi-sérieux mi-humoristique : *der Tod.* Eh oui ! nous avions compris. Mais ce qu'il y a de plus étonnant, c'est que, de Birnau à Salem, en quelques kilomètres, nous sommes passés de l'enfance au tombeau, de la chair puérile et dodue aux ossements décharnés, nous avons parcouru tout l'arc baroque, nous bourrant de friandises avec l'enfant, saisis d'épouvante devant les squelettes... L'âge mûr n'a guère d'attrait pour les baroques : ils n'aiment que le début et la fin de la vie, les *putti* et les morts. Sentiment plus païen que chrétien de l'existence : profitez du bonheur, si bref, si fugace... Entre la pâtisserie et le cimetière, le chemin est plus court que vous ne le pensez ! Gorgez-vous de sucreries, vous serez suffisamment punis de ce péché en engraissant les vers... Gâteaux et Contre-Réforme, il y aurait tout un chapitre à écrire sur ce sujet.

Le couple a été sculpté vers 1770, par Dirr, élève de Feuchtmayer. « Pouvons-nous faire une photo ? » demandons-nous timidement à la guide. Elle nous y autorise à la fin, tout en expliquant à ses clients que nous sommes Français, et que *der Tod* nous plaît. Tout le monde rit. Je note qu'ils continuent à ne pas vouloir regarder le sinistre attelage de l'abbé et de la Mort. Pas de fiel dans leurs vacances, seulement du miel.

Danse macabre à Salem.

8. Udalricus I.
9 Udalricus II
10 Conradus
11 Udalricus III.
12 Berchtoldus II.
13 Wilhelmus.
14 Iodocus I
15 Petrus I
16 Georgius I
17 Ludovicus
18 Ioannes I
19 Ioannes II
20 Iodocus II
21 Amandus

Les foules contre la forme

Des nombreuses églises du Wurtemberg, au nord du lac de Constance, nous ne retiendrons que trois : deux pour leur beauté, une pour sa laideur. Eh oui ! il y a du baroque laid, lourd, ennuyeux, et il est bon qu'il en soit ainsi, le baroque n'étant pas une panacée, mais un style vivant, capable des plus grandes réussites comme des échecs les plus solennels. Weingarten, avec ses 102 mètres de longueur, serait la plus vaste des églises de l'Allemagne du Sud. Je la vois louée dans tous les guides. Fuyez-la. C'est une grosse basilique, pompeuse et froide. Intérieur blanc, très peu décoré. En dehors de l'ange qui soutient la chaire, et du buffet d'orgue ajouré par les fenêtres de la façade, la nef est inhabitée, morte. Danger, pour ces églises, de ne pas s'en tenir à des proportions plus modestes. Le baroque a besoin d'espaces mesurés, car, autant qu'architecture, il est décor, atmosphère. Sans intimité, il n'est plus rien. Autres sanctuaires de ce type à éviter : Rot an der Rot en Souabe, l'église des Théatins à Munich, la cathédrale (Dom) de Salzbourg.

Ce problème des dimensions a été capital pour l'architecture de la Contre-Réforme. Il s'était posé pour la première fois à Saint-Pierre de Rome. Michel-Ange, chargé en 1547 par Paul III de terminer la basilique commencée par Bramante, opta pour le plan central et la croix grecque : le cercle, symbole de l'infini, glorifierait la Résurrection. Michel-Ange mourut en 1564. Au début du XVIIe siècle, le pape Paul V ordonna à Carlo Maderna de revenir à la croix latine : nécessité stratégique d'allonger la nef pour y organiser de grandes cérémonies et y attirer des dizaines de milliers de fidèles. Les architectes baroques, Italiens ou Allemands, seront tous déchirés entre ce double besoin : inscrire l'église dans un cercle, image de la perfection et de la vie éternelle, ou allonger le plan pour qu'elle puisse accueillir et livrer à la prédication catholique les multitudes soustraites à l'hérésie protestante. Ou la forme pure, ou la foule impure. Combat entre la spéculation intellectuelle et l'exigence politique. Un Borromini, un Guarini, caractères sombres, introvertis, absolus, indifférents à la carrière, restèrent fidèles au plan central, quittes à ne bâtir que des églises confidentielles. Bernini lui-même, tout enclin qu'il était à exalter la puissance pontificale, n'a pas pu résister au plaisir d'un petit temple ovale, l'exquis Saint-André-du-Quirinal. Les autres... Nous verrons comment chacun essaya de trouver la meilleure solution à ce conflit en apparence insoluble.

Zwiefalten : à peine quelques maisons, au creux d'un charmant vallon. Un grand parc, ouvert au public, dont les pelouses bien entretenues déroulent leurs tapis à l'ombre de hauts arbres, entoure le monastère. Qui fut puissant et riche, à en juger par la taille des bâtiments. Ces églises de l'Allemagne du Sud, qu'elles appartiennent à une communauté religieuse ou ne dépendent que d'un curé, ont été conçues pour être des buts de pèlerinage : aussi les a-t-on construites en rase campagne. Rien n'est plus étonnant que d'apercevoir de loin, au-dessus des arbres, poindre les clochers d'une basilique isolée. Le parc de Zwiefalten invite à la détente et à la méditation. Halte nécessaire pour se préparer à recevoir, absorber, savourer les merveilles de l'église. En effet, quel éblouissement ! Beaucoup de lumière, beaucoup d'anges, beaucoup de couleurs, une opulence saturée, un désordre harmonieux. D'abord s'asseoir dans le fond, promener ses yeux au hasard, ouvrir ses sens à la magie du lieu, se laisser imprégner, ravir, entêter. Il sera toujours temps d'aller examiner les innombrables détails.

Construite entre 1741 et 1750 par Johann Michael Fischer, l'église de Zwiefalten est une des quatre ou cinq plus belles de l'Allemagne du Sud. Elle est aussi une des plus typiques de la Contre-Réforme, avec sa longue nef unique (pas de nefs secondaires ni de transept, pour que le prêtre tienne réunie sous sa parole la foule tout entière), sa galerie qui court à mi-hauteur (pour canaliser les pèlerins vers l'image

sainte exposée au-dessus de l'autel) et sa décoration exubérante. La galerie, ici, consiste en une succession de balcons bombés qui s'avancent comme des loges de théâtre. Je sens comme cette description est pauvre, et ne rend absolument pas l'euphorie qu'on éprouve à se trouver dans ce décor de courbes, de volutes, de guirlandes, où pas une ligne n'est droite, où les plafonds en mouvement ondulent comme des vagues, où les colonnes ont l'air de danser et les anges de prendre leur envol, où les bruns et les ors frissonnent de mille irisations mystérieuses.

Quelle imagination dans les ornements ! Qui était ce Fischer, né en 1692, mort en 1766 après avoir engendré seize enfants, enterré à Munich dans la Frauenkirche où son épitaphe le crédite de trente-deux églises et vingt-trois monastères ? La grande réussite de Zwiefalten, c'est que la profusion des marbres, des stucs, des statues n'étouffe pas l'eurythmie de l'ensemble. Les détails se subordonnent à l'économie générale de l'espace. Partout ailleurs j'aurais commencé par remarquer, pour leur forme saugrenue, les confessionnaux sculptés comme des grottes et surmontés de palmiers en plâtre. Ici, ce souvenir lointain de la Fontaine des Fleuves, cette volonté si typiquement baroque d'imiter la nature mais pour mieux revendiquer l'artifice, non seulement ne choquent pas mais passent presque inaperçus, tant la fantasmagorie où nous sommes entraînés nous affranchit des règles habituelles de jugement.

La chaire, accrochée à droite au milieu de la nef, déborde de statues (du stucateur Johann Michael Feuchtmayer, frère de ce Joseph Anton auteur du Tâte-Miel de Birnau). Un ange se penche sur un cadavre nu. Un squelette grimace au pied d'une femme. En face, sur les fonts baptismaux, un enfant joue à cache-cache sous la peau d'un lion, dont la queue est plaquée contre la colonne. Plus loin, voici deux *putti* gambadant au creux d'un feuillage de marbre. L'un brandit deux grosses clefs, l'autre une masse d'armes hérissée de piquants. Là, c'est un ange peu vêtu, qui met un doigt devant sa bouche. Est-ce vraiment pour nous inviter à nous recueillir devant les mystères divins ? A le voir si beau, si mince, si sensuellement androgyne, on croirait plutôt qu'il se défend par avance contre l'audace d'une main tentée par si blanche nudité. Nous constatons une fois de plus que la décoration baroque ne donne pas seulement à voir : il

L'ange au parchemin (Zwiefalten).

L'œuf de Zimmermann (Steinhausen).

faudrait toucher, palper, caresser toutes ces rondeurs, ces courbes, ces protubérances. La chair tendre de ces *putti* semble même comestible : de sucre, ou de crème, plutôt que de marbre ; prête à fondre sur la langue.

Après Zwiefalten, transportons-nous à Steinhausen, autre chef-d'œuvre, mais bien différent, de l'architecture religieuse baroque. L'église de Steinhausen n'est pas liée à un monastère ; elle se dresse seule, au milieu de la plaine ; église de pèlerinage à l'état pur. Si éloignée de tout centre et même du plus petit village, que les Prémontrés de Schussenried renâclèrent quand leur abbé, Didace Ströbele, leur proposa de construire un sanctuaire, en plein champ, à l'emplacement où ces moines possédaient une *Pietà* rustique juchée sur une colonne. La communauté n'autorisa qu'une dépense de 9 000 gulden ; les travaux en coutèrent 45 000. Ströbele fut déposé et exilé dans un couvent de Lorraine. Sans doute n'aurait-il jamais pu mener son œuvre à terme, sans l'aide de la prieure d'un couvent voisin, qui offrit les pierres de sa carrière et surtout fournit l'architecte, Dominique Zimmermann[1].

Zimmermann : voici le deuxième nom important, le pendant et l'antagoniste de Fischer. Comme Borromini et Bernini à Rome, comme Guarini et Juvarra à Turin, Zimmermann et Fischer expriment, en Allemagne du Sud, deux aspects, incompatibles, du baroque. Zimmermann est né en 1685, la même année que Jean-Sébastien Bach, Händel et Domenico Scarlatti. Sept ans avant Fischer, mais il meurt en même temps que son rival, en 1766. Avec son frère aîné Johann-Baptist, qui se consacra à la peinture, il venait de Wessobrunn, le petit village de Bavière d'où rayonna la plus grande école de stucateurs et décorateurs allemands (les Feuchtmayer par exemple). Entre 1727 et 1733, il élève Steinhausen, pendant que Bach, cantor à l'église Saint-Thomas de Leipzig, écrit la *Passion selon saint Matthieu* et pas moins de vingt-huit cantates, dont la célèbre *Ich habe genug* pour baryton solo. Alors que Fischer, renonçant à concilier pureté du plan et capacité du sanctuaire, choisit une nef oblongue pour Zwiefalten, Zimmermann trouve la

1. Voir l'érudit ouvrage de Pierre Charpentrat, *Du Maître d'ouvrage au maître d'œuvre, l'architecture religieuse en Allemagne du Sud*, Klincksieck, 1974, où sont donnés les plans des principales églises.

solution impossible : un grand ovale allongé, qui se rapproche de la perfection du cercle, tout en pouvant accueillir une foule nombreuse. D'où vient cette forme ovale, si chère à Zimmermann ? De Rome sans doute, où Borromini dans ses églises, où Bernini à Saint-André-du-Quirinal l'ont employée avec bonheur. Mais Zimmermann fait plus : comme Puget à Marseille, il ne s'arrête pas à l'ovale, il construit Steinhausen comme un œuf. L'œuf était-il son fétiche, comme la coquille était celui de Borromini et l'étoile celui de Guarini ? Ces trois profonds esprits auraient pu se rejoindre dans le culte de ce qui, tout en étant créé par la nature, offre à la spéculation une sorte d'exactitude géométrique.

Tendance à la discipline, à la règle. Il faut insister sur ce goût, car on l'a trop longtemps méconnu. Eugenio d'Ors, le philosophe espagnol qui est le premier à avoir réhabilité le baroque dans son essai de 1935[1], contribua à accréditer l'idée d'un art spontané, vitaliste, panthéiste, anti-intellectuel, anti-autoritaire. « L'attitude baroque souhaite, d'une manière fondamentale, l'humiliation de la raison. » Non, non et non ! Pour écrire une telle phrase, il fallait n'avoir jamais regardé Borromini, Guarini, Pozzo en Italie, Puget en France, Zimmermann en Allemagne, n'avoir jamais entendu une fugue de Bach ou une sonate de Scarlatti. Nous savions, depuis Rome, qu'une partie de l'art baroque a prolongé l'idéal de rigueur et de pureté de la Renaissance, mais ici, c'est le rococo lui-même qui nous semble participer à la défense de la pensée rationnelle, malgré l'extrême fantaisie dans le plan et dans les détails.

Entrons. En quoi un intérieur de Zimmermann se distingue-t-il d'un intérieur de Fischer ? Fischer se contente d'une structure conventionnelle, qu'il transfigure par la décoration. Chez Zimmermann, c'est la structure elle-même qui est décorative, imaginative, qui charme, qui séduit : cette coupole ovale, vase éclatant de lumière, ces hautes colonnes blanches, qui ménagent autour de la nef un déambulatoire et dissolvent les murs dans un bouillonnement clair, ces parois qui ne ressemblent plus à une cloison en dur mais à un écrin de soie. Un ovale plus petit, perpendiculaire au premier, contient le chœur : solution analogue à celle que Longhena avait appliquée à la Salute de Venise, Guarini à

1. *Du baroque*, réédité en 1983, Idées/Gallimard.

San Lorenzo de Turin. Le miracle est qu'on n'aperçoit aucune rupture entre les divers éléments de l'édifice qui tourne autour du visiteur, l'enveloppe et le plonge dans un bain d'allégresse.

Les feuillages luxuriants des chapiteaux, la frise en stuc à la base de la coupole, le dessin élégant des fenêtres, le rose et le vert pâles répandus à profusion, l'orgue blanc dont la tribune est soutenue par quatre atlantes, tout concourt à le soulever d'une calme jubilation pastorale. Bach composait l'*Oratorio de Noël* au moment où Zimmermann achevait son église. Händel, neuf ans plus tard, écrirait le *Messie*. Où de telles musiques trouveraient-elles pour leurs tendres accords et leurs champêtres harmonies un cadre plus approprié que sous ces plafonds aux délicates nuances de vert et de bleu pastel ? Un jardin céleste y déploie ses ombrages ; à regarder ces fontaines, peintes par le frère de Dominique, on croirait entendre le murmure de leurs eaux. Peu de statues : les anges se seront retirés pour éclaircir leurs voix, accorder leurs instruments et nous préparer ce concert de musiques baroques que réclament la paisible ordonnance et l'agreste gaieté de ce lieu.

Le déambulatoire est rempli de fleurs et d'animaux en relief ou peints. Je relève, accrochés sur nos têtes entre les guirlandes de stucs, un hanneton, une mouche, un écureuil, une pie ; puis d'autres oiseaux, une sauterelle, une araignée. Grand rêve baroque de faire communiquer l'église avec la nature. Mais Zimmermann, si perdu dans ses songes qu'il pût être, se montrait respectueux des prescriptions théologiques : ses animaux, il a eu soin de les placer, non dans la nef, mais dans le déambulatoire. Ils assistent au mystère divin, tout en restant exclus du sanctuaire.

La femme voilée de Wurtzbourg.

Le festin de Balthasar

Détour par la Franconie, au nord de la Bavière : c'est Balthasar Neumann qui nous y attire. Le troisième grand architecte baroque allemand a une personnalité qui tranche sur celle des deux autres, originaires de familles d'artisans, maîtres d'œuvre plutôt qu'architectes, sédentaires et provinciaux. Si Neumann, né en 1687, mort en 1753, est leur contemporain, il peut se vanter d'une culture autrement vaste et riche. Il s'est formé au contact de maîtres français, viennois et italiens, il a même fait un séjour de trois mois à Paris en 1723. Compagnon fondeur dans sa jeunesse, il est distingué par un officier d'artillerie de Wurtzbourg qui lui enseigne les mathématiques. Les princes-évêques de Wurtzbourg le prennent à leur service, et c'est auprès d'eux qu'il mène une triple carrière d'officier d'artillerie, d'ingénieur militaire et d'architecte civil et religieux. En commençant par leur élever dans leur capitale la fameuse Résidence. Quand on sait que Tiepolo, l'illustre peintre de Venise, fut appelé à l'honneur de décorer les plafonds de ce palais, on mesure le prestige de Neumann. Expérience internationale, réussite sociale, fréquentation de la haute aristocratie : les constructions de Neumann, reflets de cette vie cosmopolite et brillante, ne pourront être que différentes des édifices de Fischer et de Zimmermann marqués au sceau de l'isolement, de la passion et de la rusticité.

A peine entrons-nous dans le vestibule de la Résidence, au pied du solennel escalier dont la cage occupe à elle seule la plus grande salle du palais, que nous sommes fixés sur le goût de Neumann. Luxe et faste. Une première volée monte majestueusement entre deux balustrades ornées de statues ; puis deux autres en retour conduisent à l'étage noble. Décor grandiose, froid, sans imagination. Les rampes sont droites, on sent la règle et le cordeau. Neumann se serait-il inspiré de Versailles ? Combien plus émouvant nous est apparu, sur la route de Weingarten à Steinhausen, l'escalier du château de Bad Wurzach, qui s'enroule comme une coquille, avec une délicieuse fantaisie ! Pour ne rien dire des escaliers de Naples, ces folles architectures inutiles qui ne servent qu'à exhaler la mélancolie des espaces perdus. L'escalier de Neumann, tout somptueux qu'il est, est un escalier fonctionnel : on y devine fort bien le prince-évêque, gravissant les degrés d'un air important, suivi des courtisans empressés. Levait-il la tête, au moins, vers le plafond de Tiepolo, où les peuples et les animaux des quatre continents déploient leurs exotiques bigarrures ? S'arrêtait-il, au haut des marches, devant cette statue qui retient longuement notre attention, tant elle nous semble éloignée, par son maintien réservé, de toute cette pompe ? C'est une femme, drapée dans une longue tunique et appuyée à un fût de colonne. La pose suggère une intense détresse supportée avec dignité. Un voile lui recouvre la tête et le visage, un voile transparent qui laisse voir le détail des traits, le pli noble et affligé de la bouche, le regard fixe et dolent.

Ce pourrait être quelque antique Romaine, exemple de victoire sur la douleur et de maîtrise de soi, si nous ne savions, par le Christ voilé de Sammartino à Naples, que le voile est un thème baroque. L'esprit classique cherche à saisir un visage dans sa vérité profonde, l'esprit baroque préfère brouiller, estomper les linéaments, ne livrer qu'une apparition fugitive. Qui sommes-nous ? En quoi consiste notre identité ? Les classiques croient le savoir ; ils sculptent ou ils peignent pour dégager l'être éternel qu'ils attribuent à chacun de nous. Les baroques nous dénient l'unité intérieure ; ils nous jugent multiples, changeants, transitoires, en perpétuelle mutation. Aussi estiment-ils que nous ne sommes jamais autant nous-mêmes que derrière un voile ou sous un masque. Le masque, le déguisement, le travestissement, autres grands thèmes de ces deux siècles adonnés aux arts du théâtre et de l'opéra.

Mais pourquoi avoir placé cette femme sur le chemin du

L'escalier de Bad Wurzach.

prince-évêque ? « Ô prince, aurait-elle pu lui dire, tu admires, et toute ta cour, avec toi, admire le travail de ton architecte. Certes l'argent à été dépensé à flots, les proportions sont grandioses, l'ouvrage te fera honneur dans les siècles des siècles. Mais pour moi c'est trop de richesse, trop de faste. Je n'ai pas envie de regarder. Dispense-moi d'assister au festin de Balthasar. Permets-moi de garder mon voile sur la tête. »

Vaine sans doute eût été la prière de la suppliante. Le souverain de Wurtzbourg serait passé directement dans la salle des fêtes, où l'attendaient un autre décor de Neumann, non moins somptueux, d'autres fresques de Tiepolo. Ovale cette salle, mais sans la chaude intimité de l'œuf, sans la rêverie primordiale du nid, du berceau, qui hante Zimmermann et tous les nostalgiques de l'enfance. Tout ceci est extérieur, fait pour la parade. Trop de lumière, trop de blancheur. On est stupéfait plus qu'ému, comme chaque fois que le souci d'honorer une commande officielle prime la fantaisie personnelle.

L'église, logée sur le devant du palais, sans une façade distincte qui permette de reconnaître l'aile religieuse de l'aile civile (suprématie du prince sur l'évêque ?), offre à l'intérieur de sa nef harmonieusement surchargée un autre superbe échantillon du talent de Neumann. Plan ovale, balcons de marbre, colonnes de porphyre. Une merveille d'invention et d'audace, mais de dimensions réduites. Comment a-t-il résolu les problèmes posés par une grande église de pèlerinage ? Nous le verrons bien à Vierzehnheiligen, but de ce voyage en Franconie, sanctuaire commencé plus de vingt ans après la Résidence de Wurtzbourg, quand leur auteur aura été promu colonel et commandera l'artillerie et les fortifications d'un district du Saint-Empire.

Auparavant, un peu déçus par la ville de Bamberg où le fameux « Cavalier » du XIIIe siècle, assis tout droit sur son cheval et vanté comme l'emblème du Moyen Age allemand, nous a paru un peu simplet et indigne en tout cas d'incarner dans sa petite personne honnête et bornée une époque que nous savons avoir été aussi violente et convulsive que les siècles baroques, nous allons visiter le château de Pommersfelden, construit vers 1715. Malgré l'extérieur massif, agréa-

L'escalier de Pommersfelden.

ble surprise d'un escalier bien plus attachant que celui de Wurtzbourg. Monumental aussi, mais original dans la disposition des volées, et logé au milieu de trois étages de galeries à colonnes qui confèrent à l'ensemble la rigueur et la beauté d'un décor de théâtre. On s'imagine très bien une *opera seria* du XVIIIe siècle, *Idomeneo* par exemple, représentée sur ces rampes, entre ces arcades. On allumerait les lanternes soutenues par des *putti* au coin des balustrades, les chanteurs étagés sur les marches déclameraient leurs longues phrases, il ne manquerait même pas la porte d'accès aux coulisses, ce passage voûté qui s'ouvre sous le perron central et nous conduit à la *sala terrena.*

Tous les châteaux baroques disposent d'une *sala terrena* : elle occupe le rez-de-chaussée, au-dessous de la salle de gala, laquelle s'étend au premier étage, l'étage noble. Nous entrons dans une vaste pièce ovale habillée en grotte, avec tout l'attirail des ornements pastoraux : rocailles, bouts de verre incrustés dans les murs, écailles, poissons d'argent accrochés à des fils de fer, coquillages, petits musiciens grotesques jouant de la trompette, du violon, du tambourin, fontaines avec masques et guirlandes, lustres dont les breloques miroitent. Bric-à-brac puéril et charmant, que quatre grandes statues des quatre Éléments voudraient hisser au rang de Temple de la nature. La nature, les convives du palais la retrouvaient jusque devant leurs assiettes : voici la salle à manger, où la garniture de table était faite de haies et d'arbres miniatures en porcelaine.

Importante galerie de tableaux, où le hasard a réuni deux œuvres, une allemande et une italienne, qui nous donnent à penser. La première est de Dürer, elle représente un *Ecce Homo*, aux chairs affaissées, plein de rides et de poches flasques sur la poitrine et sur les bras. Réalisme cruel, auquel s'oppose le Christ ressuscitant de Véronèse, adolescent idéalisé. De Dürer à Otto Dix et à Oskar Kokoschka, du XVIe siècle au XXe siècle, on surprend la même volonté d'aller jusqu'au bout de la laideur, de l'horreur. Est-ce un trait de l'âme allemande ? Cette expression n'a pas bonne presse aujourd'hui, mais enfin, il faudra bien nous demander si les anges et les *putti* qui ont pris leur vol de Rome pour atterrir en Souabe et en Bavière ne sont pas restés des hôtes charmants mais étrangers au sol allemand, si les grâces et les douceurs d'une grande partie de l'art baroque correspondent vraiment à un trait national germanique.

Du côté du parc, deux sculptures ornent la façade : Apollon y poursuit Daphné et Pluton y enlève Proserpine. Impossible de répondre pour le moment à la question soulevée, car ces deux œuvres, souvenirs de la Villa Borghese, ne sont que des réminiscences scolaires. Tout au plus peuvent-elles nous confirmer, et le rayonnement de Bernini au-delà des Alpes, et l'importance, pour l'art et la mentalité baroques, des deux thèmes de la métamorphose et du rapt. La métamorphose, instant où ce qui est quitte son état pour en prendre un autre, seconde éphémère suspendue entre deux moments de durée, faille dans l'être qui fascine les baroques autant qu'elle est ignorée des classiques ; et le rapt, exaltation du mouvement et de la violence, symbole matériel du *raptus* psychologique, Proserpine ravie par Pluton n'étant qu'une métaphore de sainte Thérèse subjuguée par son ange ou de Ludovica saisie par son Dieu.

Nous descendons dans le parc. Vastes prairies où l'herbe pousse en liberté. Des biches se lèvent à notre approche, tournent la tête et s'enfuient. De grands arbres palpitent dans la brise, mais, en bas, au bord de l'étang, un échafaudage dressé pour la surveillance du gibier nous rappelle que ce paysage bucolique se transforme à l'époque de la chasse en théâtre de sang et de mort.

Ebrach, un grand monastère dont l'église à trois nefs est peu citée, sans doute parce qu'on regrette que cette abbaye cistercienne ne soit pas restée dans son état primitif. Construite à partir de 1127, elle ressemblait à l'abbaye française de Pontigny, ce chef-d'œuvre bourguignon du haut Moyen Age. Je tiens Pontigny pour une des plus belles églises de France ; d'où ma curiosité à voir comment le stucateur de Wurtzbourg Materno Bossi s'y est pris pour baroquiser à la fin du XVIIIe siècle un sanctuaire qui devait être la nudité et la pureté mêmes. N'aura-t-il pas saccagé irrémédiablement le style des moines de Cîteaux ? C'est au cours d'un colloque tenu à l'abbaye de Pontigny en 1931 qu'Eugenio d'Ors exposa les idées d'où il tira son livre sur le baroque : mais il est peu probable que le philosophe espagnol ait connu l'existence d'Ebrach ni soupçonné comment l'austère gothique du XIIe siècle avait succombé à la frénésie rénovatrice de l'époque rococo.

Nous frappe d'abord la couleur jaune : orgues, plafonds, murs, stalles, tout est jaune pâle, comme si saint Bernard, membre et réformateur de l'ordre de Cîteaux, avait donné sa bénédiction à l'entreprise sacrilège de Materno Bossi, non seulement en paroles mais en ruisseaux de miel. L'ensemble est d'une harmonie reposante, bien que ces voûtes coloriées et enrubannées, dont les enjolivements laissent intacte la structure des arcs brisés, ne manquent pas de surprendre. Le buffet d'orgue, construit en 1742, intègre habilement la grande rosace du XIIIe siècle, copie de la rosace du transept nord de Notre-Dame de Paris. Une brève analyse des moyens mis en œuvre pour transformer l'intérieur (l'extérieur n'ayant subi que peu de changements) nous amène à ces constatations : les colonnes qui séparent les trois nefs ont reçu une parure de style corinthien, une coiffure de chapiteaux feuillus, des piédestals surélevés. On a garni les voûtes et les voussures de caissons, et entortillé autour des nervures des guirlandes de feuillage. Peu de statues, peu de stucs, en dehors de ceux des autels. Il est patent que les retoucheurs ont voulu conserver la dignité du monument primitif : même baroquisé, il reste sobre et déploie ses ogives avec la majesté d'une fugue.

En revanche, au bout d'un des bas-côtés, place au rococo le plus délirant ! Une multitude d'angelots participent à la glorification de saint Jean Népomucène, sur lequel tombe une pluie de rayons d'or. Première rencontre avec ce personnage, qui semble jouer un rôle important en Europe centrale. Cette nuée, ce fourmillement de *putti* ailés m'intrigue : pourquoi les Italiens, quand ils représentent des anges, les voient-ils comme des adolescents, alors que les Allemands ne nous les montrent le plus souvent que bébés ? L'exemple des *Ignudi* de la Sixtine, ces robustes éphèbes aux membres fournis, aura certes été déterminant pour les artistes de la péninsule : mais croira-t-on que la barrière des Alpes ait suffi à enrayer l'influence de Michel-Ange ?

La route qui longe le Main entre Bamberg et Bayreuth, où nous irons revoir l'admirable théâtre de Giuseppe Bibiena, serpente entre des collines boisées. De loin nous apparais-

Bernini, Le Rapt (détail) (Rome).

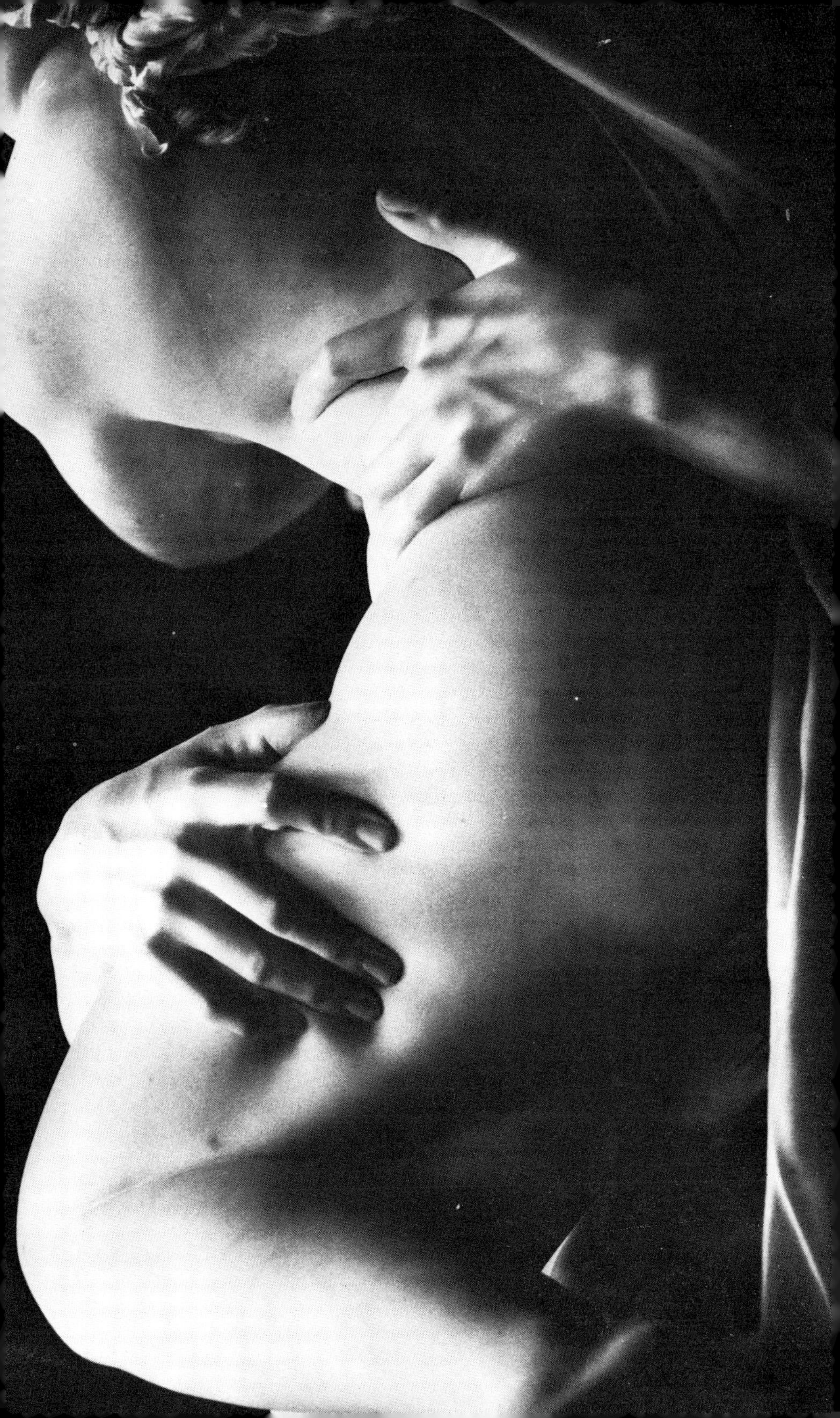

Ondulations à Banz : les voûtes et les orgues.

sent, juchées sur une hauteur de chaque côté du fleuve, presque face à face, deux basiliques isolées au milieu des arbres. A gauche c'est Banz, à droite Vierzehnheiligen. Contrairement à Zwiefalten, tapi au creux d'un vallon, à Steinhausen, blotti dans la plaine, ces deux édifices érigés sur des sommets et clamant très haut et très fort leur présence déploient comme une flamme l'étendard du baroque. Nul de ceux qui ont vu la Résidence de Wurtzbourg ne s'étonnera que Neumann, devenu depuis colonel, ait choisi pour Vierzehnheiligen cette situation culminante qui s'accorde si bien avec son penchant au triomphalisme. Mais commençons par l'abbaye de Banz, qui lui est antérieure de quelque trente ans.

Elle fut achevée en 1719, sur les plans de Léonard et de Johann Dienzenhofer : encore une famille de créateurs du Sud de l'Allemagne. Fils d'un maçon bavarois, Léonard et Johann eurent un autre frère plus célèbre, Christoph, l'un des constructeurs baroques de Prague, ville qui n'est guère qu'à deux cents kilomètres à l'est de Banz. C'est d'ailleurs de Prague, où Christoph venait de les mettre au point, que Johann importa les arcs biais, que nous admirons présentement sur nos têtes : non sans un léger vertige, car ces arcs, au lieu de retomber à l'aplomb, prennent leur appui en avant ou en arrière de la verticale, si bien que la voûte semble un corps annelé et mouvant qui s'avance et reflue en un perpétuel va-et-vient. Autre merveille de Banz : le buffet d'orgue placé derrière la façade sur une tribune ondulante. « Placé » est mal dire, car il fait partie intégrante de l'architecture. Nous avons déjà eu et nous aurons souvent l'occasion de noter la beauté des orgues et leur rôle dans les églises baroques allemandes. Elles ne servent pas seulement d'ornement, elles font corps avec l'édifice et en expriment l'intime structure musicale.

En face de l'orgue, un retable-portique ferme le fond de la nef. Dressé entre les colonnes du portique, un grand tableau représente le martyre de saint Denis. Il faut passer par une petite porte de côté et contourner le portique, pour s'apercevoir de la supercherie : l'église ne se termine pas au retable, elle se continue par un chœur, et le tableau qui avait l'air encastré entre les colonnes se trouve en réalité trente mètres plus loin, au-dessus d'un autre autel, celui-ci réservé aux moines. Effet d'optique si habile que, de la nef, on ne soupçonne pas la présence de ce chœur. Pourquoi avoir caché celui-ci ? Pour que la communauté bénédictine puisse s'isoler et prier à l'écart. Douillet égoïsme des moines. Les fidèles ne sont admis à partager avec eux que la contemplation du tableau, peint en hommage à un des patrons de l'abbaye. Mais il ne faut oublier non plus, pour expliquer la ruse de l'architecte, ni le plaisir esthétique du trompe-l'œil, ni l'avantage qu'il y avait à raccourcir l'église pour la rapprocher de l'idéal des édifices refermés sur eux-mêmes.

Concilier un vaste espace et un plan central, Neumann trouva à Vierzehnheiligen le moyen de l'impossible synthèse. Vierzehnheiligen, qui se dresse dans toute sa gloire sur la colline de l'autre côté du Main, à l'endroit où l'Enfant Jésus apparut à un jeune berger, entouré de quatorze saints (Vierzehn Heiligen). La haute façade bombée prend le jour par de grandes fenêtres, comme le devant d'un palais. L'intérieur... Quels mots, qui ne soient déjà usés par ce que nous avons dit des autres églises, faudrait-il inventer pour décrire celle-ci ? Devant tant de clarté, tant d'exubérance, une telle profusion décorative, une telle harmonie jubilatoire, c'est toujours la même allègre stupeur, le même émerveillement sidéré. Les fenêtres sur trois étages font du vaisseau de Neumann peut-être le plus lumineux qui nous soit jusqu'ici apparu. Mais vite, étudions sa forme : ovale ? Non, pas exactement. Un seul ovale n'eût pas été suffisant pour cette église de pèlerinage, bien plus longue, large et spacieuse que Steinhausen. Trois ovales ont été accolés bout à bout, mais de telle sorte que l'édifice paraît d'un seul tenant, et clos sur sa blanche perfection. Ce n'est pas la fuite d'une nef étendue en longueur, ni les dimensions réduites d'un plan circulaire. Cette ultime église baroque (elle ne fut terminée qu'après la mort de Neumann) réalise enfin la fusion entre les deux exigences contraires de la forme et de la foule.

Le coup de maître est d'avoir installé l'autel principal, non pas à une des extrémités de la nef, ce qui en eût accentué la longueur, mais au beau milieu, sous l'ovale médian. Tous les regards convergent vers ce point, et toutes les parties de l'église paraissent à égale distance de ce qui a l'air d'en être le centre. La vieille obsession humaniste de la beauté géométrique, qui a marqué tous les chefs-d'œuvre de la Renaissance, depuis la coupole de Brunelleschi à Florence jusqu'à la basilique de Sangallo à Montepulciano, depuis la villa la Rotonda de Palladio à Vicence jusqu'au Tempietto de Bramante sur le Janicule, ce rêve de subordonner les nécessités fonctionnelles d'un bâtiment à la loi pure de l'esprit, est exaucé une dernière fois dans cette église ; et c'est tout le génie de Neumann que d'avoir atteint à une telle réussite, en surmontant le double handicap de la grande dimension et de la décoration rococo.

L'emplacement de l'autel correspondrait à l'endroit où les saints étaient apparus au jeune pâtre. Mais l'idée de le dresser au milieu de la nef, dans un isolement qui le désigne à la dévotion du visiteur, remonte peut-être (on le retrouve toujours, car il a tout inventé) à Bernini et au Baldaquin élevé sous la coupole de Saint-Pierre. De même que le Baldaquin (si dénigré tant qu'on le considère en lui-même, en oubliant de se demander comment on aurait pu mieux remplir l'énorme vide de la croisée de transept) indique le tombeau de l'Apôtre et en même temps organise une giration méthodique des fidèles, de même l'autel de Vierzehnheiligen remplit une double fonction : commémorer le miracle du petit berger, et entraîner la foule des pèlerins dans une ronde rituelle. Façon de les rendre sensibles à la dignité intellectuelle du lieu, en leur interdisant de se bousculer et de se presser au hasard.

Cet autel lui-même, œuvre tardive des stucateurs de Wessobrunn, examinons-le de plus près. C'est une extravagante pyramide à dais ajouré, où se tiennent perchés dans les poses les plus bizarres les quatorze saints de l'apparition. Saints populaires, de ceux qu'on invoque dans les circonstances difficiles : aussi leurs gestes, leurs attitudes réintroduisent-ils dans l'église un peu de cette spontanéité rustique, de cette naïveté paysanne que Neumann avait bannies de ses hautes spéculations. Voici Guy, qui délivre de l'épilepsie, Cyriaque, qui libère du démon, Acace, des angoisses de la mort, Christophe, des affres du voyage. Hubert, converti par l'apparition d'un cerf portant une croix entre ses ramures, nous le rencontrerons souvent en Europe centrale. Si Catherine, patronne des érudits et des élèves, a sa place tout indiquée sous les voûtes construites par l'ancien étudiant en mathématiques, s'il en est de même pour Barbe, patronne

des artilleurs, et donc du colonel chargé de surveiller les marches du Saint-Empire, je m'interroge sur la présence de celui qui est donné pour Pantaléon, médecin d'Asie mineure décapité sous l'empereur Dioclétien.

Assis sur une corniche, au sommet du baldaquin, ses jambes chaussées de bottines pendent dans le vide ; il tient ses mains au-dessus de sa tête, posées à plat l'une sur l'autre ; les manches ont glissé le long de ses bras levés ; il regarde de ses yeux globuleux aux paupières tombantes. Que regarde-t-il ? Pourquoi ce geste des mains ? A la fois transparent et énigmatique, ce personnage nous fascine. Un imperceptible dédain flotte sur ses traits indolents. Il semble absent, il semble ailleurs. « Ton festin, Balthasar, ne m'intéresse pas. Je ne me voile pas la face, comme la femme de Wurtzbourg : inutile de m'opposer par un geste de refus à un univers qui ne me concerne pas. Je me croise les mains sur la tête, ça oui, en signe de complète indifférence. »

Ni pathos, ni emphase, ni volupté, ni extase, rien de ce qu'on trouve dans les statues baroques. Il ressemble à un garçon meunier qui se serait juché sur le toit du moulin pour y prendre le frais. Il n'appartient plus au monde baroque, il est d'un autre style. Héros, non d'opéra, mais de quelque *lied* de Schubert. Avec ses bottines, son sarrau de toile et son agreste désinvolture, il préfigure la bonhomie vagabonde du siècle suivant.

Gutenzell et Ottobeuren

Redescente vers le Sud, vers la Bavière, qui reste tout entière à découvrir. Première étape obligée : la riche et puissante abbaye d'Ottobeuren, dont l'église dispute à celle de Weingarten la première place pour la longueur de la nef, la hauteur des tours et l'ampleur du vaisseau. Aussi, peu pressés de courir au-devant d'une nouvelle déception, nous laissons-nous attirer par une église de campagne toute blanche et fraîche, dont le clocher ouvragé découpe sur le ciel bleu un bulbe à lanterne. Gutenzell, élevé sur l'emplacement d'un ancien ermitage : ce nom signifierait, soit « cellule de Dieu » *(Gottes Zelle)*, soit « bonne cellule » *(Gute Zelle)*. N'est-ce pas en effet dans un coin de paradis que nous entrons ? Une très profonde tribune d'orgue forme une voûte basse qui nous introduit dans la nef soutenue par des piliers blancs et couverte au plafond de fresques pastel. Personne, ni sacristain, ni fidèle : pendant les deux heures que nous passerons ici, nous ne verrons âme qui vive, nous n'entendrons d'autre bruit que la palpitation lumineuse des ors et des stucs. A l'entrée, comme dans toutes les églises baroques que nous avons visitées, on met une petite monographie, bien illustrée et documentée, à la disposition des touristes. Ils peuvent l'acheter en glissant trois marks dans un tronc. Il faudrait avoir le cœur endurci pour oser trahir la confiance de ces curés de campagne dont la bonhomie s'harmonise avec la douceur du paysage environnant.

J'apprends que la fille unique de Dominique Zimmermann (pas de danger que ce fétichiste de l'œuf, que ce mystique de la forme parfaite ait eu seize enfants comme son rival Fischer !) a pris le voile au couvent de Gutenzell le 7 juillet 1737, et qu'au moment de la profession l'architecte de Wessobrunn s'engagea à transformer l'église. Nous aurions pu deviner, en observant la forme des fenêtres, l'auteur de la baroquisation : elles suivent le dessin d'une poire stylisée, qui nous rappelle le motif des élégantes fenêtres de Steinhausen et le goût de rivaliser avec la nature. Un ange renversé soutient la chaire : œuvre de Franz Xaver Feuchtmayer, un autre frère de la famille des stucateurs de Wessobrunn.

J'entends tout à coup un cri étouffé. Ferrante, qui s'est aventuré jusqu'à l'autel, me fait signe d'accourir. Il n'ose élever la voix, mais, à la hâte avec laquelle il sort ses appareils, je devine une découverte excitante. J'ai à peine le temps d'apercevoir, dans une boîte appuyée à un pilier, un crâne enguirlandé de dentelles et incrusté de pierres précieuses, que Ferrante m'appelle à nouveau. De chaque côté de l'autel, se dressent deux armoires enrichies de guirlandes et de feuillages en bois doré. Les quatre panneaux sont en verre : à l'intérieur, comme si elles se rendaient en chaise à porteur à une fête de cour, deux squelettes de femmes somptueusement habillés trônent dans toute la gloire de leurs bijoux et de leurs broderies.

Sainte Christine, en robe rouge brochée d'or et agrémentée de parements de dentelle, tient d'une main une palme en or, de l'autre une épée à la garde incrustée de rubis et de saphirs. Mais quelles mains, surtout ! La fine gaze de soie blanche qui moule chacun des os en accentue l'horrible maigreur ; des chaînettes d'or s'enroulent en spirales autour des doigts, que chamarrent des dizaines de bagues et de perles. Sur le dos de la main, un bijou en forme de fleur applique ses pétales d'émeraude. Mais le plus extraordinaire, le plus macabre, est le masque de tulle blanc plaqué sur le visage, avec trois ovales en broderies d'or et de perles à l'emplacement des yeux et du nez. Une tiare de perles et de broderie couronne le front, et de la tête jaillit une auréole de rayons d'or. Impossible de rendre la splendeur et la sauvagerie de ce regard fixé sur nous. De l'autre côté de l'autel, sainte Justine étale le même faste, les mêmes parures de joaillerie et de dentelle. Elle aussi, dans ses poings décharnés, serre l'épée et la palme. Son thorax est resté à découvert ; chaque côte s'enjolive de broderies. Sous le tulle blanc du masque, percent six dents éclatantes. A la place de la pupille une boule de nacre étincelle, sertie de pierres précieuses.

« Elles se tiennent devant le trône et devant l'agneau, vêtues d'habits blancs et une palme dans la main » : mais ces paroles de l'Écriture, que la monographie cite pieusement dans l'espoir de rassurer le visiteur, ne nous ôteront pas de la tête que Gutenzell détient, au lieu d'inoffensives reliques, les cadavres de reines barbares semblables à la Théodora de Ravenne, dont la mort n'a pas éteint le formidable pouvoir de fascination.

Nous ne sommes pas au bout de nos surprises. Sous les autels des bas-côtés, deux autres squelettes, pomponnés et chamarrés avec un luxe non moins inouï, mais étendus sur le flanc dans des cercueils de verre au lieu de se tenir assis, exhibent leurs trésors d'outre-tombe. A gauche saint Hyacinthe, vêtu d'une courte tunique rouge brodée ; elle laisse à découvert les jambes, dont les tibias enveloppés de gaze scintillent de perles et de pierres précieuses. Chaque côte du thorax est richement emperlée ; une broche de turquoises s'adapte exactement à la plaque du sternum. La tête repose sur un coussin rouge brodé. Lui aussi, derrière son masque de tulle, nous fixe de ses yeux de perles, lui aussi crispe son poing sur la palme et sur l'épée. De l'autre côté, saint Alexandre gît dans la même attitude. Chaînettes d'or, perles et pierres précieuses entortillent le tronc noueux de sa colonne vertébrale. Des sandales dorées et emperlées chaussent les os de ses pieds ; il n'y a pas jusqu'à ses rotules qui n'aient reçu leur parure de topazes et de rubis.

Tout ce travail de joaillerie et de broderie est d'une finesse incroyable. De la calme et rustique Bavière, nous nous sentons transportés dans une de ces cours orientales où régnaient la pompe et la cruauté. Le hiératisme des poses, la fixité des regards, la rutilance des bijoux nous renvoient aux mosaïques byzantines de la capitale de Justinien. Je m'avise que, pour cette parade funèbre, les deux hommes se sont couchés, alors que les deux femmes ont voulu rester droites : souvenir du matriarcat primitif, où l'autorité était d'autant plus féroce qu'elle appartenait à des mains plus frêles. La solitude et le silence de l'église s'expliquent mieux : qui, des pacifiques cultivateurs de la région où les vaches mêlent le

Des squelettes chamarrés de Gutenzell
à la momie démoniaque de Weyarn.

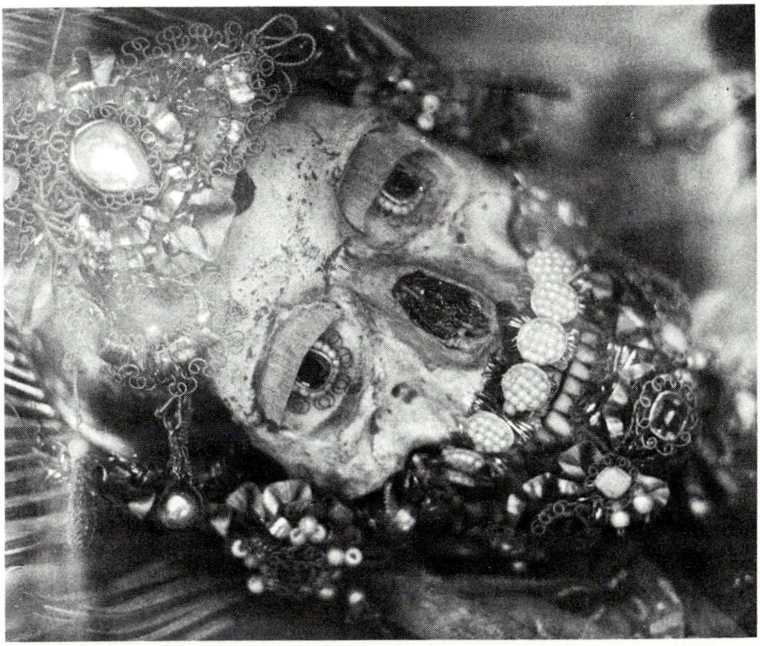

tintement de leurs cloches au carillon de l'angélus, aurait envie de venir rendre hommage à ces spectres figés, à ces fantômes que repousse de toutes ses forces l'Allemagne des chalets et des sapins, l'Allemagne du miel et du lait ?

Il est plus de six heures quand, ce soir du 21 juillet, à peine remis de nos émotions par les courbes sereines d'une campagne doucement vallonnée, nous découvrons, à l'entrée du village d'Ottobeuren, la masse puissante et trapue de l'église. Elle a été bâtie, entre 1748 et 1760, par le grand Johann Michael Fischer, juste après Zwiefalten ; et, pour assurer la réussite de ce qui serait son chef-d'œuvre, il avait amené avec lui le sculpteur Johann Michael Feuchtmayer, auteur déjà des statues de Zwiefalten. Malgré cette double caution, nous regardons d'un œil soupçonneux cette lourde bâtisse, qui a emprunté à Rome ses coupoles et à Salzbourg son transept, anomalies exceptionnelles pour une église de pèlerinage.

Cependant, avant même d'entrer, nous remarquons que la lumière ne tombe pas sur cet édifice comme sur les autres que nous avons visités. Impossible de dire pourquoi. Peut-être comprendrons-nous mieux à l'intérieur ? La lumière, encore ; quelque chose dans la lumière, dans l'éclairage, nous frappe comme une nouveauté absolue. Pourtant les fenêtres sont égales en nombre et en taille aux fenêtres des autres basiliques. Nous allons jusqu'au bout de la nef, explorons les deux bras du transept : c'est toujours le même univers, limpide et coloré, d'autels surchargés et de chaires croulant sous les stucs, le même ballet aérien d'anges et de *putti*, avec de magnifiques orgues de chaque côté du chœur, emboîtées dans les stalles. A la croisée du transept, voici même, assis dans leur châsse, quatre cadavres d'évêques, parés mais moins richement qu'à Gutenzell, avec leur tiare en peluche déposée à côté d'eux. A notre habitude nous admirons, nous nous amusons, un ange nous émeut par sa grâce, le trompe-l'œil de la coupole nous étonne, les hermès en bois doré des stalles nous enchantent. Mais, si cette église et sa décoration agissent sur nous d'une manière si profonde et si mystérieuse, c'est à cause d'une particularité dont le secret nous échappe.

— Regarde ! s'écrie Ferrante en me montrant, sur le pilier

de la nef, un ange touché en pleine figure par un rayon du soleil déclinant.

Nous comprenons soudain. Toutes les églises de la chrétienté, pour répondre à la prescription théologique selon laquelle les fidèles en prière doivent se tourner vers le tombeau du Christ, sont orientées d'ouest en est, avec leur façade à l'ouest, de sorte que la lumière, toujours également distribuée, ne varie que d'intensité selon la position du soleil. Mais Fischer, par un trait d'audace et de génie, a orienté Ottobeuren du nord au sud. Le soleil du crépuscule, quand il entre par les fenêtres occidentales, pose ses rayons obliques sur les statues de la moitié orientale. Ferrante saisit immédiatement les conséquences d'un tel coup d'état.

— Chaque minute va être différente de l'autre ! Le soleil descend très vite et l'éclairage à tout instant changera. S'il te plaît tant, ajoute-t-il en me voyant dévisager dans la première chapelle à gauche un jeune garçon dont le torse jaillit du mur au-dessus de l'autel, reste assis là, jusqu'à ce qu'il sorte de l'ombre. Moi je vais dans le transept, guetter le moment où le rayon frappera mon saint Sébastien.

Je m'assieds sur le banc. Six heures et demie du soir, par une splendide journée d'été. J'ai noté l'heure avec exactitude, car le drame qui va se jouer sous mes yeux est étroitement lié à des instants précis, à telles minutes de tel jour. Mon jeune garçon se tient renversé en arrière, un bras replié au-dessus de la tête, souriant, extatique, les paupières baissées. Il attend la lumière, je me prépare à l'attendre avec lui. Pendant qu'une fugue de Bach, ce contemporain de Fischer, bondit des orgues en phrases sinueuses et touffues, tout un peuple de statues s'agite. Sur qui tombera d'abord le rayon ? Au sommet d'un pilastre, à la racine de l'arc qui soutient la coupole, un évêque se penche dans sa longue robe à plis. Sa crosse d'or pend dans le vide. Pour lui, il n'y a plus d'espoir : pourquoi aussi s'est-il perché si haut ? Qu'il se contente de sa dignité et de sa tiare ! Je ramène les yeux sur les innombrables *putti* qui se déchaînent, sur les anges qui lèvent leurs bras, déploient leurs ailes, balancent leurs jambes. Ici une sainte brandit son cœur à bout de bras, comme si elle l'offrait à l'astre couchant. Là un martyr retient son dernier soupir, pour le réserver au brillant visiteur.

Entre-temps le rayon d'ouest rampe doucement sur le mur

en direction de mon jeune garçon. Réussira-t-il à l'atteindre ? Lui fera-t-il cette grâce ? Il est sept heures moins le quart. La musique de Bach accompagne de ses trilles impalpablement distillés la lente progression du rayon. Le voici tout près. Rien de plus émouvant que de voir cet adolescent tendre sa tête vers la lumière qui approche. C'est Narcisse épiant la minute qui mettra le mieux sa beauté en valeur. Au-dessus de lui, un *putto*, gonflant ses joues et agitant ses petits bras, semble partager notre attente et faire signe au soleil de ne pas refuser son rayon. Quelle douce angoisse dans cette attente ! Le soleil vient se poser sur la tête du *putto*, mais je comprends, n'importe qui comprendrait, qu'il le cajole en passant. Qu'importe-t-il au plan de l'univers que cet enfant soit éclairé ou reste dans l'ombre ? Le *putto* lui-même ne montre aucune fierté de ce choix. Le miracle, qui mettrait comme un point final à la création, serait la conjonction de la lumière et de la beauté sur la poitrine du jeune garçon. Mais, justement, l'harmonie parfaite étant atteinte, il n'y aurait plus rien à attendre, plus rien à espérer. Sans désir, sans le sentiment d'un manque, le monde pourrait-il continuer à tourner ? Le rayon passe juste à côté, juste au-dessus du garçon : oui, c'eût été trop accompli, il faut que l'attente recommence demain, entre six heures et demie et sept heures moins le quart, comme elle recommencera tous les jours, à une heure différente selon la saison.

C'est cela le baroque : l'art d'éviter la perfection afin de garder au désir toute son acuité. L'art grec comble et apaise ; l'art baroque révèle à l'homme qu'il aura toujours soif. Le *putto* maintenant illuminé des pieds jusqu'à la tête paraît tout confus de cet honneur. Surtout qu'on ne croie pas que ce rayon lui était destiné !

Jeu du désir, de la beauté et de la lumière. Dans cette église en apparence si tranquille, combien de crises semblables se nouent et se dénouent à tout moment du jour ? Nulle part mieux qu'ici ne se comprend que le baroque est l'art de l'instant, qu'il ne cherche pas à fixer l'éternel, mais à saisir — ou à manquer — la minute présente et fugace. Sous la frivolité trompeuse de ces stucs et de ces dorures, se cache un sentiment tragique de la vie. Tout glisse, tout s'enfuit, rien ne demeure. La beauté elle-même, refuge des âges classiques, est une illusion, un leurre.

Jeux du désir et de la lumière.

Quel poème trouver dans ma mémoire qui exprime l'émotion ressentie sous ces voûtes ?

André Gide voyait « la parfaite définition de l'œuvre d'art » dans les deux vers de Baudelaire :

Là, tout n'est qu'ordre et beauté,
Luxe, calme et volupté.

Il aurait pris volontiers, ajoutait-il, chacun de ces cinq mots « pour titres des successifs chapitres d'un traité d'esthétique :

1° *Ordre* (Logique, disposition raisonnable des parties).

2° *Beauté* (Ligne, élan, profil de l'œuvre).

3° *Luxe* (Abondance disciplinée).

4° *Calme* (Tranquillisation du tumulte).

5° *Volupté* (Sensualité, charme adorable de la matière, attrait). »

Un traité d'esthétique moins typiquement gidien et classique se distinguerait par l'hypertrophie du chapitre 5 et l'atrophie des chapitres 1 et 4. Au reste, que Baudelaire lui-même soit un pur anti-baroque, il suffit pour s'en convaincre de se réciter deux autres de ses vers :

Je hais le mouvement qui déplace les lignes,
Et jamais je ne pleure et jamais je ne ris.

Créer une forme parfaite, mais pour la reléguer dans l'ombre, quelle étrange « discipline » se sont imposée les auteurs d'Ottobeuren...

Mais... au transept gauche, un quart d'heure plus tard (tant il est vrai qu'il faut se promener dans une église baroque, changer de lieu selon les moments)... Le jeu du désir passe par une nouvelle phase. Saint Sébastien, déhanché et dolent, n'a pas attendu en vain. La grâce, il la reçoit. La lumière se pose sur sa jambe, puis remonte le long de son corps : une coulée de miel blond, qui l'inonde à vue d'œil. Et voici (sept heures juste) son visage tout imprégné d'or. Une expérience unique pour un photographe. Ferrante, armé de ses trois appareils dont il se sert tour à tour, me demande de noter pour lui : 125 asa, filtre, noir et blanc, 125e — 125 asa, filtre, noir et blanc, 250e — même chose, sans filtre — 200 asa, sans filtre, couleur, 125e/250e — même chose, 60e/125e — 400 asa, avec filtre, noir et blanc, 60e/125e. Aucun autre art, assurément, ne pourrait rendre cette prodigieuse sensibilité des chairs qui frémissent sous l'extase lumineuse : pas les mots, en tout cas, qui peuvent bien raconter la légende de saint Sébastien et s'émerveiller que sur sa figure, sur son corps, sur son torse percé de flèches la volupté ait chassé les dernières traces de la souffrance, mais non traduire la progression, les variations de la lumière, et comme elle s'empare peu à peu de chaque membre, comme elle les caresse, les palpe, les pétrit, les modèle d'une étreinte amoureuse, comme elle les transfigure.

Tel un miracle de jouissance et de beauté... Mais si bref... Sept heures et quart : le rayon se détourne... et touche un ange qui, surpris de cette faveur, jette ses jambes de côté et se protège le front avec un bras.

Sept heures et demie : assis de nouveau au fond de la nef, je regarde le soleil accrocher çà et là une aspérité du marbre, une saillie d'architrave, des jambes, des bras qui dépassent. Sous la lumière devenue rasante, le paysage change à chaque seconde, des plages nouvelles de clarté apparaissent, disparaissent, une flamme s'allume, s'éteint. Commence la féerie du soir : l'église frissonne et brûle. Les statues bougent, ce sont leurs mouvements qui les font scintiller. Vont-elles s'élancer, quitter leur appui sur le mur, bondir et danser dans le rayon ? La sainte va-t-elle jeter son cœur au soleil ? Le martyr expirer dans un spasme de bonheur ? Mon jeune garçon penche la tête tristement, dans la pénombre naissante. Huit heures : la fête n'est pas pour lui, ne sera jamais pour lui. C'est cela aussi, le baroque : le hasard, le caprice, l'arbitraire. La lumière, l'éclat sont pour l'un, pas pour l'autre. « Midi le juste », cher à Paul Valéry, ne peut servir de flambeau qu'à un esprit classique.

Huit heures et quart : les fonts baptismaux, sur ma gauche, rutilent et flamboient. Il n'est pas possible que l'architecte n'ait pas sciemment calculé l'emplacement des stucs et celui des fenêtres, pour que chaque forme, frappée à son tour par le soleil, jaillisse dans la coruscation d'un instant unique, fuse, brille, s'enflamme, perde l'apparence de la matière et se mue en pure allégresse lumineuse. Les baroques ont toujours veillé avec soin à l'éclairage de leurs sanctuaires. Borromini et Guarini, qui distribuent indirectement la lumière par des fenêtres invisibles, semblaient

insurpassables. Qui a insufflé à Fischer la hardiesse de mettre la façade au nord, de préférer la beauté du spectacle aux exigences de la foi ? Huit heures et demie : le haut du maître-autel s'embrase. Si un dieu règne dans cette église, ce n'est pas celui des chrétiens, mais l'étincelant Hélios en qui les Anciens saluaient Apollon. Ottobeuren baigne dans la gloire : mais une gloire fragile, fugitive, contrairement au temple grec, qui est constamment et tout entier lumière, et à la cathédrale gothique, qui est tout entière et absolument ténèbres.

De l'aube au crépuscule il faudrait s'attarder, attendre, guetter. Nous décidons de passer la nuit dans le village. Hôtel à l'enseigne du cerf. Le lendemain matin, le soleil, à gauche de l'église, frappe la moitié occidentale de la nef. Neuf heures, la chaîne du chœur a été enlevée, nous en profitons pour nous approcher des orgues. De chaque côté, elles sont encastrées dans les stalles. Sculptés à mi-hauteur de la paroi de chêne, de jeunes hermès en bois doré soutiennent les pilastres du buffet. Les uns appuient leur tête sur une main, d'autres se cachent la figure, en voici un qui se couvre la poitrine, celui-là montre son dos nu. Quels reflets, quelles paillettes, quelles écailles de lumière le soleil du matin va-t-il soulever sur leurs corps ?

Celui que je préfère incline son visage derrière son bras. Pudeur ou coquetterie, il me fait penser, avec ses joues lisses, ses membres agiles, son allure mince et juvénile, au tremblant Chérubin blotti dans le fauteuil. Le rayon voudra-t-il l'atteindre ? Non, il choisit son voisin, qui se penche en arrière pour regarder l'orgue, un éphèbe au buste gracile qui semble attirer le soleil par la force magnétique de son enthousiasme. Neuf heures et quart. Les exclus se rembrunissent dans l'ombre, les élus exultent dans la clarté. Ferrante braque son appareil sur celui qui renverse la tête et se détache du mur de chêne comme impatient de boire à la source vive. Quelle merveille d'observer la lente avancée de l'astre sur le bois doré ! C'est un réveil, une naissance, un épanouissement, un chant de jubilation, un hymne à la sensualité. Neuf heures et demie. Ferrante photographie une dernière fois son hermès ; déjà l'ombre descend sur sa poitrine ; s'il rejette la tête en arrière et tend son cou avec tant d'énergie, n'est-ce pas pour capter un reste de lumière, pour retenir une ultime étincelle de beauté ?

L'expiation dans le lac

« Pourquoi inclure la visite des châteaux de Louis II dans l'exploration du baroque allemand ? Ce style a fini avec le XVIIIe siècle. L'étendre au-delà serait un abus. » Mais non : le baroque n'est pas seulement un pan de l'histoire de l'art, c'est aussi une catégorie mentale. A ce titre il nous intéresse autant que comme expression de deux siècles précis. Il y a un baroque de la fin du XIXe siècle, comme il y a un baroque grec. Le village de Füssen, au pied des montagnes, tout près de la frontière autrichienne, inscrit ses maisons à colombages et à pignons dans le décor bucolique des Alpes bavaroises. Le visiteur qui fait la pénible ascension de l'éperon rocheux sur lequel est juché Neuschwanstein se sent brusquement transporté dans un autre monde : et l'on comprend comment, autour de la figure de Louis II, le premier mythe a pu naître, de ce contraste entre un paysage placide de cascades et de troupeaux, et le piton aride et sauvage choisi pour construire le château. En bas, non loin d'un délicieux petit lac, le château du père, Hohenschwangau, élève sa masse carrée, jaune et crénelée, qui semblait à Maximilien II une synthèse de l'Allemagne des chevaliers et de l'Angleterre des Tudors, mais qui, aujourd'hui, nous évoque plutôt le rêve d'un parvenu pour sa villa de Cannes. Louis II passa là son enfance ; et, de sa fenêtre, dans sa chambre où les étoiles du plafond s'allumaient comme les astres de l'orbe céleste, il surveillait à la lunette les travaux de Neuschwanstein.

Pour qui gronde l'orage... (Ottobeuren).

Nouveau Roc des Cygnes : ainsi pourrait-on traduire le nom de cette forteresse bâtie tout en hauteur, hérissée de tours et de pinacles, qui devrait produire une impression profonde de mystère et d'irréalité. On fait la queue devant les guichets ; on s'écrase dans la salle d'attente jusqu'à l'arrivée du guide. Pareilles foules, nous les retrouverons dans les deux autres châteaux de Louis II, à Linderhof et à Herrenchiemsee, et nous ne les retrouverons que là. Quoi que nous pensions de Louis II, il faut reconnaître que le mythe fonctionne bien. Cris d'admiration étouffés, dans la salle du trône qui, avec son abside décorée de fausses mosaïques, ses arcades empruntées aux cloîtres romans, ses colonnes en douteux lapis-lazuli, ferait l'orgueil d'un casino de province. Le toc continue dans le reste du château, mais varié selon les pièces : gothique dans la chambre à coucher, où plastronne un baldaquin en bois sculpté que des centaines d'aiguilles, de flèches et de sagettes, différentes chacune l'une de l'autre en taille et en hauteur, coiffent d'une dentelle ligneuse ; wagnérien dans le grand salon dédié à Lohengrin dont des cygnes peints, des cygnes sculptés, des poignées de porte en têtes de cygnes ressassent la légende ; rustique dans la fausse grotte à stalactites de carton, consacrée à Vénus ; lyrique dans la salle de concert du dernier étage, où brûlent sous le plafond à caissons des lustres et des candélabres que les Galeries Barbès oseraient à peine mettre en vente.

Tout est d'une laideur rendue plus oppressante par la petite dimension des fenêtres et l'abondance des boiseries marron foncé. Amalgame et caricature de tous les styles, mauvais goût absolu. Pas un centimètre carré où l'œil puisse se reposer ; seul est admirable le paysage, le lac en bas, en haut les cimes rocheuses, qu'on aperçoit de temps à autre par les fentes des meurtrières. Le roi, paraît-il, sortait la nuit de son château et, debout sur le pont qui enjambe une cascade voisine, contemplait la bâtisse vide et silencieuse dont il avait fait illuminer la salle de musique. Comme on aimerait trouver de la grandeur et de la poésie à Louis II ! Comme nous serions heureux qu'un dernier prince de légende eût clos par une œuvre folle l'ère des caprices inspirés ! Mais non : il n'a été qu'un milliardaire américain, à qui sa fortune a permis d'accumuler, sans aucun discernement, tout ce qui jette de la poudre aux yeux. Héros du kitsch, il nous intéresse comme pionnier du tourisme de masse. Les visiteurs qui affluent par dizaines de milliers jubilent de trouver, dans un seul lieu, du byzantin, du roman, du gothique, des échauguettes, des rocailles, des cygnes, un résumé complet de la culture mondiale. Cet abrégé des siècles, ce monstrueux *digest* les ravit.

Songent-ils à se demander comment le besoin de faste et d'ostentation du roi pouvait s'accorder avec le choix de ce site isolé et inhospitalier ? Louis II aurait pu rester un personnage attachant s'il s'était fait construire quelque chose d'abrupt et d'austère, comme l'Escurial en Espagne ou Castel del Monte dans les Pouilles. Mais il n'était ni Philippe II ni Frédéric de Souabe. Il ne suffit pas de se couper du monde et de se réfugier dans la solitude pour acquérir le format d'un grand homme. Les fantasmes de Louis II parlent pour lui. A-t-il vraiment aimé les opéras de Wagner ? A en juger d'après les fresques commandées pour les différentes pièces de son château — Tristan et Iseut dans son cabinet de toilette, Lohengrin dans le salon, Tannhaüser dans la salle des chanteurs — il semblerait qu'il ait puisé dans Wagner surtout un encouragement à se toquer du Moyen Age. De nos jours, il aurait fait mettre les Niebelungen en bandes dessinées, et on l'imagine très bien, assis sur le pont au-dessus de la cascade, feuilletant l'album où Siegfried et Brunehilde sortiraient d'un château semblable en tout point à la forteresse dressée devant lui.

Ni Linderhof ni Herrenchiemsee ne nous feront changer d'avis. Toujours le choix d'un lieu solitaire et superbe — un cirque boisé pour Linderhof, une île lacustre pour Herrenchiemsee — mais aussi la laideur et la servilité dans les constructions. A Neuschwanstein, Louis II se montre un admirateur éperdu de la vieille épopée germanique. A Linderhof, où la façade Louis XV résulte d'une synthèse entre des piliers à bossages empruntés à la Renaissance italienne et un fronton démarqué de l'art baroque, il devient plus bourbonien que les rois de France, mettant aux murs des portraits au pastel de Louis XIV, de Louis XV, de Madame de Pompadour, de Madame du Barry, surchargeant les appartements de dorures et de stucs. De Herrenchiemsee, enfin, il veut faire la réplique de Versailles, avec une galerie des Glaces semblable à l'originale. La copie du portrait de Louis XIV par Rigaud pend à la paroi derrière son bureau. Tout est hideux, lourd, prétentieux, ostentatoire. On reste confondu de se dire qu'il n'y a pas un seul détail original, rien qui témoigne que le roi ait eu une personnalité. Dans le parc de Linderhof, une grotte postiche, en ciment et en carton, abrite un lac artificiel, sur lequel flotte une nacelle en forme de conque traînée par un cygne, devant une toile qui exalte avec un réalisme de chromo les grâces lascives du Venusberg. Plus loin c'est un pavillon mauresque, en tôle bariolée, rapporté de l'Exposition universelle de Paris par le souverain. S'il avait pu, il aurait acheté l'Arc de Triomphe ou fait transporter d'Égypte une pyramide. Par lui-même il n'a rien inventé, rien créé, et sa démence, s'il fut vraiment insane, a consisté à se glisser dans la peau des autres, comme la midinette qui s'identifie à Elisabeth Taylor ou à la princesse Grace de Monaco.

Le délicieux petit lac, heureusement, qui s'étend au pied de Hohenschwangau, nous rafraîchit en cette fin d'après-midi torride. Seul un sentier en fait le tour ; nous louons une barque ; les sapins descendent jusqu'aux rives ; toutes les nuances de vert s'étagent sur les pentes ; pas un bruit, à part le battement régulier de nos rames et le murmure de l'eau contre la coque. Aucune construction humaine, en dehors des deux châteaux, où Jules Verne aurait pu loger le baron de Gortz, George Sand le comte de Rudolstadt.

Faut-il les ranger dans la catégorie du baroque tardif ? Il serait tentant d'établir une chaîne : baroque/rococo/kitsch. Tous les styles ont commencé par être simples, puis se sont compliqués et chargés d'ornements. Aux kouroï archaïques ont succédé les mûres statues de Phidias et de Praxitèle, après quoi ont fleuri les préciosités alexandrines. Le gothique a débuté par des ogives à peine indiquées, puis s'est transformé, dans les grandes cathédrales, en arcs brisés d'une hauteur vertigineuse, et enfin a dissimulé ses structures dans l'exubérance décorative du flamboyant. Fascination des rythmes ternaires... N'a-t-on pas envie de tout expliquer par 1, 2, 3 ? 1 : l'aurore, 2 : le zénith, 3 : le crépuscule. Rappelons-nous comment, il n'y a guère, les auteurs qui écrivaient sur l'art scandaient de ces harmonieuses cadences l'art occidental chrétien considéré dans son ensemble. On distinguait, dans l'architecture, la peinture et la sculpture, trois périodes : la période primitive (le Moyen Age roman et gothique), la période classique (la Renaissance italienne) et la période décadente, inaugurée avec le baroque. Goethe, qui a visité Padoue et Assise mais sans mentionner Giotto, et qui lors de ses deux séjours à Rome n'a regardé ni une église ni une fontaine datant plus tard que du XVIe siècle, n'a pas échappé à cette vision idéaliste de l'art, selon laquelle on compterait une phase obscure d'incubation, un épanouissement glorieux et un déclin affligeant. Taine encore, en 1865, se montre atteint de la même myopie intellectuelle. Il trouve à l'admirable Santa-Maria della Pace de Pietro da Cortona, derrière la place Navone, une « vilaine façade ronde qui fait ventre », et visite la Villa Borghese sans s'arrêter devant aucune des statues de Bernini.

La réévaluation du baroque ne remonte qu'à quelques décennies, depuis qu'on examine chaque période de l'histoire de l'art comme un ensemble cohérent et autonome, sans chercher à y distinguer un progrès ou un recul par rapport à l'époque précédente ou suivante. Gardons-nous de regarder le kitsch de Louis II comme l'aboutissement dégénéré du rococo, lequel ne serait lui-même qu'une boursouflure du baroque. La question est de savoir si un style fait de la copie maladroite et de l'amalgame éhonté d'autres styles mérite une considération particulière.

Qu'au moins nous ayons trouvé, chez ce prince idéalisé par Visconti dans un film aux lenteurs plus complaisantes qu'inspirées, quelque chose de bizarre qui attestât un goût, une fantaisie singulière — ne fût-ce qu'un objet-talisman, comme la coquille pour Borromini, l'étoile pour Guarini, la perle pour Cairo, l'œuf pour Zimmermann. On pardonnerait mieux à Louis II son inculture artistique et ses châteaux de nouveau riche, s'il y avait laissé des traces plus personnelles de sa névrose, quelque motif ornemental reflet de ses obsessions. Un schizophrène un peu fétichiste nous eût attendris. Mais qu'avons-nous vu à Linderhof et à Herrenchiemsee ? Des fleurs de lis jetées à profusion sur les tentures et sur les broderies. Louis II, incapable de se forger son propre emblème, a dû l'emprunter aux Bourbons.

Après le baroque et le rococo, la chaîne ne s'est pourtant pas interrompue. La tradition des stucs et des dorures a connu un magnifique et tardif surgeon, mais on a tort, trompé par la légende romantique du roi solitaire et vierge, de le prendre pour l'héritier de la grande civilisation de Steinhausen et d'Ottobeuren. C'est à un autre personnage que nous reconnaîtrons ce titre : un Bavarois aussi, qui avait vingt-deux ans à la mort de Louis II. Nous pensions ne le rencontrer qu'à Salzbourg, où Karajan doit diriger un de ses opéras. Une première fois cependant nous le croisons à Garmisch-Partenkirchen, en pleines Alpes et à quelques kilomètres de Linderhof. Ses initiales, R et S, entrelacées dans la grille noire de la propriété qu'il s'est fait construire au bout du village, brillent en lettres d'or. Quel mal avons-nous eu pour la dénicher ! « Richard Strauss ? Attendez donc... » Voilà un compositeur qui ne sera jamais populaire. Sa demeure, à laquelle on arrive après avoir traversé un pont de bois et pris à gauche la Zoepritzstrasse, offre l'apparence cossue d'une villa de maître. Ni son perron ni sa grosse tour ne lui donnent une allure moins bourgeoise. C'est pourtant là, au milieu d'un parc à l'anglaise dont la montagne qui le surplombe a fourni les sapins, qu'a habité quarante ans celui qui fut le fils spirituel de Fischer et de Zimmermann aussi bien que de Mozart et de Wagner.

Il serait injuste de quitter Garmisch-Partenkirchen sans mentionner la pâtisserie Thron : on y mange un gâteau exceptionnel. Du dehors, ce n'est qu'une tranche posée à plat. Des fruits les plus variés (kiwi, banane, pêche, cerise, poire) incrustent une mousse composée des mêmes fruits et soutenue par une gênoise. On découvre en y plantant la fourchette le secret de ce chef-d'œuvre : un fin socle de chocolat dur, qui n'apporte pas seulement à la saveur douceâtre des fruits un correctif amer, mais unit le craquant au moelleux, complète ce qui fond sur la langue par ce qui résiste sous la dent.

Des Alpes à Munich, que d'églises faudrait-il encore explorer ! L'abbaye d'Ettal, qui dresse sa coupole contre une montagne boisée, nous étonne par ses majestueuses proportions. Le dôme encadré de deux clochers plus petits, la fausse façade plus large que la nef circulaire, la volée de marches qui mène au parvis, conviendraient mieux à une basilique romaine qu'à un sanctuaire alpestre. A l'intérieur, qui est rond, blanc et solennel, seuls les stucs dorés nous replongent dans l'atmosphère du rococo bavarois. Très bel orgue sur tribune blanche et or garnie d'une balustrade en dentelle. Un dragon doré, affalé sur un des autels, tord son mufle dans une grimace repoussante. Et — surprise — une fort belle fresque nous montre le roi Louis de Bavière à genoux devant le moine qui lui a promis la couronne impériale s'il s'engageait à construire un monastère à la gloire de Notre-Dame. Il s'agit, hélas pour le nôtre qui n'a jamais inspiré un seul tableau passable, d'un ancêtre lointain, un Ludwig du XIVe siècle. Le peintre, Johann Jakob Zeiller, a étiré les deux figures à la manière du Greco.

L'église d'Oberammergau, village aux maisons peintes encore enserré dans les contreforts montagneux, nous retient par sa fraîcheur campagnarde. L'orgue repose sur une tribune à deux étages séparés par des colonnes. Nous faisons la connaissance d'une autre famille de stucateurs de Wessobrunn, les Schmuzer. Joseph a été le maître d'œuvre de l'édifice, construit entre 1736 et 1742. Avec son fils Franz Xaver, il a orné les voûtes de festons et de guirlandes. Quelle retraite agreste et paisible ! Ne nous y fions pas trop. L'autre Allemagne, de la cruauté et de l'outrance, se rappelle à nous dans la fresque de la coupole, où le peintre Matthaüs Günther a entassé dans le même coin un squelette ricanant, une femme en convulsions qui brandit un masque aux yeux noirs, un monstre à tête de chèvre, à corps de poulet, à pattes de dragon et à ailes de chauve-souris.

En plein champ, dans un décor de forêts, de prairies et de tourbières, s'élève la plus célèbre de toutes les églises baroques allemandes, l'illustre Wies, contemporaine d'Ottobeuren, et nouvel épisode de la rivalité entre Zimmermann et Fischer. Ovale blanc, miracle de préciosité. Que pourrait-on bien photographier ici ? Peut-être la tribune d'orgue et l'orgue, ce que nous avons vu de plus exquis, de plus parfait dans le genre ? Ou, au plafond de la nef, le haut portail en trompe l'œil ? Nous essayons de relever des détails significatifs : le dessin biscornu des fenêtres, les petits balcons en relief sous le plafond, les bouts de miroirs incrustés dans les stucs, les coquilles, les glands, les flammèches. Mais le modelage si heureux de l'espace, mais la distribution si harmonieuse de la lumière ? Pour rendre justice au génie de Zimmermann, il faudrait saisir l'ineffable. Plus qu'une église, c'est un plateau de théâtre. Indiqué pour une scène de galanterie, plus que de sensualité. Si la métaphore que nous retenons est celle d'un boudoir, alors il ne manque que l'alcôve pour y représenter le deuxième acte des *Noces de Figaro*, les émois de Chérubin, le trouble de la Comtesse, les jeux équivoques du travestissement. Mais si, au lieu de boudoir, nous appelons la Wies une bonbonnière, c'est le premier acte du *Chevalier à la rose* que nous y logerons, en priant le lourd baron Ochs de ne pas traîner plus longtemps ses bottes dans ce décor de porcelaine : qu'il laisse la Maréchale, seule en face d'Octavian, pour leur dernier tête-à-tête.

Rottenbuch... Le lecteur nous suivra-t-il dans cette énumération qui lui semblera aride, alors que nous voudrions le rafraîchir de sensations champêtres ? Nulle église ne nous a paru plus confortable, plus élégante que celle de Rottenbuch. Grâces soient rendues aux Schmuzer, père et fils, pour ce prodige de vénusté et d'équilibre. Pas un pouce carré de la nef ne se trouve libre de stucs, pourtant aucune surcharge. Encore une très belle tribune, toute stuquée de rose, dont l'orgue magnifique est serti dans du marbre et de l'or. De chaque côté du chœur, de très jolis *putti* se démènent pour organiser un concert : qui s'époumonne dans une trompette plus longue que lui, qui se trémousse à la mandoline, qui tape sur un tambour à tour de ses bras menus, qui déploie un parchemin et s'apprête à lancer un trille. Au milieu de ce petit monde qui folâtre et rit aux éclats, se dresse la figure mélancolique de David. Il promène ses doigts effilés sur les cordes de sa harpe. Mais il sait bien, lui, que ce n'est qu'une feinte, et que son instrument restera muet. Ah ! comme on comprend sa tristesse ! Comme on se désole que ces pierres, ces marbres, ces stucs ne puissent pas chanter, que de leur assemblage ne naisse pas la plus capiteuse des musiques !

Bien qu'il ne demeure plus grand-chose de la puissante abbaye bénédictine, nous nous rendons à Wessobrunn, pour avoir une idée du lieu qui a formé tant d'architectes et de stucateurs : les Zimmermann, les Feuchtmayer, les Schmuzer. Il y avait là une sorte d'école, à la fois corporative et familiale, justifiée par la présence dans le voisinage de carrières de pierre tendre. Une grande cour, carrée et herbue, des bâtiments allongés, la mélancolie des domaines à l'abandon... Un orphelinat occupe les parties encore utilisables de l'édifice. La sœur commence par nous repousser, mais elle fléchit en nous entendant dire que nous sommes venus exprès de Paris pour visiter la « galerie des princes », un corridor long de soixante mètres où les élèves de Wessobrunn ont laissé un témoignage collectif de leur talent.

Putti musiciens (Rottenbuch).

Des médaillons peints au plafond contiennent la faune chère aux baroques (poissons, abeilles, éléphants, etc.), tandis que les murs et les voûtes montrent une parure exubérante de feuilles d'acanthe, de feuilles de laurier, de têtes d'angelots, de fruits et de coquilles. Une plaque commémorative nous apprend que le grand philosophe Schelling a conçu dans cette galerie son roman *Clara.*

Nous aurions été plus fâchés de manquer Diessen, dont l'église, en cours de restauration, est l'œuvre de Fischer qui a précédé Zwiefalten, si nous ne commencions à manifester quelque lassitude. Par acquit de conscience, nous montons encore sur la colline escarpée d'Andechs, dont l'abbaye domine de près de deux cents mètres les rives boisées d'un joli lac, l'Ammersee. C'est Jean-Baptiste Zimmermann, le frère de Dominique, qui a fait les fresques et les stucs. Dans une chapelle latérale, surprise de découvrir la tombe de Carl Orff, mort en 1982. Ce grand méconnu de la musique n'est pas l'auteur seulement des *Carmina burana*, mais de sévères opéras qu'on déclame comme des tragédies grecques ; son œuvre pédagogique est aussi fort intéressante ; voilà un des rares compositeurs contemporains, avec Britten, à avoir écrit pour les voix d'enfants. En sortant de l'église, nous comprenons que nous sommes proches de Munich, en apercevant une importante brasserie installée dans les dépendances de l'abbaye. Elle produit, nous dit-on, vingt mille hectolitres par an d'une bière très réputée.

Hâte maintenant de jouir un peu de ces admirables paysages de Bavière. Nous décidons de longer, par la rive orientale, le lac de Starnberg. La forêt descend jusqu'aux berges, plantées de grands pins. Des baigneurs achèvent de se sécher sur l'étroite plage, pendant que de nombreux bateaux de plaisance s'élancent joyeusement pour fendre la houle du soir. Des nuages sombres qui barraient tout à l'heure l'horizon se rapprochent avec une rapidité incroyable. En quelques minutes l'air s'obscurcit, toute la nature jusque-là immobile semble parcourue d'un frisson. Des nuées d'oiseaux blancs s'enfuient en rasant la surface de l'eau, qui a viré du jaune et de l'orange crépusculaires à un glauque profond, puis à un gris plombé. La tempête se déchaîne, avec une violence inouïe. Le lac se gonfle de vagues menaçantes, l'autre rive disparaît sous la pluie, les bateaux à l'amarre ballottent comme des coques de noix, une tornade de vent et de grêle s'abat sur l'auto. Une haute muraille noire, qui laisse à peine le passage de la route, se dresse à notre droite : c'est le château de Berg, où Louis II fut interné, après qu'une commission gouvernementale accourue de Munich à Neuschwanstein lui eut signifié sa déposition. Le 12 juin 1886, le roi arrivait à Berg. Le lendemain soir, à la lueur des torches, on repêchait son corps dans les roseaux de la berge.

Pendant que l'orage s'apaise et que le disque embué du soleil s'apprête à disparaître derrière la colline opposée, nous nous demandons, à la suite de tant de curieux pour qui cette mort est restée une énigme, comment s'est déroulée la tragédie. Tentative de fuite ? Accident ? Suicide ? Assassinat ? Louis II avait emmené en promenade son médecin, qui se noya avec lui. Le souverain déchu, bien qu'il eût à peine dépassé quarante ans, avait perdu toute la beauté de sa jeunesse ; il était aussi bouffi et alourdi qu'Oscar Wilde au même âge. S'il se tournait vers le passé pour regarder ce qu'il avait créé dans sa vie, qu'eût-il pu y trouver qui le consolât de son exil ? Lucide au milieu de sa folie, intelligent bien que stérile, ne savait-il pas depuis longtemps que ses ambitions esthétiques avaient échoué, que ses châteaux postiches feraient rire, que la richesse sans le talent est une malédiction pour un prince amoureux des beaux-arts ? Le jour où il s'est aperçu qu'une seule note de *Tannhaüser* ou de *Tristan* réduisait à une lubie puérile les tarabiscotages gothiques de Neuschwanstein, il a dû commencer à penser au moyen de se réhabiliter. Inutile de supposer qu'on a voulu se défaire du monarque par un crime. C'est lui-même qui, désespéré de n'avoir rien produit qui fût à la hauteur de son idole, aura imaginé le seul geste « wagnérien » encore à sa disposition : mettre en scène son suicide, dans le décor du lac agité par la houle, s'immoler par la mort aux ombres de la nuit, funèbre et spectaculaire expiation d'une vie manquée.

De l'astre d'argent à la lune rouge

Parce que Munich est une grosse ville cossue, où les amateurs de cochonnailles risquent de s'étouffer entre les variétés innombrables de saucisses, on oublie que cette ville abrite aussi un des meilleurs Opéras du monde — et, pendant le mois de juillet, un festival de musique lyrique qui est peut-être le premier en Europe pour l'abondance et l'excellence des spectacles. Certes, le Hofbraühaus, cette énorme brasserie où Hitler fanatisa ses premiers disciples et qui a échappé aux destructions de la guerre, reste un monument insigne du gigantisme bavarois. Le rez-de-chaussée, réservé aux libations populaires, dégage une odeur écœurante. Derrière un rideau de fumée refroidie, et dans une grisaille morne où Jérôme Bosch aurait pu situer son enfer, des buveurs lourdement attablés regardent d'un œil fixe le litre de bière posé devant eux. Une « masse », comme on l'appelle. Mais, lorsqu'ils l'ont avalée d'un coup en soulevant à deux mains l'épaisse cruche de verre, ils n'en sont point si assommés qu'ils n'en redemandent aussitôt une autre à la serveuse aux muscles puissants capable d'en porter six sur chaque bras. De temps en temps ils se mettent à beugler une chanson, reprise tout de suite en chœur ; ou bien ils se prennent par le bras et se balancent de droite et de gauche sur les bancs.

Cette activité qui consiste à faire au même moment la même chose et qu'ils nomment, selon qu'il s'agit de boire ou de chanter, *zusammentrinken, zusammensingen*, semble leur procurer une satisfaction indicible. Les larges faces rouges et les bedaines comprimées dans les culottes de cuir brodé, pour un peu éclateraient à force de s'épanouir. Au dernier acte du *Hollandais volant*, les gens du port manifestent une stupéfaction consternée en découvrant que tout est mutisme et silence sur le mystérieux vaisseau à quai. *Sie trinken nicht, sie singen nicht.* Wagner a très bien compris qu'une petite société allemande qui renonce au plaisir de boire et de chanter ensemble cesse de paraître réelle. L'équipage qui se tait au fond des cales ne peut être qu'un équipage fantôme.

Des salles de restaurant occupent le premier étage, peu fréquenté bien que la bière y coule également par litres, et que la fantaisie culinaire n'ait trouvé à se déployer qu'autour des différentes manières d'accommoder, de saler, de fumer, de triturer, d'ensacher le cochon. Assise à une petite table sous la clef de voûte gothique, une femme en costume national pince très joliment les cordes d'une cithare pour les dix personnes charmées par la clarté de son regard bleu et la mélancolie de sa chanson solitaire.

L'agitation et le vacarme reprennent au second étage. On achète un ticket pour entrer dans l'immense salle, la salle historique des putches nazis, dont le plafond en bois peint a la forme d'un vaisseau renversé. La foule s'écrase au son d'un orchestre installé au fond sur une estrade et dont chaque membre porte la culotte courte de cuir traditionnelle. Bière et saucisses, à nouveau. Quelques-uns dansent par couples, mais la plupart préfèrent gambiller en longues farandoles, qui ajoutent à la délectation du *zusammentrinken* et du *zusammensingen* la joie suprême du *zusammentanzen.* On verrait d'un œil indulgent cette vespérale débauche d'inoffensive vulgarité, si l'on ne se souvenait où peuvent mener un tel manque d'esprit critique, un instinct grégaire aussi dépourvu de discernement.

Deux cents mètres à peine séparent ces récréations collectives du temple de l'art le plus raffiné. L'Opéra ne pense pas seulement à charmer l'oreille de ses visiteurs, il songe à leur procurer de mémorables voluptés orales. A l'entracte, une rangée de coupes pleines de glace à la vanille les attend ; debout derrière le comptoir, une matrone verse sur chaque portion une louche de compote de framboises chaudes qu'elle puise dans une bassine fumante. Cet entremets, qui est aux plats de charcuterie du Hofbraühaus ce que Mozart est à l'orphéon de la brasserie, nous rappelle une fois de plus que, au pays du baroque, anges en stuc, douceurs sucrières et fioritures vocales relèvent d'un même idéal, et que tout ce qui fait se pâmer et s'extasier doit être accueilli avec la même allégresse.

Mozart, justement, tient l'affiche ce soir. *Les Noces de Figaro*, 1786. Si on rapproche cette date de celle des grandes églises allemandes, il faudrait dire que Mozart appartient au tardif rococo. Où trouver l'opéra baroque, alors ? A Venise, chez Monteverdi et chez Vivaldi, mais surtout dans les productions napolitaines du XVIIe et du XVIIIe siècle, écrites pour des castrats, et tombées dans un injuste oubli. Jommelli est encore cité par Balzac, de Porpora George Sand a fait un des héros de son roman *Consuelo*, mais qui se souvient de Traetta, de Durante, de Vinci ? Qui sait même qu'en dehors de leurs opéras bouffes un Pergolèse, un Paisiello, un Cimarosa ont dédié à l'*opera seria* une grande partie de leur talent ? S'il y a un art spécifiquement baroque, c'est bien l'*opera seria* de type napolitain. Baroque, c'est-à-dire rigoureusement agencé malgré l'éclat des fioritures, et sévèrement écrit (airs d'une coupe régulière et uniforme, récitatifs monocordes) malgré la mousse des enjolivements. Le décor lui-même, avec ses perspectives de galeries et d'arcades géométriquement alignées, contribuait à endiguer l'extravagance des voix lancées dans les acrobaties du *bel canto*. Dans ses opéras de jeunesse, *Mitridate, Lucio Silla*, puis dans l'admirable *Idomeneo*, créé ici au théâtre de la Résidence, enfin dans *la Clémence de Titus* qu'il composa l'année de sa mort, Mozart s'est montré baroque à l'italienne, non sans austérité. *Figaro, Don Giovanni* et *Cosi fan tutte* relèvent au contraire du rococo. Il est curieux de penser que les mêmes gens qui admirent éperdument ces trois ouvrages ne se servent pas, pour désigner une console de bois doré ou un *putto* joufflu, du mot « rococo » sans une nuance péjorative. Le spectacle de ce soir les convaincrait de leur erreur. Rococo le personnage de Chérubin, cet androgyne si peu sûr de son sexe qu'il aime à se travestir en femme. Ne l'avons-nous pas rencontré bien des fois en Bavière, souriant, coquet, ambigu, charmant, déguisé en ange au coin des retables, à Vierzehnheiligen, à Zwiefalten, dans la lumière rasante d'Ottobeuren ? Rococo également la comtesse, qui souffre et gémit mais serait incapable de se passer de sa femme de chambre et de rester seule dans son boudoir.

Tomber en extase comme la baroquissime Thérèse de Bernini ? Elle n'aurait pas l'énergie suffisante. Se pâmer et s'évanouir comme Ludovica Albertoni ? Même pas. Elle ne sait que languir et se souvenir. Rococo Suzanne, qui a l'air bien triste, quelque pétulance qu'elle mette à les repousser, de ne pas goûter aux étreintes du comte. Elle veut et ne veut pas, comme les statues qui se dévêtent devant nous dans les églises en nous faisant signe de ne pas approcher.

Mais que dire de Gluck, dont l'*Orfeo* nous berce le lendemain de ses dolentes harmonies ? Représenté vingt-quatre ans avant *Figaro*, cet opéra appartient encore à l'ère baroque par l'emploi du castrat ; mais il est déjà néo-classique par la noblesse du ton. Nous avons vu le cortège de la défunte Eurydice s'enfoncer dans le tombeau creusé au fond de la scène comme les processions funèbres dans les pyramides de Canova. Aucune définition ne conviendrait à Gluck. S'il est néo-classique par l'ordonnance majestueuse de l'action, il annonce le romantisme par la douceur élégiaque des sentiments. Baroque par sa fidélité aux voix blanches, il est résolument, violemment antibaroque dans tout le reste. N'est-ce pas lui qui, refusant l'ornementation gratuite des Italiens, a remplacé les airs de bravoure par un *arioso* toujours clair et intelligible ? Lui qui a rendu sa dignité au texte, en ne choisissant pour livrets que des histoires vraisemblables et touchantes ? Lui qui, enfin, mérite d'occuper, parmi les réformateurs du drame musical, une place égale à celle de Monteverdi et de Wagner ? Wagner qui n'a pas manqué de se reconnaître pour un de ses fils, en revisant la partition d'*Iphigénie en Aulide.*

Vanité des étiquettes et des classifications. Pour achever de brouiller nos idées, la même actrice qui virevoltait hier sous le tablier à fronces de Suzanne s'afflige aujourd'hui sous la tunique grecque d'Eurydice. L'Opéra de Munich dispose d'une troupe de première force, et d'un grand chef permanent, Wolfgang Sawallisch. A la fois au pupitre et au clavecin des *Noces*, il a donné une lecture intimiste et subtile de Mozart. Avec des chanteurs nommés Margaret Price, Lucia Popp, Hermann Prey, Wolfgang Brendel. Quand Aix présente trois opéras, Salzbourg cinq, Munich en affiche quatorze pendant le mois du festival. Devant une salle en grande toilette, robes longues pour les femmes, smokings blancs pour les hommes. Bras dessus bras dessous les couples font le tour du foyer. On peut se moquer de leur mine satisfaite, de leur teint prospère, de leur allure compassée, mais pour ce qui est de l'amour de la musique, quelle comparaison établir entre la prétention et le snobisme du public parisien, et la gravité recueillie des Munichois ? Siffler pour une fausse note paraît ici inconcevable. Cohue pour *la Bohème* chantée par Pavarotti et Freni, billets vendus à neuf cents francs, mais pas de délire à la fin, pas de culte stupide des divas. Même ferveur pour *Wozzeck*, le meilleur des quatre spectacles, à mon sens. Peut-être parce que, devant cette lune rouge qui pesait sur la tragédie comme une énorme goutte de sang, je songeais à cette autre lune dont les reflets argentés sur le lac avaient enchanté notre séjour à Lindau, et j'admirais comment, de cet astre placide qui a tiré tant de larmes attendries aux poètes, on avait pu faire le symbole du désespoir et de la mort.

Passer en vingt-quatre heures des Champs-Élysées de Gluck à la caserne d'Alban Berg, ce n'est pas seulement traverser les siècles, c'est redécouvrir, après la face sentimentale et bénigne de l'Allemagne, son visage démoniaque et cruel. Lequel est le plus vrai ? Où ce pays à l'âme double se reconnaît-il le mieux ? Question impossible à résoudre, éternelle énigme à laquelle le voyageur ne trouvera pas de réponse, et moins que jamais en se demandant quelle place l'art baroque occupe dans l'échelle des valeurs germaniques. Récapitulons ce que nous savons déjà : ces formes contournées, inattendues, saisissantes, ces débauches de marbres et de stucs viennent d'Italie, et elles ont d'abord été la manifestation d'une volonté politique : la Contre-Réforme, prêchée de Rome contre l'Allemand Luther, porte-parole de son peuple. Mais ensuite ? Ce style a beau avoir été importé, ne pourrait-il se faire que l'âme allemande s'y soit reconnue, qu'il lui ait tendu le miroir de ses craintes, de ses désirs, de ses obsessions ? Chaque jour nous en doutons plus fortement. Entre formes baroques et caractère italien, les analogies sautent aux yeux. Ce sentiment du précaire, ce goût de vivre dans l'instant présent, cette hâte à jouir sans penser au lendemain, ce paroxysme recherché dans les sensations fugaces, ne se retrouvent pas seulement dans les statues de Bernini et aux plafonds de Tiepolo, ils imprègnent la philosophie de ceux des Italiens que n'a pas corrompus la société de consommation, ils scandent leur emploi du temps, ils dictent leur conduite en amour, et il n'y a pas jusqu'à leur système économique qu'ils n'inspirent. Ne pas savoir le matin comment on mangera le soir, et néanmoins rester réfractaire à tout calcul de budget ou d'épargne, tel est demeuré aujourd'hui le Napolitain, le dernier survivant de la civilisation baroque. Mais les Allemands ? N'aiment-ils pas d'abord ce qui est solide, sûr, à l'abri des surprises ? A considérer cette rangée de Mercedes invulnérables alignées le long des trottoirs de la Sendliger Strasse, je me dis que les frères Asam, en élevant ici la plus folle de toutes les églises allemandes, ont stupéfait et inquiété leurs compatriotes sans les contenter vraiment.

Et d'abord, a-t-on idée de laisser de chaque côté de l'entrée, incorporés à la façade, des blocs de pierre non dégrossis ? Quand on a vu les villages bavarois, dont les maisons repeintes chaque année croulent sous les fleurs, les rues de Munich, propres, nettes, léchées, comment croire qu'une pareille « négligence » n'ait pas fait scandale ? L'effronterie des frères Asam a un illustre modèle romain. Piazza di Montecitorio, près de piazza Colonna, un palais abrite la Chambre des députés. Commencé par Bernini en 1650, il fut transformé et achevé à la fin du siècle par Carlo Fontana. Que conserve-t-il de Bernini ? Des bossages non taillés autour des fenêtres, rudes rocailles à l'état brut. Depuis Michel-Ange, le goût italien répugne à ce qui est trop fini. Il adore faire croire qu'une maison jaillit spontanément d'un chaos de pierres, par une sorte de magie naturelle qui se passe du travail humain.

Autre aspect qui trahit l'origine étrangère de l'église Saint-Jean-Népomucène : sa façade encastrée dans celles des deux maisons attenantes (dont l'une, joliment ornée de stucs et d'hermès, appartint aux frères Asam). Impossible de contourner l'édifice, de le voir de côté ou par-derrière. Formule adoptée par Borromini pour Sainte-Agnès de la place Navone et pour Saint-Charles-aux-quatre-fontaines. Elle répond à une préoccupation précise. Alors que l'église classique s'élève isolée au milieu d'un terre-plein vide, pour manifester qu'elle ne relève que de Dieu, l'église baroque fait corps avec la rue, car elle appartient d'abord aux habitants de la ville. L'architecture civile appelle la même remarque. Le palais Farnese dresse à l'écart, comme une marque de la puissance de ses propriétaires, sa masse carrée et trapue, quand le palais Barberini, quelle qu'ait été la gloire de cette famille, touche affectueusement aux maisons voisines.

Fils du peintre d'églises Hans-Georg Asam, Côme Damien, né en 1686, et Egid Quirin, né en 1692, sont contemporains de Zimmermann (1685), de Neumann (1687) et de Fischer (1692). Les deux frères partirent pour Rome en 1711. Ils y restèrent deux ans, financés par l'abbé de leur village. Côme Damien fréquenta la célèbre Académie de Saint-Luc : peut-être médita-t-il devant la statue de sainte Martine, qui dort les mains croisées sous l'autel. De retour en Allemagne, il fut un des très rares artistes bavarois du XVIIIe siècle à recevoir des commandes en dehors de sa province natale. Il peignit des fresques à Innsbruck en Autriche, à Weingarten dans le Wurtemberg, à Einsiedeln en Suisse, près de Prague en Bohême. On ne sait ce qui poussa son cadet à délaisser la peinture pour l'architecture et les stucs. Projetaient-ils déjà de réaliser à eux deux une église complète ? Ce rêve fut accompli en 1733, avec la construction de Saint-Jean-Népomucène.

Dès le narthex, un squelette doré jaillit du mur pour vous souhaiter la bienvenue. Vous marchez ensuite de surprise en surprise. Deux étages de galeries étirent en hauteur l'église, dont la nef unique apparaît fort étroite. Neuf mètres de large sur vingt-huit de long. Une chapelle plutôt, où, libérés des contraintes qui pesaient sur les basiliques de pèlerinage, les deux frères ont marié aux raffinements de la technique les débordements de l'imagination. Éclairage indirect à la Borromini, richesse et chaleur des coloris, prolifération des ornements. On ne sait où donner de la tête, ni reconnaître ce qui est vrai de ce qui est faux, si les statues dorées sont du métal ou du bois peint, si les tentures sont en étoffe ou en stuc, si ce cactus qui dresse au-dessus du buffet d'orgue ses piquants acérés est en plâtre, en bois, en tôle ou en carton.

Derrière la grille d'entrée, à droite, des angelots et des têtes de morts, alternés avec une perfidie sermonneuse, ornent le confessionnal dit « du pécheur ». Celui-ci essaye en vain de s'arracher à l'horreur du tombeau dont le couvercle se rabat sur sa tête : un moine entièrement rasé dresse le bras contre lui et le renvoie aux ténèbres qu'il a méritées par sa mort impie. *Mors peccatorum pessima*, s'écrie le prédicateur courroucé. Cette composition fait beaucoup d'effet.

Le confessionnal du pécheur.

Celle qui lui répond symétriquement, au-dessus du confessionnal de gauche, nous semble moins réussie. Elle illustre la bonne mort, la mort d'un saint barbu, qu'une banderole déployée par un ange promet aux voluptés suprêmes. *Hi autem in vitam aeternam.* Est-ce parce que seuls les angelots sont restés, et que les têtes de morts ont disparu ? Est-ce parce qu'une barbe, fût-elle d'un saint, est un motif bien ennuyeux, surtout comparé à la blancheur d'un crâne lisse et luisant comme un caillou ? On savait qu'avec de bons sentiments on ne fait pas de bonne littérature, mais on ne se doutait pas que les délices de la vie éternelle refroidissent à ce point l'imagination.

La vie éternelle ! Les frères Asam y songeaient-ils seulement ? Qui représentent ces deux médaillons peints à droite et à gauche de l'autel ? Ne dirait-on pas deux philosophes français, Voltaire et Diderot ? Mais non : ce sont eux, Côme Damien et Egid Quirin, avec leurs cheveux longs qui, malgré leur goût pour le trompe-l'œil, ne sont peut-être pas des perruques, avec leur regard vif, leurs narines palpitantes, leur bouche relevée aux coins, leur sourire malicieux. Il y a dans leur église un frémissement qui manque aux autres églises allemandes : la vibration de l'ironie. Ce n'est pas la plus belle, à cause de ce fouillis de couleurs et d'ornements, mais c'est la plus risquée, la plus délirante, la plus expérimentale. Les frères Asam nous donnent à apprécier leur œuvre, et en même temps ils se moquent de nous que leur fantaisie émerveille. « Essayez toujours ! Pour une fois ce n'est pas la beauté qui a inspiré notre ouvrage, mais l'envie de nous amuser à vos dépens ! » Il existe ainsi de ces œuvres — et de plus en plus dans les temps modernes — devant lesquelles on ne peut s'extasier sans avoir l'impression d'être dupe. Ici le baroque a l'air de se gausser du baroque. Côme Damien et Egid Quirin, que leurs prénoms ésotériques prédisposaient à une humeur facétieuse, laissent magistralement planer le doute sur leurs intentions. Si vous vous abandonnez à une admiration candide de notre église, alors tant mieux pour vous ! semblent-ils dire. Bienheureux les crédules ! Mais si vous nous reprochez les surcharges, les outrances, le mauvais goût, c'est que vous n'avez rien compris à notre jeu, que notre humour vous a échappé.

Reste le plafond du frère peintre, que cette fois il nous plairait bien de trouver beau, sans réserve mentale ni crainte de nous faire dindonner. Sur la voûte allongée et très bombée, Côme Damien a peint le martyre et la gloire de saint Jean Népomucène. Peu de figures, par comparaison avec d'autres plafonds du même genre ; de grandes traînées de couleurs jaune et brune qui creusent l'espace en un tourbillon infini. Et, pour rendre ce ciel encore plus vertigineux, une immense flèche gothique jaillit en trompe l'œil. Nous voilà tout déconcertés, car cette aiguille démesurément étirée, qui pourrait servir de décor à un conte d'Hoffmann ou à un opéra de Verdi, nous paraît avoir la même puissance visionnaire, le même élan mystérieux qui nous ont tant frappés à Barcelone, dans la Sagrada Familia de Gaudi.

Un théâtre, deux boutiques, trois canards

Ses propylées néo-classiques, ses copies de temples grecs, ses alignements de colonnes, Munich les doit à Louis Ier de Bavière, roi de 1825 à 1848, et grand-père de Louis II. Prince héritier, il avait séjourné longuement en Italie, à l'époque où Canova et Thorwaldsen, dans l'espoir de retrouver la perfection antique, polissaient le marbre de Carrare en blanches statues glacées. Que reste-t-il de l'ère baroque à Munich ? En dehors de l'église des frères Asam, au moins un monument insigne, le théâtre de la Résidence. Visitons-le en détail, car, n'ayant pu revoir ceux de Mantoue, de Bayreuth, de Caserta, nous donnerions une idée infidèle du baroque en ne présentant que des églises et des palais. L'art de la perspective, de l'illusion, du trompe-l'œil s'est épanoui dans les théâtres, où ne se tenaient pas seulement des spectacles, mais des fêtes splendides, envers profane des cérémonies religieuses.

Salle en fer à cheval, à quatre rangées de loges. Vis-à-vis de la scène, la loge du prince-électeur (c'est Napoléon qui, en 1806, a transformé les princes-électeurs de Munich en rois de Bavière) s'étend en hauteur sur deux étages. Deux esclaves taillés en Hercules soutiennent la porte d'entrée du parterre. La loge princière est la plus richement décorée : une majestueuse draperie en stuc, d'un rouge triomphal, bouillonne sur la balustrade en plis opulents. Chaque rangée de loges se distingue des autres par une catégorie particulière d'ornements, et ces différences reflètent les classes de l'aristocratie baroque. C'était un théâtre de cour, auquel n'avait pas accès le public, mais seulement les membres de la cour et du gouvernement, ou les invités officiels du prince. Les loges de parterre, réservées à « la noblesse de la ville », n'ont qu'une décoration modeste. La peau de lion qui orne chacun des parapets, interprétons-la comme une nouvelle allusion à Hercule, une prière adressée à sa force légendaire, puisque sur les piliers de ces loges repose tout l'édifice. Les loges du premier balcon, destinées à la haute noblesse, constituent le *piano nobile.* Des draperies en stuc coloré pendent sur les balustrades. De chacune des colonnes qui séparent les loges jaillit un atlante ou une cariatide, superbe échantillon de sculpture sur bois. La petite noblesse occupe les loges du deuxième balcon, enjolivées de têtes en chêne et d'emblèmes en bas-relief qui figurent les attributs correspondant à chaque tête. Cérès, déesse de l'agriculture, se signale par des épis, un arrosoir, un chapeau de paille, un râteau, une faux et une faucille ; Pomone, déesse des jardins, par une bêche, une corbeille de fruits, un chou pommé et un raifort. Le Turc, coiffé d'un turban, est doté d'un cimeterre, d'une crinière de cheval, d'un xylophone et d'un tuba ; l'Indienne, d'un tambour, d'un calumet, d'un arc et d'un cactus. La géographie, la mythologie d'une époque se lisent ainsi sur les loges d'un théâtre. A un examen plus minutieux, on s'aperçoit d'une erreur de montage. Mercure, dieu du commerce, se tient à la troisième loge à gauche de la loge du prince, mais les attributs qu'on lui a donnés, un coquillage, un corail, un trident, appartiennent en réalité au personnage de la troisième loge à droite, la nymphe Thétis, qui se voit affublée d'une balance et de pièces de monnaie. Pour les loges du troisième balcon, où les fonctionnaires de la cour s'entassaient, quelques ornements de guirlandes et de rocailles ont paru suffisants.

Afin de se représenter la magnificence de ce théâtre le soir de la première allemande de l'*Orfeo* de Gluck, en 1773, le soir de la première mondiale d'*Idomeneo*, en 1781, il faut imaginer les dizaines d'appliques à trois flammes montées sur les piliers des loges, et les huit lustres de cristal suspendus au plafond, dont chacun était garni de cinquante bougies. 1 334 bougies, au total, faisaient scintiller dans l'ombre cette symphonie en blanc, en pourpre et en or. Au plafond, Jean-Baptiste Zimmermann, le frère de Dominique, avait peint, ouvert sur l'infini, un ciel tourmenté de nuages. Cette fresque fut détruite en 1801, lorsqu'on remplaça les huit lustres par une seule suspension qu'on remontait au lever du rideau.

Les auteurs de ce joyau ? D'abord François Cuvilliés, l'architecte, un Belge né dans le Hainaut en 1695. Le prince-électeur Max Emanuel l'avait engagé à l'âge de onze ans comme nain de cour. Malgré sa petite taille persistante, il passa porte-drapeau au régiment des gardes, honneur qui lui permit d'étudier les mathématiques et la science des fortifications. Après un séjour à Paris où il fréquenta l'Académie royale, il édifia dans le parc du château de Nymphenburg, à l'ouest de Munich, le pavillon de chasse d'Amalienburg, bleu et argent, dont nous ont amusés les glaces, les stucs, les faïences, les afféteries maniéristes. La première pierre du théâtre fut posée le 9 juillet 1751, sous le règne de Max III Joseph, petit-fils de Max Emanuel. Trois ans plus tôt, venait d'être terminé le théâtre des Margraves à Bayreuth, dessiné par Giuseppe Galli Bibiena et construit par son fils Carlo. Cuvilliés eut certainement connaissance de ce qui était alors le théâtre modèle d'Allemagne et qui reste aujourd'hui le plus beau, étant demeuré intact, ce qui n'est pas le cas de celui de Munich, plusieurs fois remanié au cours du XIXe siècle, avant la catastrophe de 1944. Cuvilliés renonça au perron qui relie, à Bayreuth, la loge princière et le parterre, mais, là où les Bibiena s'étaient contentés de peintures en trompe l'œil, il fit exécuter en relief dans les moindres détails chacun des ornements. On soupçonne aussi quelque influence française. Il n'est pas impossible, vu ses relation avec Paris, que le Belge se soit fait envoyer les plans de Gabriel, publiés en 1748, pour le théâtre de Versailles.

Le prince-électeur s'impatientait que la construction fût si lente. Dès avril 1751, arrivent des moellons d'une carrière située en amont de Grunwald. Le 24 mai, deux fabriques de Berg am Laim reçoivent l'ordre d'accélérer les livraisons de briques. Wolfratshausen fournit les blocs de tuf. C'est maintenant le bois de construction qui manque. Au mois de décembre, les habitants du petit village de Murnau s'affairent pour en organiser par eau le transport. Les trains de bois affluent par l'Isar, mais le gel bloque les convois. Il faut alors donner l'ordre de continuer les livraisons par traîneaux.

On connaît aussi le montant des salaires versés aux décorateurs. Une nombreuse équipe de sculpteurs sur bois travailla, pendant deux ans, sous la direction d'Adam Pichler, menuisier-ébéniste de la cour. Cinquante-six loges à orner, sans compter la loge princière, ni les deux loges de proscenium flanquées de puissantes colonnes. Pichler touchait 70 florins par semaine, une somme hebdomadaire de 550 florins était allouée aux journaliers. 50 florins pour le sculpteur Dietrich, 50 pour le serrurier, 20 pour le doreur, 20 pour l'ouvrier chargé du crépissage. A Joachim Dietrich on doit toutes les sculptures sur bois de moindre importance : guirlandes, palmiers, rocailles, têtes allégoriques, emblèmes. Le soin de faire les atlantes et les cariatides fut confié à celui qu'on considère comme le plus grand sculpteur du rococo munichois, Johann Baptist Straub. Le plus grand, du moins, tant que son élève Ignaz Günther ne l'eut pas surpassé. Nous irons voir les œuvres de Günther dans quelques églises à l'est de Munich, sur la route de Salzbourg. Les statues de Straub nous plaisent par leur force expressive et par la richesse de son imagination.

L'histoire du théâtre est mélancolique. Inauguré le 12 octobre 1753 avec la représentation solennelle de *Catone in Utica*, du maestro Ferrandini, un *opera seria* à sujet romain, il vécut sa plus grande heure de gloire le soir de la première d'*Idomeneo.* Napoléon assista le 27 octobre 1805, entre la victoire d'Ulm et celle d'Austerlitz, à une représentation de *Don Giovanni.* Mais au bout d'un acte, tourmenté peut-être par le souvenir de la récente défaite de Trafalgar, il en eut assez et s'en alla. Louis Ier, féru de néo-classicisme et hostile à l'opéra italien, transforma l'édifice en dépôt d'accessoires. Louis II, qui ne pouvait souffrir la présence d'un public, s'y faisait donner des spectacles pour lui seul. En 1883, on installa l'éclairage électrique, le premier sur une scène allemande. En 1888, une scène tournante, la première dans l'hémisphère occidental, bien que le Japon utilisât depuis deux siècles cette invention. Cuvilliés avait mis au point un ingénieux appareil de levage qui permettait d'incliner le parterre vers la scène quand il devait être garni de spectateurs, et de le rétablir à l'horizontale pour les fêtes et les bals. En 1944, tout fut anéanti par une bombe. On reconstruisit le théâtre après la guerre, à un autre emplacement, mais avec la décoration originale et complète des statues et des bas-reliefs, qui avaient été démontés et rangés en lieu sûr.

Exemple de baroque quotidien. Comment traverser une rue ? Pour le Napolitain, seul compte son bon plaisir. Il a envie de traverser ? Il s'engage sur la chaussée, sans regarder ni à droite ni à gauche. C'est seulement en entendant un pneu hurler sur le bitume ou une insulte qui, pour être énergique, n'en reste pas moins affectueuse, qu'il s'avise de l'existence des voitures. Voilà son plaisir de piéton en conflit avec la réalité du trafic automobile. Le chauffeur, de son côté, s'aperçoit que son plaisir de conduire vient d'entrer en lutte avec la réalité des piétons. Alors, entre les deux plaisirs, celui du chauffeur et celui du piéton, commence une joute courtoise, qui se règle toujours à l'amiable, et qui donne l'impression à chacun d'avoir éludé une fois de plus l'antipathique réalité.

Le Munichois, lui, n'écoute jamais son plaisir. Il ne traverse la chaussée que sur le passage réservé aux piétons. Avant de traverser, il regarde si le sémaphore l'y autorise. Même quand aucune voiture ne l'en empêcherait, il ne traverse pas, tant que le feu rouge le lui défend. Les conducteurs, de leur côté, lorsqu'ils ont le droit de passer, l'exercent souverainement, sans regarder s'il y a quelqu'un devant eux. Y aurait-il quelqu'un, en dehors du passage réservé ou sur un passage réservé mais interdit momentanément par un feu rouge, qu'ils l'écraseraient sans hésitation, sans remords, et sûrs de l'impunité. Chacun, à Munich, ne suit pas son plaisir, il suit son droit. La rue n'est pas, comme à Naples, un terrain d'aventures où les différents plaisirs se frôlent et se caressent, mais un tribunal où les différents droits s'affrontent et où les comptes se règlent d'après ce qui est écrit dans la loi. Je vous laisse juges de décider quelle est, de ces deux rues, la plus amusante. Quant à la plus dangereuse, elle n'est pas celle que vous croyez.

Un soir, la ville était déserte. Ferrante marchait sur le trottoir. Je marchais à côté de lui, un pied sur le trottoir, un pied dans le caniveau. Une voiture isolée nous double. Le conducteur freine, descend de son véhicule et m'intime l'ordre, d'une voix injurieuse totalement dépourvue d'affection, de ramener mon second pied sur le trottoir. « Dégagez la chaussée ! »

J'avais commis ce crime pour prendre un peu de recul devant la vitrine d'Aloys Dallmayr, dans la centrale Dienerstrasse. Toutes les sortes de nourritures sont accumulées dans ce magasin, où se ravitaille la haute bourgeoisie, celle qui ne mettrait pas les pieds au Hofbraühaus. Comme la brasserie dont il n'est distant que de cent mètres, l'immense local repose sur des piliers gothiques. Plus de fromages que chez Androuet, plus de poissons que chez Prunier, plus de charcuteries que chez Fauchon, plus de paquets de biscuits et de boîtes de thé que chez Hédiard. J'ai compté, alignées au frais derrière la vitre du comptoir, quarante espèces de salades, aux crevettes, aux œufs, aux asperges, au cervelas, douces, piquantes, roses, jaunes, vertes, et presque autant de sauces, aux herbes, à la crème, aux épices, aux légumes, préparées dans de grands compotiers. Pour trois marks nous nous procurions, avant d'aller savourer le seul de ces chefs-d'œuvre à portée de notre allocation en devises, dans la cour retirée et ombreuse de l'ancienne Résidence, près d'une fontaine bucoliquement murmurante, le fameux dessert aux quatre fruits rouges (seule manque la cerise) battus dans de la crème. Dallmayr vend aussi de petites fioles de café au whisky dont le seul arôme réveillerait un moribond. Mais comment oser goûter à cet autre de ses trésors, une liqueur appelée *der Lachs*, où des parcelles d'or à 22 carats flottent au milieu du liquide ? « Goldwasser », ou « liqueur de Dantzig » : on ne se lasserait pas de secouer la bouteille, pour observer la danse des pépites.

Dallmayr serait qualifié en France d'épicerie de luxe. Mais dans l'idée de luxe se loge toujours quelque chose d'interdit, de coupable. Qui dépense au-delà du raisonnable transgresse la loi non écrite selon laquelle tout gaspillage et immersion dans le superflu est une offense à l'humanité. A Munich, une entière, franche et joyeuse bonne conscience règne entre les étalages de victuailles. Qui a de l'argent a le droit de s'acheter des confitures deux fois plus cher qu'ailleurs ; et qu'il y ait quelque part dans le monde et peut-être même à Munich des gens à qui manquent les produits de première nécessité, ne trouble pas l'assurance de ces clients gros et gras. Puisqu'ils n'ont volé personne ni commis aucun forfait selon le code pénal, ils s'estiment parfaitement honnêtes et en paix avec leur âme.

Non loin de ce magasin s'en élève un autre encore plus étonnant. Burgstrasse, au coin du Rathaus. Au premier abord on croit qu'il s'agit d'une pâtisserie. Des gâteaux de toutes les formes et de toutes les couleurs paradent dans les devantures. Ces gâteaux pourtant ont l'air faux. On se rapproche, on regarde mieux, et on s'aperçoit qu'ils sont fabriqués avec de la laine et des boutons. Depuis la coupe de glaces incrustées de fruits confits jusqu'à l'éclair au chocolat, depuis le gâteau de mariage à trois étages jusqu'à la tarte aux pommes, tout est imité à la perfection avec des moyens empruntés à la couture et au tricot. C'est une boutique de laines, claire, aérée, lumineuse, qui fonctionne aussi comme salon de thé et comme atelier pour les travaux d'aiguille. Des dames, assises avec leur ouvrage devant des guéridons blancs ou sur des canapés, tricotent paisiblement devant leur tasse de café, au milieu des écheveaux bigarrés et des pâtisseries feintes. « Café Handarbeiten, der Treffpunkt für Komponisten der Handarbeit », lisons-nous sur la serviette en papier fournie avec le jus d'orange. Car de gâteaux, hélas, il n'y en a pas d'autres ici que les fac-similés de la vitrine. Mais que de charme dans cet endroit, plaisamment défini comme « lieu de rencontre pour les compositeurs en travaux manuels ». Ces dames se prennent pour des musiciennes du tricot. Tout sonne faux entre ces murs blancs, les gâteaux qui vous étoufferaient si vous essayiez de les manger, les pelotes musicales qui ne chantent que par le chatoiement de leurs couleurs, mais faux comme dans une bergerie du XVIIIe siècle, faux comme dans les comédies pastorales écrites par le jeune Mozart, où le mensonge n'était qu'une innocente rouerie pour arriver plus vite au bonheur.

Le château de Schleissheim, au nord de Munich, nous intéresse pour la personnalité de Max Emanuel, prince-électeur de 1679 à 1726. C'est lui qui avait choisi le petit François Cuvilliés comme nain de cour, mais lorsque le jeune homme, promu porte-drapeau, voulut participer à la campagne de Hongrie, son maître, qui n'avait pas envie de livrer un si beau talent au champ de bataille, l'envoya à Paris terminer sa formation d'architecte. Pourtant, Max Emanuel était avant tout un capitaine. Il conduisit les armées de Léopold Ier, empereur d'Autriche, à la victoire contre les Turcs. A ce héros, un des plus célèbres de son temps, l'empereur donna en récompense la main de sa fille Maria

Antonia. Max Emanuel fit agrandir le château de Nymphenburg et construire à Schleissheim, de 1701 à 1727, une seconde résidence d'été. Jardins à la française, analogues à ceux de Nymphenburg et aussi ennuyeux, dessinés par deux élèves de Le Nôtre, Dominique Girard, « fontainier du roi » à Versailles, et Charles Carbonet. Le château, bâti par Joseph Effner, architecte formé à Paris, ressemble à une caserne. A quoi faut-il attribuer la froideur d'un tel édifice ? Au besoin d'ordre et de discipline de l'homme de guerre, ou à la répugnance du goût français pour tout ce qui pourrait être baroque ?

A l'intérieur, changement complet. Le magnifique escalier à double volée — qui pourrait avoir inspiré celui de Neumann à Wurtzbourg — mène aux salles d'apparat du premier étage. Côme Damien Asam, au plafond hémisphérique de l'escalier, a peint Vénus dans la forge de Vulcain. Plusieurs autres de nos connaissances ont travaillé à la décoration des appartements : Johann Baptist Zimmermann aux stucs, Adam Pichler aux reliefs en bois. Nous frappent surtout, dans la salle des Victoires et dans les galeries qui lui font suite, de grands tableaux de bataille peints par Franz Joachim Beich. Ils illustrent les succès de Max Emanuel sur les Turcs : Vienne, 1683, Pest, 1685, Buda, 1686, Belgrade, 1688. Nous n'avions pas évalué à sa juste mesure la terreur exercée pendant un siècle et demi sur les pays allemands par la menace turque. Et déjà, en rapprochant les dates, nous nous demandons s'il n'existe pas quelque rapport entre la victoire définitive des armées de Léopold, à la fin du XVIIe siècle, et les destinées baroques de Vienne. Avant d'aller, sur place, examiner la question, contentons-nous de regarder caracoler Max Emanuel et sa suite, sur leurs chevaux lipizzans au chanfrein busqué.

Retour à Munich et promenade dans le jardin anglais, autour du lac. Un des charmes de la vie en Allemagne, c'est l'organisation de l'espace dans les villes. Les rues y sont larges, les places très étendues, les jardins et les parcs en abondance, les fontaines et les pièces d'eau nombreuses et variées. Ce peuple aime la nature, autant qu'elle est indifférente aux Italiens. Le lac, en cette paisible fin d'après-midi, miroite entre les ormes, les saules pleureurs et les sapins. S'il fallait proposer un opéra pour ce décor idyllique, on écarterait d'emblée *Wozzeck*, dont le héros, pour se noyer, s'enfonce dans un étang plombé et boueux. Où y a-t-il donc des lacs dans l'opéra ? Mais oui, *Guillaume Tell* de Rossini conviendrait à merveille ; et on imagine fort bien, au milieu de ce cadre qui a la fraîcheur et la placidité d'un paysage suisse, Arnold venant s'asseoir sur ce banc pour chanter sa romance à Mathilde.

Pour le moment, ne se trouvent à nos côtés que deux vieilles dames en chapeau de paille noire qui s'attendrissent sur une scène familiale. Une mère et un père canards s'emploient à nourrir leurs petits : deux oisillons, à peine éclos, qui flottent comme ils peuvent sur leur boule de duvet. Les parents doivent leur enfourner dans le bec les aliments qu'ils vont chercher sous l'eau en décrivant de larges cercles. Avec quelle sollicitude scrutent-ils chaque remous, chaque bulle, chaque pli de la surface, avec quelle célérité plongent-ils pour attraper un vermiceau ! Rien n'est plus touchant, ensuite, que de les voir se hâter vers leur progéniture et l'encourager dans le délicat travail de la manducation. Les vieilles dames, toutes contentes, hochent la tête, mais leur sourire, brusquement, se fige dans une grimace d'effroi.

Un troisième canard, surgi de l'autre bord, arrive à tire-d'aile en rasant la surface : un grand bruit d'écume, un tapage furieux l'accompagnent. Il bat des pattes avec rage, hérisse ses plumes comme un chat en colère et pique droit sur les deux premiers palmipèdes. Surpris par la vigueur de l'attaque, ceux-ci lâchent du terrain. Leur agresseur, à coups de bec, à coups de pattes, par tous les moyens que lui fournit une humeur aussi féroce, les poursuit jusqu'à une bonne distance des oisillons, qui restent seuls et désemparés. Est-ce une mère outrée accourue pour reprendre ses petits à des voleurs d'enfants ? A peine sa victoire assurée, le terrible volatile fait demi-tour et fonce avec la même énergie contre les deux minuscules créatures sans défense. Et vlan ! un violent coup de bec sur le crâne. L'oisillon tombe sur le côté, bascule, les flots emportent son corps. Que font donc les parents ? Pourquoi tournent-ils au large sans voler au secours de leur progéniture ? Ne voient-ils pas qu'un de leurs enfants est mort et que le massacre continue ? Nous nous sommes dressés au bord du lac, mais les petits graviers dont nous bombardons le forcené ne le distraient nullement de son acharnement destructeur.

Il ne s'en va que lorsqu'il a assouvi ses instincts cruels, joui de la lâcheté du couple et de l'extermination des petits. Sans doute a-t-il voulu affirmer, par cette incursion punitive, sa souveraineté sur une portion déterminée du lac. Mais pourquoi te montrer aussi sauvage, canard allemand ? Pourquoi renier aussi farouchement la douceur élégiaque de ces rives, et choisir pour ton œuvre de mort ce coin sentimental de verdure ?

Celui qu'on appelle Faune

Surprise plus complète, nous ne la pouvions rêver. Après l'Ancienne et la Nouvelle Pinacothèques, inépuisables réservoirs de chefs-d'œuvre, après la Villa von Stück, temple du Jugendstil, après la Villa Lenbach, dédiée au Blau Reiter, à Kandinsky et à Paul Klee, irions-nous voir encore un musée ? Sa petite taille parle en sa faveur : en avant pour la Glyptothèque. Elle contient quelques pièces d'art grec, et peut-être, si nos souvenirs sont bons, ce Faune que Fabrizio Clerici a introduit dans son tableau, entre l'Ariane du Vatican et l'Hermaphrodite de la Villa Borghese. Le voici : d'emblée il nous attire, il nous saisit, il nous conquiert. On l'a mis tout seul, au milieu d'une petite pièce en rotonde. Nul plus que lui ne méritait cet honneur. La statue, autour de laquelle nous tournons avec ravissement et que nous ne nous lassons pas de contempler, est une des plus fortes et des plus singulières que l'Antiquité nous ait transmises. Et pour nous, en outre... Mais procédons par ordre. Tâchons d'abord de la décrire.

C'est un homme nu, pâmé sur le dos contre un rocher, les jambes très écartées, la tête renversée entre ses avant-bras. Torse et membres puissants, muscles bien dessinés. Organes sexuels importants, proportionnés à ce corps vigoureux, ce qui n'est pas le cas des autres statues grecques, dont le pénis et les testicules beaucoup trop petits montrent bien les limites où Athènes contenait le culte du corps masculin. Tout, dans la statue de Munich, indique une vie charnelle intense : le modelé impudique des cuisses et du ventre, le

mouvement de la tête rejetée en arrière, la bouche aux lèvres épaisses, le nez fort, les paupières lourdement abaissées. Que le Faune endormi d'Herculanum, si souvent contemplé dans la salle des bronzes noirs du musée de Naples, nous paraît gracile, léger, enfantin en comparaison ! Les deux statues personnifient l'extase masculine, l'abandon de tout l'être à une force qui l'a subjugué. Mais quelle différence entre les deux Faunes ! Celui de Naples est mince, lisse, idéalisé, pour tout dire il est grec, dans l'acception commune et décente du terme. Celui de Munich, pendant viril de la Thérèse de Bernini, est robuste, sanguin, fougueux dans le repos, tordu par un rêve qui l'agite sur sa couche, il n'est pas grec, il est... Mais un instant, encore, avant de prononcer le mot !

Dans la saillie énergique du menton, dans la palpitation gourmande des narines, dans la découpe abrupte des arcades sourcilières, dans les bosses accentuées du front, dans les boucles drues de la chevelure, Balzac, muni de son credo phrénologique, aurait décelé les signes d'une origine plébéienne. Il ne s'agit pas d'un dieu mais d'un homme, et celui qui a servi de modèle pourrait bien avoir été choisi parmi les débardeurs du Pirée. Quoique son attitude alanguie, l'extrême épuisement de ses forces, son air d'agonisant secoué d'un dernier spasme le désignent pour chanter sur un plateau d'opéra, je ne vois pas quel rôle lui faire jouer dans notre théâtre imaginaire. Le plus vériste des compositeurs n'aurait jamais osé traduire en sons une telle véhémence érotique. Mais pourquoi songer à un musicien vériste ? Ne sais-je pas que le XIXe siècle finissant a été, de toutes les époques de l'histoire, la plus hypocrite, la plus pudibonde ? Ce n'est pas chez Puccini qu'il faut chercher le modèle de ce Faune, mais au XVIIe siècle, au XVIIIe, chez Cavalli, chez Scarlatti, chez Händel, chez Porpora, chez tous ceux qui nous ont laissé des portraits musicaux d'Hercule, d'Achille, d'Alexandre, héros complets dont la force morale se ressourçait dans les voluptés physiques. Et voici qu'une fois de plus ce Faune me semble moins grec que... eh oui ! lâchons le mot... que baroque. J'ai hâte de trouver une confirmation dans les renseignements que je pourrais glaner.

Pourquoi l'avoir appelé Faune ? Les étiquettes de ce genre ont été accolées après coup, par les archéologues, par les historiens, par les professeurs. Un Grec aussi peu grec, il fallait le renvoyer dans la zone des demi-hommes, des phénomènes, des monstres, des ivrognes. Même l'adolescent d'Herculanum, si élégant, si correct, on l'a baptisé Faune pour essuyer la buée de plaisir qui flotte sur sa figure lasse, sur ses membres courbatus... Mais celui de Munich ? Comment exorciser un échantillon aussi magnifique de sensualité animale ? Les Grecs ne plantaient pas de flèches dans leurs nus masculins ; aucun espoir, donc, de le récupérer sous le nom inoffensif de saint Sébastien. Faune, Bacchus, Silène ferait l'affaire. Ces jambes écartées, ce bas-ventre richement fourni et bouclé, cette torpeur de la chair repue, cet oubli de tout l'être, appartiendraient à un individu en marge de l'humanité. De ceux qu'on ne reçoit pas chez soi et qu'on oblige, s'ils viennent vous livrer un paquet, à passer par l'escalier de service. A force de regarder cette statue de Munich, on comprend que toutes les œuvres d'art, depuis toujours, obéissent à des règles tacites de bienséance et de pruderie. Toutes les statues, tous les personnages de tableaux sont des gens qui montent par le grand escalier. Même Michel-Ange, à qui le Faune de Munich fait penser par la vigueur du modelé et la véhémence dans le repos, aurait épuré le visage de ce portefaix avant de l'admettre au rang de ses Esclaves. Seul l'art baroque pouvait accueillir telle quelle une image aussi saisissante de jouissance et de brutalité : à la fois parce qu'il répugne à l'idéalisation et que, parmi les passions individuelles qui l'inspirent, la violence dans le désir et le paroxysme dans l'extase ne figurent certainement pas en dernier lieu.

Au reste, si cette statue n'est pas baroque au sens historique du mot, puisqu'elle remonte au IIIe siècle avant Jésus-Christ, ce sont les contemporains de Bernini qui l'ont découverte, admirée, exaltée. Comment arriva-t-elle à Rome ? Les premières nouvelles qu'on en a datent du XVIIe siècle, époque où on la signale dans les collections du palais Barberini. Barberini ! Ces quatre syllabes apportent la lumière qui me manquait. Maffei Barberini, élevé au trône sous le nom d'Urbain VIII, est le pape qui a baroquisé Rome. *« Quod Barbari non fecerunt, fecerunt Barberini »*, clamaient ses détracteurs. « Ce que les Barbares n'ont pas fait, les Barberini l'ont fait. » Allusion au pillage des monuments de la Rome antique pour construire les édifices baroques, au réemploi des colonnes des temples comme piliers pour les basiliques, à la fonte des bronzes du Panthéon d'Agrippa pour le Baldaquin de Saint-Pierre.

Barberini, c'est aussi l'opéra, l'amour de l'opéra. Le premier théâtre lyrique de Rome s'ouvrit en 1632, dans le palais de cette famille terminé, rappelons-le, par Bernini en personne et décoré de fresques par Pietro da Cortona. S'étonnera-t-on que les Barberini aient adopté le Faune ? Depuis la découverte du Laocoon et du Torse du Belvédère, quelque cent ans plus tôt, si décisive pour Michel-Ange, aucune exhumation de l'Antiquité n'avait produit une telle stupeur. Lorsque Louis Ier de Bavière, encore prince héritier, acheta à Rome en 1813 la statue pour la transporter à Munich, on avait complété le pied gauche et le bras gauche. Ces retouches, aujourd'hui supprimées, prouvent en quelle haute estime, à une époque où on n'avait pas trop le souci de l'authenticité archéologique, on tenait ce Faune, puisque c'est un élève de Bernini qu'on avait chargé du rapiéçage.

Non seulement les baroques ont adoré leur lointain ancêtre grec, mais celui-ci les a influencés en retour. Giorgetti, l'auteur du Sébastien, aura contemplé le Faune. Bernini, bien plus timide avec les hommes qu'avec les femmes, osa, justifié par cet exemple, donner à son Ange à la colonne du pont Saint-Ange, à l'Ange de l'église Sant'Andrea delle Fratte, celui dont la cuisse nue attire tous les regards, des signes non équivoques de défaillance et de volupté.

Ainsi, la Grèce aurait contribué à l'élaboration de l'art baroque ! Et même, il y aurait eu, dès l'Antiquité, un baroque, un baroque grec ! Voilà toutes nos idées renversées. Pour nous remettre un peu, nous faisons machinalement le tour des autres salles. Et sur quoi tombons-nous ? Sur la réplique d'une petite statue de 320 avant Jésus-Christ, que nous avons, ô combien longuement, admirée à Rome, où elle entre comme un élément dans le groupe antique des Niobides. Ce groupe, de facture grecque, reconstitué par le peintre Balthus alors qu'il en était directeur, est exposé Villa Médicis à l'air libre, dans un coin des jardins, sous de magnifiques pins parasols à l'écorce rouge et squameuse. Un des ensembles les plus prestigieux de Rome, que j'avais spontanément qualifié de « baroque » mais dont, sans l'encouragement du Faune de Munich, je n'aurais pas fait mention, de crainte d'employer abusivement un mot si galvaudé.

Apollon, pour punir la reine Niobé, qui s'était vantée de sa nombreuse progéniture, tua treize de ses enfants. Les statues des victimes, de leur mère, et d'un grand cheval qui doit être celui du dieu, dessinent un arc de cercle au milieu d'un parterre de lierre et d'herbes. Longues tuniques pour Niobé et ses filles, tandis que les garçons se montrent sans voiles. Les gestes des filles sont plus conventionnels, leurs visages aussi. Niobé, dans le fond, essaye de protéger une de ses enfants que presse le grand cheval du haut duquel, sans doute, Apollon darde ses traits. Les garçons, au premier plan, agonisent. Celui dont nous avons trouvé la réplique à Munich est un tout jeune homme ; couché sur le dos, la tête cachée sous un bras, il se pâme avec une telle violence qu'on se demande de quelle blessure il peut bien souffrir. Ses proportions sont menues, son corps celui d'un enfant. Non loin de lui, un de ses frères, plus robuste, se dresse sur ses genoux et tend un bras pour se défendre. En voici un, le poing sur la hanche, qui lève sa belle tête bouclée ; de son autre main il tient à distance son vêtement, geste qui souligne l'harmonieuse perfection de ses membres. Derrière lui, un autre se couvre la tête de son manteau, sous lequel son corps de jeune dieu s'offre nu.

Tous apparaissent dans l'acte de fuir ou de mourir, saisis dans une seconde fugace qui ne se répétera pas ; tous expriment la stupéfaction de cet instant unique. Un classique, un vrai « grec » eût choisi un autre moment, celui où la paix de la mort eût rasséréné les visages. Ce n'eût plus été un « moment », justement, c'eût été le début de l'éternité. Typiquement « baroque » est ce goût de préférer le passage à l'état, le transitoire au durable, l'agitation au repos.

Maintenant, si nous passons de l'analyse des caractères formels de cette œuvre à l'étude du monde intérieur qu'elle reflète, nous y reconnaîtrons l'échelle complète des valeurs exaltées par le XVIIe et le XVIIIe siècle : sensualité frémissante, angoisse de la mort, abandon à l'extase, alliance du funèbre et du voluptueux, sentiment tragique de la vie, conscience aiguë de la fragilité des choses et de la brièveté du temps. Enfin, « baroque » aussi nous semble le mode de présentation des statues : non pas alignées à la file sur un fronton de temple, mais échelonnées sur plusieurs plans. Et la compa-

Les Niobides de la Villa Médicis.

raison vient d'elle-même à nos lèvres : comme sur un plateau d'opéra. Ces Niobides, héros lyriques saisis en plein drame, vivent, tremblent, désespèrent, tombent, se relèvent ; les uns courent vers le fond ; d'autres s'arrêtent au bord de la rampe ; certains s'enfuient en direction des coulisses ; tous acteurs d'une puissante histoire de vengeance, de terreur et de mort.

J'ai demandé à Pino, un ami napolitain qui sait tout sur l'histoire du théâtre et qui nous accompagnait ce jour-là à la Villa Médicis, si dans la statuaire grecque on trouve beaucoup d'autres exemples — je ne le crois pas — de « mises en scène » aussi mouvementées.

— Où a-t-on découvert ces sculptures ? me demanda-t-il, sans répondre à ma question.

— Je crois qu'elles étaient entassées dans un dépôt de la Villa, et que Balthus les en a sorties pour les disposer ici. Du moins, je l'ai entendu dire.

— Ah ! s'exclama-t-il en riant. On reconnaît une main française dans cet arrangement.

Il m'expliqua qu'un Anglais aurait mis beaucoup plus d'espace entre les statues, qu'il les aurait disséminées au milieu des rocailles, pour donner un air plus naturel à l'ensemble, effacer l'aspect dramatique de la scène et garder au décor son caractère de jardin d'agrément.

— Et un Italien ? demandai-je, impatient.

— Un Italien aurait changé complètement l'ordonnance des personnages, afin de créer une perspective. Le cheval et Niobé, qui sont les plus grands, pourquoi les avoir mis au fond ? Il fallait les placer sur le devant, au contraire, et garder pour le fond les plus petits, comme celui qui te plaît tant, ajouta-t-il en me désignant l'adolescent pâmé, aux proportions si menues, retrouvé aujourd'hui à Munich. On aurait donné ainsi l'illusion de la profondeur, et ta comparaison avec l'opéra eût été plus justifiée. Je n'ai pas l'impression d'être dans un théâtre ici, j'ai l'impression d'être dans un salon.

— Ta métaphore, dis-je, me fait comprendre pourquoi j'aime tant votre pays.

— Bah ! répliqua-t-il malicieux. Un Napolitain aurait arrangé les Niobides d'une autre façon encore.

— Qu'auraient fait les Napolitains ?

— Avec ces statues, ils auraient installé une crèche.

Mais le Faune, aucune crèche comme aucun opéra ne pourrait l'accepter. Il restera dans notre souvenir comme la pointe extrême jamais atteinte par le baroque, une expérience si audacieuse qu'elle devait rester sans lendemain. Il faudra attendre vingt siècles, les trois derniers païens et les dix-sept de l'ère chrétienne, pour qu'on ose à nouveau — mais avec moins de hardiesse — renverser un corps dans l'extase, montrer un être humain dans la ferveur de son désir, mettre l'art au service non pas de quelque vérité éternelle, mais de la violence convulsive d'un instant.

Adieu, Faune, dont nous n'aurons garde, malgré ce nom jeté comme un prude manteau sur ton insolente nudité, de confondre avec les épaisses vapeurs du vin la légère, la tonique, la grecque ivresse de vivre.

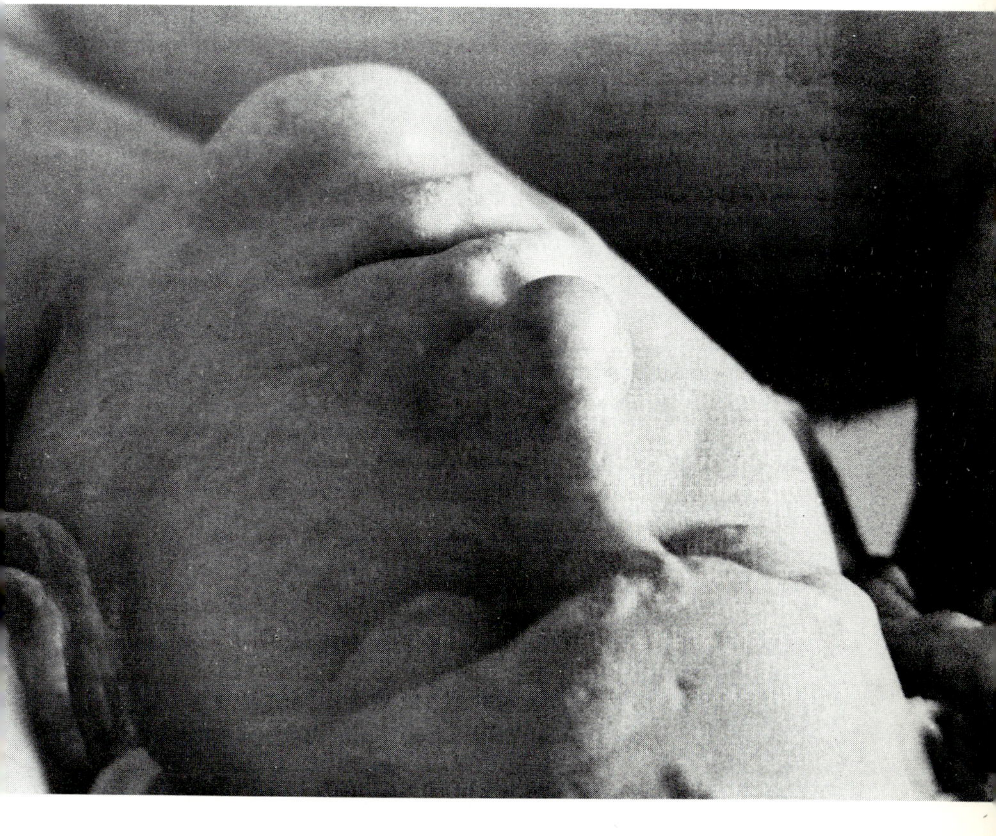

INRI

Mater dolorosa

A l'est de la Bavière, deux églises nous restent à visiter avant de gagner l'Autriche. Rott am Inn est la dernière création de Johann Michael Fischer. Entre 1759 et 1763, il baroquisa une ancienne église romane. Jolie façade blanche, ornée de pilastres, d'un fronton brisé et d'un pignon à cloche. Porte close : mésaventure fort rare en Allemagne. Nous demandons où se trouve le presbytère ; on nous indique une maison, de l'autre côté du cimetière. Le soleil, toujours aussi implacable, tombe à pic sur le village désert. L'Allemagne est-elle habituée à des étés éclatants ? De l'intérieur, une voix nous répond de retourner à l'église. Un vieil homme, les cheveux blancs, le teint rouge, gros, impotent, débonnaire, arrive en traînant la jambe, et s'installe aussi vite qu'il peut derrière une vitrine de cartes postales, ce qui signifie, dans toutes les langues du monde : interdiction de photographier ! Certes, la belle nef blanche serait impossible à prendre, mais que de détails savoureux attirent immédiatement l'œil ! Pendant que je reste près du gardien, à écouter le récit, fait sans rancune, de ses campagnes de France, Ferrante part à la chasse.

« Le plafond ! » lui dis-je, sans cesser de prêter l'oreille au vieil homme. J'ai aperçu, sous la coupole, un de ces monstres qui nous ravissent tant, à tête de dragon et à corps d'oiseau. Là-bas, dans des châsses, miroitent des cadavres emperlés. Plus loin je devine, accrochés aux murs, en équilibre au-dessus des autels, dans les poses acrobatiques auxquelles ils nous ont habitués, l'escadron volant de *putti* et

Günther, Pietà (Weyarn).

d'anges où je crois reconnaître la main de Johann Michael Feuchtmayer, le stucateur attitré de Fischer. Le Sébastien, attaché à son tronc d'arbre, les bras écartelés, pantelant et défaillant sous les flèches, ne ressemble-t-il pas à l'inoubliable crucifié d'Ottobeuren ?

Je regrette de ne pouvoir aller le regarder à loisir, mais surtout j'enrage à l'idée de manquer celui pour lequel nous avons fait le détour, ce fameux Ignaz Günther qui serait le plus grand sculpteur sur bois de l'Allemagne baroque. Si je lâche mon ancien combattant, il me suivra en claudiquant dans l'église, et adieu l'espoir de rapporter quelques photos ! Le voilà qui referme la vitrine des cartes postales, je lui en ai acheté deux, les moins laides, Ferrante a-t-il eu le temps d'opérer ? Il me rejoint, nous saluons et partons.

— Mais oui, me dit-il excité. Quel dommage que tu n'aies pas été avec moi !

Pour étudier de plus près ces étranges personnages, ce Petrus Damianus qui serre dans son bras replié un livre où se perche une colombe, ce *putto* qui, juché au coin d'un autel, s'apprête à se coiffer d'un chapeau de cardinal deux fois plus grand que sa tête. Combien en avons-nous rencontrés, dans les églises allemandes, de ces marmousets joufflus, mais aucun à qui on ait confié un rôle précis dans l'organisation symbolique du sanctuaire, si je mets à part le Tâte-Miel de Birnau. Celui-ci, c'est le Tâte-Chapeau. Il se tient à droite du cardinal Petrus Damianus, dont il a irrévérencieusement chipé le couvre-chef. A moins que ce grave prélat, pourfendeur de la simonie et de l'hérésie au temps du pape Grégoire VII, n'ait confié au bambin cette pièce de son vêtement, comme pour se débarrasser des lourds soucis de son apostolat. Le *putto* brandit au-dessus de sa tête le chapeau. Craint-il de s'étouffer en essayant de s'en coiffer ? De ses petits bras potelés, il écarte les larges bords ; la triple rangée de glands lui tombe entre les cuisses. S'il a volé par jeu la coiffure, il ne paraît pas très fier de son larcin. Son visage, encore bouffi de lait, donne des signes d'angoisse. L'intention d'Ignaz Günther reste obscure, l'ambiguïté fait le charme de cette petite œuvre.

Elle a été sculptée vers 1765, à la fin de l'époque baroque, quand un artiste aussi sérieux que Günther, aussi attiré vers les sujets pathétiques, pouvait être agacé par les nuées de *putti* inutiles gambillant dans les églises de son pays. Ce chapeau de cardinal à garder serait une bonne leçon, une manière d'initier le morveux aux responsabilités adultes. Mais une autre lecture est possible : l'Éminence peut avoir abandonné son chapeau, insigne de sa haute dignité, à un gamin, pour montrer que la vérité, selon la parole du Christ, appartient aux enfants. Du coup, les innombrables *putti* d'Allemagne recevraient une justification théologique ; et je comprendrais pourquoi, chez ce peuple aux profondes traditions religieuses, on trouve tant de bébés mafflus, alors que les Italiens, païens et plus portés sur l'esthétique que sur l'éthique, ne cachent pas leurs préférences pour les anges adolescents.

Ignaz Günther se distingue des autres stucateurs par la caractérisation qu'il donne à ses statues. Les Feuchtmayer, les Schmuzer sculptent leurs anges et leurs *putti* en fonction de la place qu'ils occupent dans l'église, non comme des individus qui auraient une personnalité. Günther ne cherche pas seulement à décorer un lieu, il veut exprimer une âme. De chaque côté du maître-autel de Rott, de grandes statues figurent Henri le Saint et son épouse Cunégonde, l'empereur et l'impératrice du XIe siècle. L'empereur tient dans ses bras un modèle de la cathédrale de Bamberg, qu'il a fondée en l'an 1007. Après avoir cru, d'après la majesté de l'attitude, qu'il s'agissait d'un portrait officiel, un peu froid et ennuyeux, Ferrante a découvert chez ce personnage toute une vie cachée : dans la manière de tendre en avant le menton, dans le regard fier, dans les plis du manteau dont l'agitation reflète le vent intérieur des passions. Quel secret l'empereur cachait-il ?

Même remarque pour Cunégonde, qui a l'air d'une grande dame du XVIIIe siècle, compassée et noble, avec son visage régulier et hautain, sa robe de riche brocart, son sceptre finement ouvragé. Il faut interroger les yeux abaissés dans une légère crispation des paupières, la bouche entrouverte qui semble retenir un cri, le geste de la main qui tire sur la robe, le mouvement à peine ébauché de la jambe, pour s'apercevoir que l'impératrice affronte la plus grande crise de sa vie. Accusée d'adultère, Cunégonde accepta pour prouver son innocence l'épreuve du feu. Elle marcha, nu-pieds, sur des charbons ardents. Günther a poussé la difficulté jusqu'à dissimuler presque complètement la cause de l'angoisse qu'on lit sur le visage de la sainte. Un seul des

L'Annonciation (Weyarn).

pieds est visible, l'autre disparaît sous les plis de la longue robe qui laisse à peine entrevoir, entre le socle et l'étoffe, un ou deux morceaux de charbon. L'anecdote n'a pas intéressé l'artiste, mais seulement ce que peut éprouver une femme partagée entre la conviction de son innocence et la peur de souffrir. Exemple, assez peu commun, de baroque psychologique, de baroque intérieur.

Ignaz Günther, né en 1725, se forma à Munich auprès de Johann Baptist Straub, l'auteur des atlantes et des cariatides du théâtre Cuvilliés. Il mourut en 1775, ne laissant qu'un petit nombre d'œuvres, dont les plus importantes se trouvent à Rott am Inn et à Weyarn. A Weyarn, connaîtrai-je la même déconvenue ? L'église étant fermée, nous sonnons chez le curé. Il ouvre, en maillot de corps et en bretelles, et nous dépêche une servante, qui nous précède en maugréant. Il est pourtant onze heures du matin, le ciel ne pourrait être plus radieux, bien que la chaleur commence à peser.

« Interdit de photographier », nous précise-t-elle, mais, cette fois, nous venons à bout de ce *Verboten* par l'achat d'une monographie sur Günther et l'abandon de quelques marks dans une sébile déposée devant l'autel. Résignée, la femme s'asseoit près de la sébile. L'Annonciation nous paraît une œuvre pleine de grâce et de mouvement. L'Ange atterrit du ciel sur une jambe ; sa poitrine lisse émerge d'une cuirasse d'écailles ; il tient une main en l'air, pour conserver son équilibre, et de l'autre tend une fleur à Marie qui, tout émerveillée et confuse, reçoit le message agenouillée sur un prie-Dieu, le corps incliné en avant, les yeux baissés, les mains croisées sur la poitrine. Trait le plus frappant : l'abondance du sentiment. Abondance d'enthousiasme et de générosité sur le visage de l'Ange, abondance de pudeur, de foi, de bonne volonté sur celui de la Vierge. Que nous sommes loin des innombrables Annonciations italiennes du Trecento et du Quattrocento, où les deux personnages, figés dans une pose hiératique, se regardent sans rien dire, sans bouger un doigt, l'immobilité et le silence étant les seuls moyens d'exprimer la stupeur d'un tel événement ! Günther est contemporain de Jean-Jacques Rousseau. Il faut s'émouvoir, manifester son émotion, pleurer. Pour un peu cet Ange donnerait l'accolade à Marie, et Marie profiterait de ce moment pour verser dans le sein du beau messager les larmes dont déborde son cœur.

A cette Annonciation fait pendant une Pietà d'une autre envergure. On croirait d'abord qu'il s'agit d'une œuvre du Moyen Age, tant l'expression est pathétique. Mais non, l'auteur est bien Günther. Après le baroque grec, y aurait-il un baroque gothique ? La Vierge, le cœur transpercé par une épée, se penche sur le Christ, dont le cadavre repose sur ses genoux en équilibre précaire. Admirables le modelé des chairs mortes, le bras tombant comme une branche sèche, les mains noueuses et racornies. La Vierge n'est pas la jeune femme idéalisée de Michel-Ange, mais une mère écrasée sous la douleur. Aucune transfiguration, aucun essai de lire ce drame à la lumière de la foi. Günther n'insiste que sur le moment, horrible, inéluctable, de la mort. Sang, désespoir et larmes : une mère pleure sur le corps de son fils. En tournant autour du groupe, nous découvrons un *putto* effondré au pied de Marie. Le voile, qu'il serre de ses petites mains, ne suffirait pas à éponger ses yeux tuméfiés et rougis : dernière note indispensable pour humaniser toute la scène, transformer la tragédie sacrée en tableau de famille.

La Mater Dolorosa que, suivis par les soupirs de la servante, nous regardons maintenant dans une chapelle latérale, exprime avec éclat le pathos de la souffrance. Cette fois la Vierge est seule. Enveloppée de grands voiles, elle se tient appuyée à une étoile de rayons, les mains — ces belles mains gothiques — croisées sur sa poitrine, la tête à peine tournée de côté. Ce léger mouvement, et le dessin des yeux fendus en oblique, suffisent à indiquer qu'elle porte sur ses épaules le deuil de l'univers. « Vous qui passez sur la route, regardez et voyez, si jamais douleur a été semblable à la mienne. » La plainte de Jérémie semble s'exhaler de ses lèvres entrouvertes.

Est-ce l'Allemagne qui veut prendre congé de nous sur cette image d'affliction et de misère ? Cherche-t-elle à nous laisser le souvenir d'une nation, non pas prospère et arrogante, mais inquiète et tourmentée, toujours au bord de la catastrophe, n'ayant pas assez de larmes pour adoucir ses blessures ? Verts pâturages, chalets fleuris, grosses voitures, mines cossues : apparence que tout cela ! La Mater Dolorosa, que Günther a laissée au fond de ce sanctuaire de campagne, prend sur elle, pour les expier jusqu'à la fin des temps, les erreurs, les folies, les péchés de son peuple.

Mais il était dit que nous ne quitterions pas ce pays sans

Mater Dolorosa (Weyarn).

avoir rencontré, dans cette même église de Weyarn, l'envers grimaçant de la Mater Dolorosa, Mère de toutes les Allemagnes, sous la forme d'un cadavre encore plus somptueusement paré que nos connaissances de Gutenzell. Saint Valerius, dont chaque os, chaque côte porte sa rutilante garniture de perles et de pierres précieuses. Deux saphirs scintillent au fond de ses orbites, et, sur chaque dent de sa mâchoire supérieure, resplendit une minuscule broche rehaussée de perles. Il nous fixe de ses yeux étincelants. Il nous poursuit de son rictus démoniaque.

Et nous nous demandons, en comparant la statue de Günther à cette momie chamarrée, mais aussi en nous souvenant de toutes les images de cruauté qui ont marqué notre voyage, depuis la lune rouge de *Wozzeck* jusqu'aux buveurs de bière et aux scènes brutales de la rue, quel emblème traduit le mieux la souffrance profonde de l'Allemagne, ce *tiefer Schmerz* dont parle Nietzsche : le visage noyé de larmes de Marie, ou ce rictus d'autodérision.

INFINITE BON
CUIUS DEXTE
CUIUS SAPIENTIA

AUTRICHE

TERNO ET IMMENSO,
MNIA SUNT POSSIBILIA,
EST ABSCONDITUM,
IN SUA DISPOSITIONE
ALITUR,
IMPLETUR UNIVERSUM
OMNIA OPERA

Le chevalier à la rose

Salzbourg : petite ville réputée pour le dédale de ses rues pittoresques et de ses passages couverts, pour ses clochers à bulbe, ses enseignes de fer forgé, ses places irrégulières, pour ses fontaines et ses carillons. Mais que tout cela nous semble mesquin ! D'un côté une rivière boueuse, aux rives dépourvues de charme ; de l'autre côté des collines chauves, taillées en muraille abrupte ; et, au milieu, un labyrinthe étriqué de ruelles. Qu'on pense à n'importe quelle cité italienne de la même importance et apparemment du même ton, de la même allure, Urbino, Sienne, Orvieto, on s'apercevra bientôt de ce qui manque à Salzbourg : la couleur, la lumière, l'espace. Le sens de la proportion et de la beauté. Tout ici est coquet, gentil, mièvre. Les touristes se pressent dans la Getreidegasse, devant la maison natale de Mozart. Comme on comprend que le jeune homme ait étouffé entre le cours torrentueux de la Salzach et la masse rocheuse du Mönchsberg ! Et comme on rend grâces à Léopold, si vilipendé, si calomnié, d'avoir arraché son fils à Salzbourg, où il n'aurait continué à écrire que des divertissements et des sérénades, pour l'emmener en Italie, où il découvrit l'opéra.

Banalité des églises, laideur de la cathédrale : dire que, pour beaucoup de voyageurs, l'art « baroque » sera lié à ces froides constructions de plâtre ! Les deux grands architectes de Vienne, Johann Bernhard Fischer von Erlach et Johann Lucas von Hildebrandt, ont travaillé ici. Prenons note de leurs noms, en attendant de les juger sur des œuvres plus réussies. Seul nous plaît, du second, l'escalier monumental

La Colonne du Graben :
La Peste et les Anges.

du palais Mirabell, orné d'angelots par le sculpteur Georg Raphael Donner, que nous retrouverons lui aussi à Vienne. En nous promenant dans les jardins du palais tracés au cordeau, en traversant le pont, en nous enfonçant entre les maisons de la vieille ville, en tuant comme nous pouvons le temps jusqu'au moment de nous préparer pour l'opéra du soir, nous ne cessons de nous demander : ce décor a-t-il marqué Mozart ? En quoi cette eau jaune, ces pierres grises, cet horizon étroit, ces monuments éteints l'auraient-ils inspiré ? Peut-on vraiment dire qu'il est le fils de Salzbourg ? Même la Peterskirche, où il dirigea la première exécution de sa messe en *ut mineur*, fait pauvre figure, à côté de ce que nous avons vu en Allemagne. Derrière l'église, le petit cimetière de campagne aux tombeaux surmontés d'arcades nous a paru charmant malgré la foule des curieux. S'il est animé par la piété mozartienne, le visiteur qui ne se console pas de devoir ignorer à jamais le lieu de la sépulture du compositeur, trouvera dans les catacombes de Saint-Pierre le caveau de sa sœur Nannerl.

Pâtisseries : éviter à tout prix le café Tommaselli, situé sur l'Altmarkt, où, dans un décor de boiseries XVIIIe qui nous a fait illusion, un maître d'hôtel imbu de sa personne a osé nous servir un gâteau dont le socle en gênoise avait la délicatesse du buvard. Quant aux alléchantes fraises des bois de la garniture, elles baignaient dans une gelée gluante.

Comment avons-nous fini par découvrir ce merveilleux petit salon de thé, Ratzka, au 45 de l'Imbergstrasse ? Il fallut retraverser la rivière, descendre une rue morne, pousser la porte d'un local minuscule dans un préfabriqué. Quatre guéridons rouges, un comptoir également en matière plastique. Sur ce comptoir, pourtant... peu de gâteaux, mais d'une perfection admirable. Séduits par la fraîcheur, la rougeur, la rondeur des fruits, nous avons choisi une barquette aux framboises ; sans nous douter que sous l'exubérance végétale se cachait un mélange de chocolat et de noix, battus en une pâte onctueuse corsée par une pointe d'alcool. Quelques clientes viennent aux achats ; d'autres s'asseoient à côté de nous ; et toutes, la timide qui n'ose pas enfoncer sa fourchette comme la gourmande qui la plante avidement, se recueillent avant de poser la bouchée sur leur langue, conscientes qu'entamer un gâteau aussi exceptionnel relève plus de l'idolâtrie silencieuse que de la vorace consommation.

Je sortis rassuré de la boutique. Quel chagrin si, dans la ville où on avait donné, le 4 mars 1615, le premier opéra en terre germanique, l'*Orfeo* de Monteverdi créé huit ans plus tôt à Mantoue, la tradition des arts oraux eût perdu leur variante sucrière !

Musée du baroque : installé dans un coin des jardins Mirabell, il contient à peu près exclusivement des tableaux. Bonne occasion de faire connaissance de plus près avec la peinture baroque, que l'on ne voit d'habitude que d'en bas et de loin, sur des plafonds ou des coupoles difficiles à déchiffrer. C'est un fait que, de tous les arts, la peinture est celui que les baroques ont illustré avec le moins d'éclat. Les grands créateurs de cette époque — à l'exception de Pozzo — ont été les urbanistes, les architectes, les sculpteurs : pour cette raison sans doute qu'il s'agissait de réorganiser l'espace urbain, d'aménager de nouveaux décors en plein air, et qu'un art d'intérieur, comme la peinture, trouvait moins son emploi. Les plafonds à fresques des palais et des églises font partie de leur architecture. La notion de tableau baroque n'est-elle pas contradictoire ? Une œuvre d'art autonome, séparée de son milieu, transportable ici ou là, est par définition une œuvre qui n'est pas baroque. C'est par un abus de langage, faute de notions plus précises, qu'on appelle « baroque » l'art de Rubens, de Rembrandt ou de Vélasquez. Même les peintres de chevalet italiens du XVIIe siècle, « baroques » par leur prédilection pour les sujets morbides et paroxystiques, tel ce Francesco Cairo révélé à Varese, restent « classiques » par leur conception du tableau clos sur lui-même et indépendant. Les seules peintures qu'on peut qualifier pleinement de « baroques » sont celles qui servent d'appoint, d'ornement, à un édifice religieux ou civil. D'habitude on les voit mal, en se dévissant la tête, en se tordant le cou : elles ne sont pas faites pour être regardées mieux. Elles parent, elles enjolivent, elles égayent, elles n'existent pas en elles-mêmes.

Un musée de tableaux baroques semble donc un non-sens. Nous étions curieux de savoir comment des œuvres peintes pour être « en situation » supporteraient l'anonymat, la grisaille des cimaises. Le mystère fut promptement résolu : Salzbourg n'a collectionné que des esquisses, toutes de petit format, étapes avant le plafond ou la grande toile d'autel. Les noms les plus fameux sont ici réunis, Tiepolo, Giordano, Altomonte, Carlone, Rottmayr, Asam, etc. (y compris Rubens et Fragonard), mais pour des ébauches de leurs immenses compositions. Et la surprise est de découvrir chez ces peintres, dont les œuvres achevées nous indisposent souvent par leurs dimensions et par leur emphase, une touche vive et poétique, une spontanéité séduisante, un art de créer en peu d'espace une impression d'irréel et de fantastique. Ce qui n'était pour eux qu'un amusement, un canevas sans importance, acquiert à nos yeux un prix que nous refusons au produit élaboré. Nous trouvons plus modernes, plus libres, ces trompe-l'œil, ces figures en biais, ces envolées de nuages, ces ciels acrobatiques, quand nous les voyons dépourvus de leur grandiloquence habituelle. Ces auteurs que nous avons toujours rencontrés en toilette d'apparat, peignant en public et presque sous les applaudissements, nous touchent bien davantage quand nous les surprenons dans le secret de leur atelier, à triturer les couleurs sur leur palette, à chercher, d'un pinceau hésitant dont les traces restent visibles, la nuance délicate, le petit trait qui décidera de la réussite du tableau. Pour un peu j'allais dire : ils sont devenus peintres, ayant cessé d'être baroques.

Je note, de Joseph Rottmayr (1654-1730), une *Vision de saint Hubert* : au sommet d'un rocher se dresse un cerf ; un crucifix rayonne entre ses bois ; le saint, ébloui, choit à la renverse près de son cheval. Thème qui nous est déjà apparu une fois à Vierzehnheiligen. Il nous frappera encore, et de quelle façon ! en Bohême. En Italie, tomber de cheval semble être le privilège de saint Paul. En Europe centrale, c'est Hubert le foudroyé mystique.

Le musée renferme aussi des modèles de statues en terre cuite ou en bois. Plaisir de retrouver Joseph Anton Feuchtmayer, Ignaz Günther, Johann Baptist Straub. Pièce la plus précieuse : un plâtre de Bernini, le premier modèle de l'ovale qui devait être placé au centre de la Chaire, dans l'abside de Saint-Pierre de Rome. Là où flamboie maintenant une colombe, le projet initial prévoyait une œuvre beaucoup plus complexe : une Transfiguration du Christ, au milieu de saints, de nuées et de rayons.

Mais Salzbourg, c'est d'abord la musique. Pendant le mois du festival, la musique ruisselle de toute part ; concerts le matin, concerts le soir ; messes dans les églises ; récitals de piano ou de chant dans les palais. Même ceux à qui les salles d'opéra resteront inaccessibles, parce que les places sont rares et d'un prix exorbitant, trouveront de quoi délecter leurs oreilles. Il suffit de marcher dans la rue : on entend, sous une fenêtre, un piano qui égrène ses arpèges, plus loin une voix qui s'échauffe en de prudentes vocalises.

Le hasard a fait que les trois opéras pour lesquels nous avons obtenu des billets pourraient accompagner en sourdine le banquet des anges.

Idomeneo appartient au plus pur répertoire baroque. Des airs *da capo* (dont la première strophe est reprise après le développement intermédiaire) entrecoupés de longs récitatifs ; un monstre marin, une tempête, un oracle ; un palais et un temple grecs ; un des principaux rôles confié à un castrat : pour le premier de ses grands opéras, Mozart a puisé dans les modèles napolitains, n'empruntant à l'opéra français que les chœurs et les marches, et à Gluck les séquences de récitatif accompagné. Loin d'être un froid exercice scolaire, comme on le croit souvent, il s'agit de l'œuvre la plus autobiographique de Mozart, celle où il a projeté le plus manifestement le drame de ses relations avec son père. Dans l'histoire de ce roi de Crète despotique et de son fils Idamante, qui obéit docilement à des ordres injustes au point d'accepter avec joie, tout innocent qu'il est, de se faire trancher la tête par la main paternelle, comment ne pas reconnaître ce mélange de révérence, de crainte et de soumission qui a plié toute sa vie Wolfgang aux genoux de Leopold ?

C'est la troisième fois, après Rome et Berlin, que nous voyons *Idomeneo* cette année. En ce moment même, on le donne au festival de Glyndbourne, en Angleterre. Cet opéra qui avait disparu des théâtres revient à la mode : si bien que Luciano Pavarotti, le plus grand ténor italien vivant, mais un ténor de bravoure, incomparable dans le *bel canto* et le vérisme, a voulu venir chanter à Salzbourg le rôle-titre. Il y faut plus de style que de coffre, plus d'élégance que de vaillance. C'est l'événement, ici, ce serait la fièvre, avec une assistance moins guindée. Le Manège des Rochers, une des trois salles d'opéra à Salzbourg, est un théâtre à ciel ouvert, creusé au flanc de la colline ; la muraille rocheuse, taillée en arcades, sert de décor naturel. Comment celui que nous venions de quitter à Munich, sanglotant sur le corps encore tiède de Mimi, s'en tirerait-il en passant de la mansarde de Rodolphe au palais royal d'Idoménée ? Sa carrure légendaire fait merveille dans ce rôle de père castrateur, et sa voix naturellement formidable épouse avec une délicatesse infinie toutes les nuances du phrasé mozartien. Une interprétation historique, et un exemple, rarissime dans les annales de l'opéra, de la conversion d'un ténor héroïque aux subtilités baroques.

Salzbourg n'ayant pas résolu le problème du castrat, c'est une femme qui chante le rôle d'Idamante, ce fils dont la mutilation vocale symbolise la brisure psychologique. Plaisir de retrouver en Ilia, la touchante fiancée du prince, celle que nous avons applaudie à Munich tour à tour en Eurydice et en Suzanne. Après la dernière note, nous nous abandonnons à notre enthousiasme, en criant, à l'italienne : *bravi !* aux chanteurs. Nos voisins nous regardent suffoqués. Quelle froideur dans ce public ! Ils s'habillent encore plus richement qu'à Munich, une veste de smoking noire les déshonorerait, ils paradent aux entractes dans l'immense foyer, mais ne manifestent leur satisfaction que du bout des doigts. Avec nos chemises ouvertes et notre tapageuse frénésie, sans doute nous prennent-ils pour des émigrés siciliens qui ont fraudé à la caisse.

Le lendemain, *Cosi fan tutte.* Du baroque, on passe au rococo. Qui ne se souvient de la trame ? Ferrando, ténor, fiancé de Dorabella, mezzo, et Guglielmo, baryton, promis à Fiordiligi, soprano, acceptent, pour mettre à l'épreuve la fidélité de leurs belles, la suggestion perfide du vieux don Alfonso, de leur rendre visite déguisés en Albanais. Chacun fera la cour à la fiancée de l'autre. Elles ne résistent pas longtemps, Fiordiligi tombe dans les bras de Ferrando, Dorabella succombe aux charmes de Guglielmo. Elles sont prêtes à les épouser, quand ils se démasquent : chacune revient à son premier amant, et l'*opera buffa* se termine en gaieté. Mais tout le monde a compris que les deux vrais couples n'étaient pas ceux que la promesse de mariage avait liés. Par la distribution même des voix, Mozart révèle la maldonne : un ténor avec une mezzo, un baryton avec une soprano, quelle absurdité musicale ! L'élégiaque Fiordiligi et le sentimental Ferrando n'ont pas seulement en commun la voix de dessus, on s'aperçoit à deux autres signes qu'ils étaient faits l'un pour l'autre. La lettre initiale de leur nom est semblable, et la mélodie de la clarinette, instrument chéri de Mozart chaque fois qu'il veut symboliser la tendresse, se mêle aux arabesques de leur chant.

L'origine de *Cosi fan tutte* ? Un fait divers arrivé à Trieste. Le librettiste Da Ponte transposa l'histoire à Naples. Dissimuler une tragédie amère en farce napolitaine, ce pourrait être une définition de l'esthétique rococo. J'attendais la dernière minute de l'opéra, cet instant où chacune des deux jeunes filles quitte l'aimé de son cœur pour retourner à son fiancé officiel. Comment marquer cet adieu déchirant ? Le metteur en scène de Salzbourg n'a pas mieux réussi que ses collègues dans le reste du monde : un simple regard échangé entre Fiordiligi et Ferrando, pour exprimer la douleur d'avoir découvert trop tard leur amour !

Que le fer de lance de Salzbourg reste *le Chevalier à la rose*, nul ne saurait s'en étonner. Non seulement parce que c'est l'œuvre de deux des fondateurs du festival, le poète Hofmannsthal et le compositeur Richard Strauss, mais parce que cet opéra, représenté pour la première fois en 1911, semble un surgeon attardé du XVIIIe siècle et un résumé de cette époque. Dans la Vienne de Marie-Thérèse, une femme entre deux âges, la Maréchale, vit les derniers moments de sa liaison avec Octavian, un amant presque imberbe. Le baron Ochs, hobereau grossier et vantard, cousin de la Maréchale, vient prier sa parente de lui procurer un chevalier qui se chargera de demander pour lui en mariage la jeune Sophie. Il apportera à l'élue, selon un rituel fastueux prescrit par l'étiquette, une rose d'argent. Octavian, choisi pour être le messager, et Sophie tombent amoureux l'un de l'autre. Le baron berné enrage, tandis que la Maréchale, grande dame, s'efface pour que les jeunes gens soient heureux. Derrière chacun de ces personnages, se profile un modèle illustre. La Maréchale, femme vieillissante qui doit renoncer à l'amour, n'évoque-t-elle pas la Comtesse des *Noces* ? Octavian, le chevalier joué par une actrice travestie, à la fois les castrats de Naples et le page Chérubin ? En Sophie, n'est-ce pas toutes les tendres héroïnes de Mozart qui revivent, Ilia, Fiordiligi, Pamina ? *Le Chevalier à la rose,* dont le premier acte a lieu dans un boudoir, le deuxième dans un salon et le troisième dans une chambre d'auberge, s'intègre parfaitement, par l'ambiguïté sexuelle du livret et par la fréquence des quiproquos érotiques, par la préciosité intimiste des décors et par les diaprures de l'apprêt musical, à la civilisation des faux marbres et des plâtres peints, des angelots fripons et des saintes pâmées, toute cette délicieuse sophistication dont Strauss, une dernière fois, exalte les volutes, les grâces, les fièvres, les afféteries.

Il n'y a que le baron Ochs, d'une insupportable lourdeur humaine et musicale, qui soit bien de son cru. On s'étonnera toujours que cet opéra, à côté de pages sublimes, en contienne d'autres d'une telle vulgarité. Le monologue de la Maréchale au premier acte, quand elle médite sur la brièveté de la jeunesse, la présentation de la rose au deuxième acte, qui révèle l'un à l'autre Octavian et Sophie, le trio du troisième acte, où la Maréchale abandonne à leur bonheur les jeunes gens, comptent parmi ce qui a jamais été écrit de plus beau pour des voix de femmes. Strauss détestait les ténors, surtout les ténors italiens, dont il parodie dans une scène du premier acte la bêlante fatuité. Quelle a été son intention en écrivant le rôle du baron Ochs, baryton-basse ? S'est-il rendu compte qu'il dessinait la caricature du Bavarois moyen ? Même un acteur aussi distingué que l'excellent chanteur de ce soir me donne l'impression d'avoir passé la nuit au Hofbraühaus. C'est un mystère que de trouver ainsi, glorifiées dans la même œuvre, l'Allemagne élégiaque et mousseuse du rococo, et l'Allemagne des Mercedes et des saucisses.

Directeur du festival, Herbert von Karajan s'est arrogé le monopole de cet opéra. Chef d'orchestre ou maître de cérémonie ? Deux minutes avant qu'il ne fasse son entrée dans la fosse de l'immense salle nouvelle du Festspielhaus, un silence profond, complet, s'établit dans le public. Cette dévotion au Führer, chez des gens que j'ai vus incapables de s'enthousiasmer pour les plus grands chanteurs du monde, commence par m'indisposer. Jugeons-le à l'œuvre. Droit et raide à son pupitre, il sculpte de ses mains la pâte orchestrale, comme s'il enfonçait les doigts dans la matière écumeuse et tremblée des mille sonorités rutilantes. Nul cabotinage, aucun geste inutile. Du grand et beau travail. Quand il monte sur le plateau pour saluer, toute la salle se lève d'un seul élan. Il ne s'incline que brièvement, disparaît derrière le rideau. Surprise de découvrir, à la place du seigneur de grande taille et hautain que je me figurais d'après sa légende, un homme petit, voûté, cassé, un vieillard à bout de forces.

Longtemps encore, dans la nuit tiède de Salzbourg, le long des petites rues qui paraissent presque italiennes à la faveur de l'obscurité, nous laissons chanter, frémir en nous les voix éthérées du trio final. Elles s'étirent vers le ciel et meurent dans une tendresse éperdue. Si un de nos anges romains ne se tenait déjà solidement attablé à la tête du banquet, ne pourrions-nous y asseoir le chevalier à la rose ? Culte de la jeunesse et conscience du temps qui s'enfuit : à cette double enseigne on reconnaît la salle du festin. Emportons avec nous la fleur d'argent que nous tend le mince androgyne, cette rose magique où s'exalte, dans l'opulence fugace de ses pétales, l'apogée flamboyante du baroque non moins que son crépuscule mélancolique.

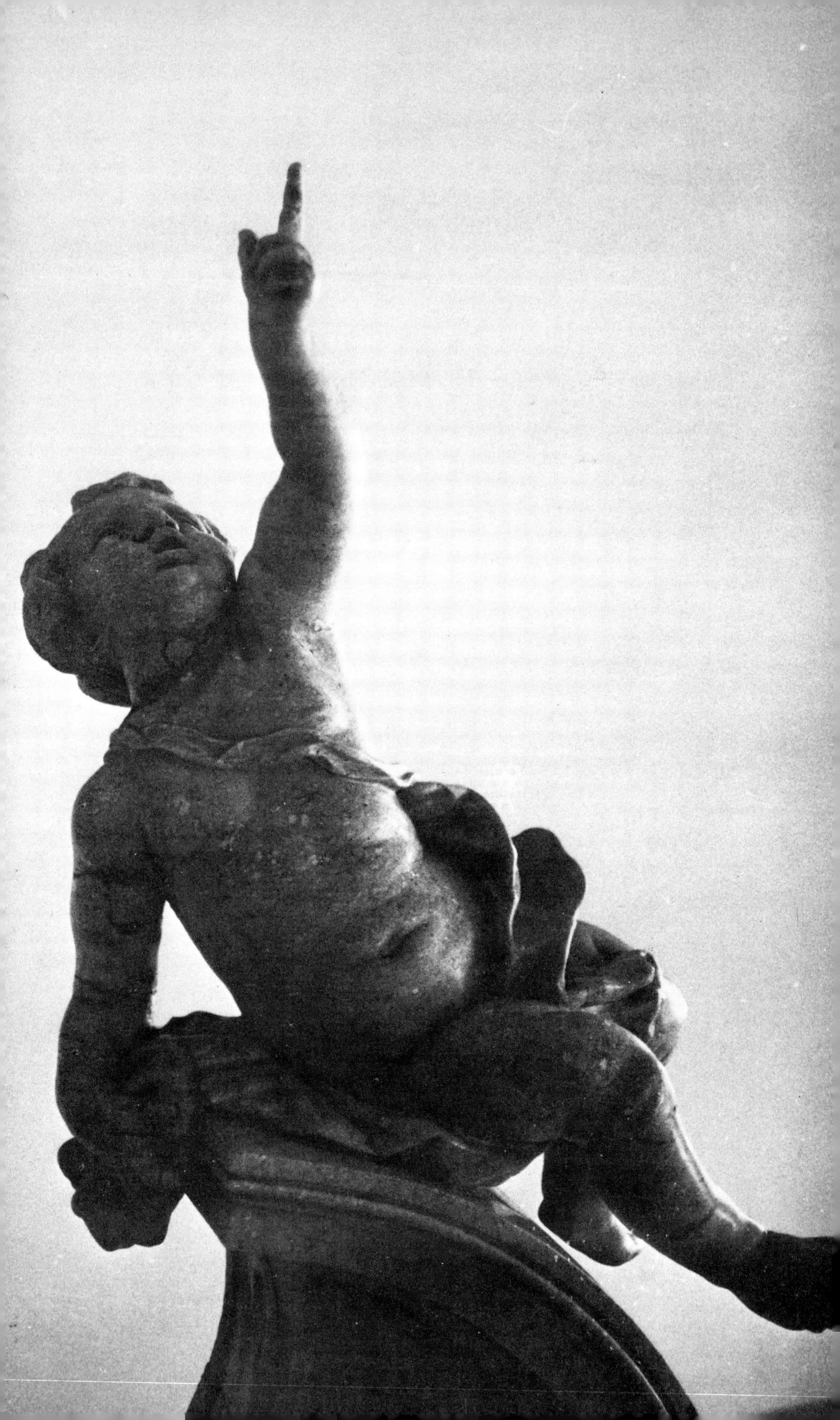

Le dessert du banquet

De Salzbourg à Vienne, que le voyageur ne se croie pas obligé de visiter les deux grandes, les deux monstrueusement grandes abbayes de Saint-Florian et de Melk. Passe encore pour Saint-Florian, où il verra les orgues et la tombe de Brückner. Melk domine du haut d'un éperon rocheux une courbe du Danube ; à part cette belle situation, il ne pourra que juger sévèrement l'exhibition de richesse, de pompe et de mauvais goût, et fuir au plus vite cette église bardée d'or, qui est à l'art baroque ce que Lourdes est au style roman. Qu'il fasse plutôt le détour par Bad Ischl, une petite ville de cure fréquentée au siècle dernier par la famille impériale. Lorsque la Cour s'était rincé le gosier à l'eau minérale, elle se rendait au café Zauner pour goûter à d'autres délices. Il n'y a plus d'empereur, plus de Cour, mais Zauner est resté, avec ses salons or et roses et son escalier en dentelle qu'on dirait dessinés par Dominique Zimmermann. Sur le présentoir qui serpente pour offrir une plus grande capacité d'étalage, je n'ai compté pas moins de cent variétés différentes de gâteaux.

A l'hôtel Sacher, à Vienne, on ne vous en servira qu'une seule, la fameuse Sachertorte. Le décor vaut à lui seul la visite : aux murs, une étoffe rouge sang et des miroirs à petits carreaux ; par terre, un tapis rouge ; au plafond, des lustres à abat-jour d'étoffe ; derrière les tables au plateau chantourné, des sièges en tapisserie. On se croirait au XVIIIe siècle, bien que l'édifice, comme le gâteau, ne date que de 1876. Ce n'est pas la dernière fois que nous surprendrons ainsi la

Raphaël Donner, Angelot (Salzbourg).

nostalgie des Viennois pour leur époque d'or. Ils partagent ce trait avec les Napolitains, et je croirais volontiers avec les habitants de ces deux capitales que jamais, nulle part au monde, il n'a fait bon vivre comme à Vienne et à Naples entre 1730 et 1780. L'hôtel Sacher, situé juste derrière l'Opéra, loge les chanteurs de passage ; et, l'illusion du décor aidant, nous espérons presque que Nancy Storace, qui créa le rôle de Suzanne dans *les Noces*, ou Marianne Gottlieb, la première Pamina de *la Flûte enchantée*, viendra s'asseoir à côté de nous sur la banquette pelucheuse, bien que nous sachions que l'Opéra actuel ne date que de 1868, et que, en outre, aucun spectacle n'y a lieu jusqu'à la fin de l'été. Au reste, pour nous ramener à une époque plus récente, il nous suffit d'attaquer la portion de Sachertorte que le garçon vient de poser devant nous. C'est un gâteau au chocolat, cossu, excellent, mais d'une seule saveur et d'une seule consistance ; en un mot ennuyeux et bourgeois, sans fantaisie, et qui illustre bien les valeurs du siècle où il a été créé : solidité, santé, haute teneur en calories. S'il manque d'imagination, il est bourratif à souhait, et répandra en vous sa force nutritive.

Le génie pâtissier viennois est ailleurs. Même les boulangers se sont mis de la partie : où trouverait-on une telle variété de pains, de croissants, de brioches ? La baguette française, dont nous sommes si fiers, montre une incroyable sécheresse et pauvreté d'invention à côté de cet éventail de pâtes, de croûtes, de garnitures, d'arômes : c'est Rameau comparé à Mozart. En passant par le Hoher Markt, grande place rectangulaire qui recouvre l'ancien forum romain (la ville s'appelait alors *Vindobona*), nous nous avisons que se dressait là au Moyen Age une cage où on enfermait les boulangers accusés d'avoir vendu du mauvais pain ; après quoi on les plongeait trois fois dans le Danube. La mise au pilori de certaines catégories d'individus considérés comme malfaiteurs était d'un usage courant autrefois. Mais alors que les autres villes exposaient leurs voleurs, leurs alchimistes ou leurs prostituées, la plus grande faute à Vienne consistait à manquer sa fournée du matin. Une triple immersion dans le fleuve suffisait à peine à vous laver de ce crime. Admirable civilisation, où une atteinte aux plaisirs de la bouche devait être expiée publiquement !

Vienne a connu, depuis, beaucoup de malheurs, beaucoup

de désastres. Après la Première Guerre mondiale elle a perdu son empire, et n'a plus subsisté que comme chef-lieu de province. En 1938 son élite intellectuelle, qui était juive, a été liquidée, par l'extermination ou par l'exil. Les bombes ont détruit la ville pendant la Seconde Guerre mondiale. Mais elle garde l'élégance de penser que l'édit contre les boulangers coupables mériterait de rester en vigueur, et qu'aucune catastrophe ne justifie le relâchement des traditions. Dans ces rues mélancoliques où s'alignent des palais aux noms prestigieux mais d'une gloire révolue, Schwarzenberg, Kinsky, Lobkowitz, Esterhazy, Liechtenstein, Palffy, Fürstenberg, la pâtisserie est demeurée le seul art baroque en activité.

Kohlmarkt, la courte rue qui conduit à l'ancienne résidence des empereurs (bien lourde et décevante, cette Hofburg), draine dès l'après-midi la petite foule des connaisseurs qui se pressent pour entrer chez Demel. Dans la vitrine, une reproduction en relief de l'affiche du *Parsifal* de Syberberg étale des vallonnements de massepain et des monticules de sucre coloré. Acceptons cet hommage rendu par les pâtissiers à un art qui leur est si proche, mais, puisqu'il s'agissait d'honorer l'opéra, ils auraient pu choisir un auteur et une œuvre dans un répertoire plus ancien et plus conforme au décor de ce café. Les salles, peintes en jaune pâle et ornées de miroirs, s'enjolivent au plafond de stucs dorés et de cornes d'abondance.

Presque en face de Demel s'élève la maison où mourut l'Italien Métastase. Poète officiel de la Cour, il avait passé presque toute sa longue existence à Vienne. Sur chacun de ses livrets, *Didon abandonnée, Achille à Scyros, Alexandre dans les Indes, Sémiramis, Thémistocle, Hercule à la croisée des chemins, Artaxerxès* (quel est le roi, le dieu de l'Antiquité dont il n'ait mis l'histoire en vers, le plus souvent fort beaux, fort mélodieux et d'une facture presque racinienne ?), sur chacun de ses livrets on a écrit des dizaines d'opéras. *La Clémence de Titus*, par exemple, jouée en 1747 à Munich, musique de Cammerloher, à l'occasion des noces de Max III Joseph, le commanditaire du théâtre Cuvilliés, fournit encore à Mozart le sujet de son avant-dernier opéra, en 1791. Métastase, d'après la rondeur voluptueuse de son style et la place de l'amour dans ses intrigues, devait être homme à aimer ses aises et à ne point répugner aux douceurs. Ne serait-il pas désolé, s'il traversait aujourd'hui la rue pour se rendre chez Demel, d'apercevoir à la devanture le profil de celui qui a déclaré la guerre à ses inoffensives pastorales, et substitué aux pâmoisons de reines des chevauchées de walkyries ?

Mais quel est ce groupe qui envahit les salons ? Renonçant au bonheur de contempler les montagnes de gâteaux exposés dans le vestibule, nous courons occuper un des derniers guéridons encore libres. Ils portent au revers de leur veston un rectangle de carton où je lis : « Congrès mondial de la psychiatrie », et le nom du participant. J'aurais pu m'en douter, d'après leur démarche soupçonneuse et l'œil méfiant dont ils épluchent la liste. Les voici bien, les vrais ennemis des jouissances pâtissières ! S'ils le pouvaient, ils me gâcheraient mon plaisir, en m'expliquant que si je mords avec tant d'entrain dans cette croûte à l'abricot, c'est pour défouler mes pulsions agressives, que si je tourne si goulûment ma cuiller dans cette crème au chocolat, c'est que j'en suis resté à un stade narcissique infantile, et que si je suce d'une langue si vorace un des fruits confits plantés dans cette gênoise, c'est que le trauma de mon sevrage n'est pas encore guéri.

Il est étrange de penser que la ville où se confectionnent les meilleurs gâteaux du monde a sécrété aussi, en la personne de Freud, le danger le plus mortel pour la jubilation gustative. Bien que la Berggasse, où le fondateur de la psychanalyse a vécu presque un demi-siècle, ne soit guère éloignée de Demel, on s'imagine mal le sourcier des rêves attablé ici devant un baba. Ses disciples, en tout cas, se tiennent sur leurs gardes et s'observent. Comme il doit être triste de vivre sans pouvoir se dire simplement : ce gâteau me plaît parce qu'il me plaît ! Non, il faut toujours trouver une raison dans la petite enfance, une cause inavouée et honteuse ; et c'est un spectacle comique que de voir ces hommes et ces femmes accourus du monde entier pour échanger leurs travaux sur l'angoisse de castration ou le fantasme d'éclatement, mais incapables de s'abandonner sans réticences aux délices du roulé au pavot. Nos deux voisins me font vraiment peine. L'un ose à peine enfoncer la cuiller dans sa mousse à la pistache, l'autre, au lieu de savourer à loisir son feuilleté aux noix, prend le parti de l'avaler en hâte, de peur de trahir devant ses collègues quelque secret enfoui dans les ténèbres de son inconscient.

Nous croyions Demel imbattable. A cinq minutes de ce pâtissier célèbre nous avons trouvé mieux, chez Lehmann. Cette Konditorei, moins prestigieuse en apparence, s'ouvre sur le Graben, place oblongue tracée sur l'emplacement du fossé *(Graben)* de l'antique enceinte romaine. C'est depuis longtemps le centre de Vienne et le débouché des petites rues auxquelles tant de souvenirs nous attachent : Spiegelgasse, où Schubert composa la *Symphonie inachevée*, Dorotheergasse, où Kafka, quand il venait de Prague, descendait. Mais chassons ces fantômes d'un passé mort pour ne prêter attention qu'à ce chef-d'œuvre de la seule culture qui soit restée ici vivante : une pyramide de mousse à la fraise creusée de cannelures en spirales. Elle s'élève en pointe vers la fraise des bois qui la couronne, et, dans les plis des volutes, d'autres fraises des bois tendent leurs gemmes écarlates. Un objet qui se mange d'abord des yeux et comble en premier lieu le goût esthétique, tant il semble être une quintessence de nourriture, au point qu'on hésite à en mettre un morceau sur sa langue et à en abîmer l'immatérielle substance par un contact trivial avec le palais.

De notre table nous apercevons, au milieu de la place, un monument bouillonnant de statues et de nuages, et dressé lui aussi comme une pyramide. Nous irons l'examiner une autre fois. Contentons-nous de noter, pendant que l'ultime parcelle crémeuse distille au fond de notre bouche sa fraîcheur parfumée, que si la débauche de stucs dans les églises nous a souvent paru comparable à une orgie de meringue, cette fois c'est le gâteau qui s'est inspiré de la sculpture. Raison de plus, s'il en fallait une autre que sa capiteuse perfection, pour le choisir entre tous et l'inscrire au menu de notre banquet, où il régalera dignement nos anges.

Raphaël Donner : le Pêcheur...
sans bassin, sans eau, sans harpon, sans poisson.
(Vienne, Musée du Belvédère).

Victimes de l'opéra

Que Vienne soit par excellence la ville de la musique, nul ne l'ignore. Il suffit de se promener dans le cimetière central, où le quartier des musiciens réunit les tombes de Beethoven, Schubert, Gluck, Brahms, Hugo Wolf, Johann Strauss et Schönberg. Alban Berg repose au cimetière de Hietzing, Gustav Mahler dans celui de Grinzing, Haydn dans celui de Gumpendorf, Mozart au cimetière de Saint-Marc, dans la fosse commune où il fut jeté, après que seul un chien eut suivi son corbillard.

Ce qu'on sait moins, c'est la force d'attraction que l'opéra a toujours exercée à Vienne, même sur les musiciens que leur génie ne prédisposait pas au théâtre. Premier exemple illustre : Beethoven. A la fin de 1802, le directeur du théâtre *an der Wien*, qui n'est autre que Schikaneder, le librettiste de *la Flûte enchantée*, propose à Beethoven d'écrire un opéra. Le compositeur, âgé de trente-deux ans, en est à sa dix-huitième sonate pour piano, à sa deuxième symphonie, à sa huitième sonate pour piano et violon, à son troisième concerto pour piano et orchestre. De plus en plus sourd, il lutte contre des crises de profonde dépression, dont l'une vient de lui dicter le bouleversant testament d'Heiligenstadt. L'offre de Schikaneder, il l'accepte aussitôt : comment s'imposer à Vienne sinon par l'opéra ? Depuis la mort de Mozart, des étrangers ont assuré la relève, Paisiello, Cimarosa — dont *le Mariage secret*, adoré de Stendhal, et jalon essentiel entre Mozart et Rossini, a été créé ici, au Burgtheater, en 1792 —, Cherubini. Beethoven s'installe dans un appartement mis à sa disposition au théâtre *an der Wien*, mais, quelques semaines après, poussé par le vent de tempête qui l'arrache à tous les lieux où il essaye de prendre racine, il déménage à nouveau. L'année suivante, au printemps, le projet rebondit. Le successeur de Schikaneder confie à Beethoven un livret du Français Bouilly, *Léonore*, et le reloge au théâtre. Pour peu de temps. Le compositeur, plus qu'à *Léonore*, travaille, ballotté çà et là entre divers quartiers de Vienne, à la *Symphonie héroïque*, aux *Sonates « Aurore »* et *« Appassionata »*, à la *Sonate à Kreutzer* pour violon et piano. Ce n'est qu'après l'été 1805 que l'opéra entre en répétition. Première le 20 novembre, four complet, trois représentations en tout. On a incriminé les événements politiques, le choix fâcheux de la date, entre l'entrée des Français à Vienne le 12 novembre et la bataille d'Austerlitz le 2 décembre, la médiocrité du livret, la mauvaise qualité de l'orchestre.

Après un gros travail de remaniements et de coupures, Beethoven présente le 29 mars 1806 la deuxième version de *Léonore*. Le public ne se montre pas plus chaud. Cette fois, l'œuvre est retirée après la seconde représentation. Le théâtre *an der Wien* existe toujours. Derrière l'église Saint-Charles il dresse sa façade jaune à fronton triangulaire. Une statue de Schikaneder sous le plumage de Papageno couronne le portail, hommage à l'homme qui avait l'opéra dans le sang, à la différence du plus célèbre de ses commandités. En janvier 1814 seulement, *Léonore* revient sur le chantier. Nouveau librettiste, nouveau scénario, nouvelle musique et même nouveau titre. La première de *Fidelio* a lieu le 23 mai. Grand succès. Beethoven était désormais l'auteur fameux de huit symphonies, de onze quatuors, de vingt-six sonates pour piano, du trio pour l'Archiduc, du *Concerto de l'Empereur*. Quelque admiration qu'on puisse avoir pour les nombreuses pages sublimes de *Fidelio*, il faut admettre que l'œuvre qui a coûté le plus de tourments à Beethoven est une construction boiteuse, dont le héros n'apparaît qu'au second acte, un produit hybride qui commence en opérette et finit en oratorio.

L'entrevue avec Rossini, en 1822, montre bien l'incompatibilité entre un esprit baroque et un esprit romantique. « Ah ! Rossini, c'est vous l'auteur du *Barbier de Séville* ? Je vous en félicite ; c'est un excellent opéra bouffe ; je l'ai lu avec plaisir, et je m'en suis réjoui. Ne cherchez jamais à faire autre chose que de l'opéra bouffe ; ce serait forcer votre destinée que de vouloir réussir dans un autre genre. L'*opera seria*, ce n'est pas dans la nature des Italiens. Pour traiter le vrai drame, ils n'ont pas assez de science musicale... » Le « vrai drame » : c'est-à-dire celui qu'on écrit avec la conscience de remplir un devoir sacré. Beethoven trahit par ces mots la conception qu'il se fait de la musique : une mission, un sacerdoce, et il inaugure cette lignée d'auteurs fanatiquement dévoués à leur art qui aboutira à Wagner et aux liturgies de Bayreuth. L'humour, composante essentielle du baroque, parce que la conscience du temps qui fuit et de la vanité de tout n'épargne même pas le travail créateur, manque totalement à ces grands prêtres de la musique. Pour signifier à Rossini en quel dédain il tient ses œuvres, Beethoven le félicite d'être un amuseur, un virtuose du genre bouffe, sans s'apercevoir qu'il condamne par ce compliment ambigu l'opéra italien tout entier, car l'opéra italien, qu'il soit comique ou sérieux, est toujours plein d'humour, est toujours baroque — du moins jusqu'aux années 1830, tant que Bellini puis Verdi n'y auront pas insufflé le pathos romantique. *Le Couronnement de Poppée* ou *les Noces de Figaro*, *le Mariage secret* ou *Tancrède* parlent de choses aussi «profondes» que *Fidelio*, mais au lieu de les dire avec une mine tragique, leurs auteurs croient qu'il vaut mieux tourner en dérision les injustices, les désordres, les laideurs du monde.

Rossini, qui avait tenu, lors de son voyage triomphal à Vienne, à rendre visite au chef incontesté de l'avant-garde musicale, a dû se dire en lisant la partition de *Fidelio* qu'il y avait là des pages plus admirables que celles que lui-même écrirait jamais, mais que ce n'était pas de l'opéra. On sait de quelle manière il suivit les conseils de Beethoven : rentré en Italie, il se mit à composer *Semiramis*, une *opera seria* à sujet historique, dont il soigna avec une attention inaccoutumée la partie orchestrale, au grand dépit de Stendhal, qui jugea cette œuvre trop influencée par la mode « allemande ». A nous, cependant, elle semble un triomphe absolu du *bel canto* baroque, et si ce feu d'artifice vocal ne nous jette pas, comme *Fidelio*, dans une méditation angoissée sur la condition humaine, il nous éblouit, nous étourdit, nous enivre, nous soulève, nous chavire comme peu d'opéras.

Avant Beethoven, on trouve une première victime de ce devoir d'écrire pour le théâtre. Engagé comme maître de chapelle par les princes Esterhazy, Joseph Haydn resta trente ans à leur service. Les Esterhazy possédaient deux grands châteaux de campagne, le premier à Eisenstadt, que nous allons visiter, à une cinquantaine de kilomètres à l'est de la capitale. C'est une grosse bâtisse carrée, jaune et terne. La salle de musique, où Haydn dirigeait l'orchestre, est aussi vaste, froide et rébarbative qu'un corps de garde. Aussi ne dut-il pas être mécontent de suivre le prince Nicolas dans sa seconde résidence, près du village de Fertöd, aujourd'hui en Hongrie, où il habita vingt-quatre ans, de 1766 à 1790. En entrant dans la cour de ce château dont la façade s'arrondit en demi-cercle, je songe que le séjour de Haydn à Esterhaza a correspondu presque exactement aux années créatrices de Mozart. Le baroque hongrois, dont nous avons vu d'autres échantillons dans la plaine qui s'étend de Vienne à Budapest, est modeste, plein de rusticité et de bonhomie. Esterhaza n'échappe pas à la règle. Des ornements très simples autour des fenêtres distingueraient à peine le palais d'une maison de campagne cossue, si le double escalier et le perron ne déployaient quelque faste. Mais, de statues, pas une seule. Quant au théâtre, il n'existe plus. Il contenait quatre cents places. Haydn, qui en avait la direction, y fit jouer une centaine d'opéras, pour les fêtes somptueuses données par le prince Nicolas. Si on était à court d'une œuvre nouvelle, il revenait à lui de la fournir. Il se trouve être ainsi l'auteur de vingt-quatre opéras. Bien que l'oubli complet où ils étaient tombés fût injuste, le bruit qu'on fait aujourd'hui autour de leur exhumation est exagéré. Œuvres honnêtes, sans génie, d'un homme doué pour tous les genres sauf pour le théâtre. Et du génie, il lui en fallait, pour arriver à écrire plus de cent symphonies, quatre-vingt-trois quatuors à cordes, quinze messes solennelles, cinquante-deux sonates pour piano, en ayant à ses côtés une épouse qui, véritable *bestia infernalis* comme il l'appelait, utilisait ses partitions pour faire des bigoudis, chemiser les terrines à pâté ou garnir les moules à gâteau du ménage.

Gustav Mahler, dans sa jeunesse, s'est attelé à la tâche épuisante, et qui n'a guère profité à sa gloire, de terminer l'opéra ébauché par Weber, *Drei Pintos.* Hugo Wolf, dont le génie maladif et miné par la démence ne pouvait respirer que dans l'air raréfié et saturé du *lied,* s'est fourvoyé dans la composition d'un opéra, *le Corregidor.* Schönberg, enfin, sortant pour une fois de ses recherches abstruses, a tenté de conquérir un public par un opéra, *Moïse et Aaron.* Trois échecs, qui ne pouvaient être que des échecs. Parmi les grands musiciens établis à Vienne, il n'y a guère que Brahms et Bruckner qui aient eu la sagesse de repousser les appels d'une sirène à laquelle ils n'auraient succombé qu'en se parjurant.

Mais, s'il en est un à qui cette tentation a été funeste et n'a apporté que déceptions, amertume et chagrin, c'est bien Franz Schubert, le plus infortuné, le plus malheureux des compositeurs dont le nom reste attaché à la capitale autrichienne. Être flanqué d'une épouse acariâtre ne procure pas le bonheur ; devoir déménager sans arrêt à cause d'une nature irascible et insociable éloigne la sérénité ; mourir de misère à trente-cinq ans après avoir été un enfant prodige paraît un destin peu enviable : mais, pour un créateur épris d'absolu, il y a un sort encore plus terrible, c'est d'être pris pour un bon vivant et un joyeux drille.

Vienne abonde en lieux de pèlerinage schubertiens : à chacun se raccroche une légende qui accrédite le cliché du gentil garçon, du boute-en-train que ses accès de mélancolie n'empêchent pas d'être gai et serviable. Pas de plus joli endroit pour naître que cette petite maison de la Nussdorferstrasse, agrémentée d'une cour étroite blanchie à la chaux, d'un balcon de bois ajouré, d'une pompe à eau rustique, d'un jardin : l'enfant qui a grandi là semble contraint à n'éprouver toute sa vie que de fraîches émotions agrestes. De onze à seize ans, nous le retrouvons élève de la chapelle impériale et logé dans le bâtiment qui avait servi à l'Université des Jésuites : nouvelle occasion de s'attendrir sur celui qu'on ne peut qu'imaginer semblable aux Petits Chanteurs de Vienne d'aujourd'hui, avec une voix d'ange et un costume marin. Puis, pour le jeune homme, ce sont les parties de campagne dans le faubourg de Grinzing : il fume sa pipe avec les camarades, fait danser les filles en leur jouant des valses au piano, se grise au vin blanc, non sans se dire (et là nous n'opposerons aucune objection) qu'il est bien heureux qu'à Vienne les vignobles ôtent son monopole au houblon, et la civilisation du vin combatte la civilisation de la bière. A la fin de la soirée — complément obligatoire de l'imagerie schubertienne — il choisit une table à l'écart, pour écouter le murmure des ruisseaux qui descendent du Kahlenberg et jeter d'un trait sur le papier la mélodie immortelle de *la Truite*. Enfin, près des anciens bastions, on montre au visiteur une gracieuse maison surnommée « Dreimäderlhaus », selon la tradition qui veut que trois sœurs de la même famille aient reçu les assiduités du musicien. Légende particulièrement inepte quand on sait que, tel Tonio Kröger dans la nouvelle de Thomas Mann, il a cédé sa fiancée à un voisin, pour ne courtiser ensuite que des femmes hors de sa portée. Constance dans les amours impossibles, qui pourrait bien être le signe d'un éloignement naturel à l'égard du sexe féminin.

Il suffit d'écouter *le Voyage d'hiver* pour comprendre que le climat de Schubert n'est pas la tiédeur des amourettes champêtres, mais le froid, le gel, le désert, la blancheur nue de la solitude. Le tilleul qui y étend son ombrage n'est pas de ces arbres sous lesquels on met sa cannette au frais, mais de ceux qui ornent le pied d'une tombe. Où se trouve, cependant, à Vienne, la plaque qui signalerait le lieu de composition du *Voyage d'hiver* ? Quel indice nous rappellera où furent écrits le Quintette pour deux violoncelles, la sonate pour piano en si bémol majeur, le lied du *Pâtre sur le rocher*, et tant d'autres chants qui comptent parmi les plus désespérés jamais jaillis d'un cœur humain ? Il est entendu que Vienne est une ville gaie et que Schubert doit incarner l'humeur primesautière et insouciante de ses compatriotes : tel est le rôle qu'on lui a assigné dans l'histoire de la musique. Serait-elle fausse, la légende du *Requiem* de Mozart et du messager inconnu venant à quelques semaines de sa mort lui passer cette commande funèbre, rend justice à la dimension tragique de l'auteur du concerto en ré mineur et des quatuors dédiés à Haydn ; même si ses portraits les exagèrent, les cheveux en bataille, le regard farouche et le menton impérieux de Beethoven ne trahissent pas la grandeur du personnage. Il n'y a que Schubert sur lequel on ne colporte que des images lénitives et bêtifiantes. Lui seul n'a le droit que de sourire et de distraire.

Une longue perche portant à son extrémité une couronne de sapin indique les tavernes de Grinzing où le vin nouveau est arrivé. Pour un peu on vous persuaderait que Schubert en personne vous attend dans la guinguette, prêt à diriger pour vous une chorale d'amateurs et à empoigner de ses mains l'accordéon du bal champêtre. N'est-il pas le premier de cette lignée d'amuseurs qui a pris son envol avec Johann Strauss, s'est épanouie avec Franz Lehar et conserve, en notre siècle, toute sa vigueur avec Robert Stolz ? Jean-Paul Sartre, qui n'en était pas, il est vrai, à une sottise près quand il tranchait à tort et à travers, qualifie la musique de Schubert de « bassement mélodique ».

Mais le plus étonnant, le plus triste, le plus désolant est de constater que lui-même, avec ce raffinement autodestructeur de ceux qui se vouent à l'échec, a tout fait pour se rapetisser aux yeux de ses contemporains. C'est ici que se place l'histoire tortueuse et navrante de ses rapports avec l'opéra. On a peine à croire qu'un être aussi secret, aussi solitaire, pour qui l'intimité du lied était une nécessité absolue, ait pu écrire ou commencer à écrire pas moins de quatorze opéras. Beaucoup plus, relativement, que Mozart ou que Haydn, puisque le premier écrivait les siens sans effort et qu'il faut comparer les soixante-dix-sept années de la longue existence du second aux brèves trente et une années de Schubert. Quatorze opéras ou tentatives d'opéras : pas de salut hors du théâtre ! La tradition baroque à laquelle Schubert n'appartenait pas pesait d'un poids si lourd à Vienne qu'aucun de ses enfants n'y pouvait échapper. Ce tribut coûta cher à celui qui avait trouvé, dès l'âge de dix-sept ans, sa voie en écrivant *Marguerite au rouet.* Fours retentissants ou refus purs et simples des directeurs de salles, ce ne fut qu'une suite de déboires et de faillites.

Schubert s'obstinait dans une route sans issue. Mais ce n'est pas tout. S'il s'était engagé à fond dans ces œuvres, si elles n'avaient échoué que par trop-plein d'inspiration, par excès de beautés musicales ou par défaut d'instinct dramatique, on pourrait penser qu'une grande destinée posthume leur assurera la revanche. Tel n'est pas le cas. On connaît plusieurs de ces opéras par le disque, aujourd'hui : *Alfonso et Estrella, la Guerre des femmes, les Deux Jumeaux, Fierabras, Quatre ans de faction, les Amis de Salamanque.* Les titres seuls annoncent la couleur : légère, discrète, modeste. Livrets insignifiants, mais la musique ne vole guère plus haut. Bien tournée, pimpante, agréable, ce n'est que de la musique d'opérette. Schubert, en abordant un genre par lequel on gagnait la faveur des Viennois, s'efforça de mettre de son côté le maximum d'atouts : donc, ne pas les effrayer par un ton grave ou passionné, leur servir des bluettes d'une consommation facile. Peut-être se souvenait-il des mésaventures de Beethoven, des déconvenues de Mozart lui-même :

les Noces de Figaro et *Don Giovanni* n'avaient triomphé qu'à Prague. Ainsi l'échec de Schubert auteur d'opéras fut-il double : parce que le compositeur n'avait pas le sens du théâtre, et parce qu'il se défia de son propre génie. Croyant plus habile de toucher par une musique superficielle le public frivole du Congrès de Vienne, il badina, il minauda. Ces spéculations ne lui rapportèrent pas un sou, il s'était avili pour rien. Une œuvre qu'on fait par concession, et que ne couronne pas la réussite, ajoute l'humiliation au fiasco.

Une seule personne ne se résigna pas à une telle débâcle. Parmi les amis de Schubert, Moritz von Schwind, son cadet de sept ans, devint un des meilleurs peintres de l'école romantique. Beaucoup de tableaux qu'on voit dans les musées allemands ou viennois et qui représentent des cascades, des ravins, des forêts, sont de sa main. Sa toile la plus célèbre montre un garçon renversé sur le dos qui souffle dans un cor : on utilise souvent cette image pour illustrer le *Knabenwunderhorn* de Mahler. Lorsque Maximilien II de Bavière, le père de Louis II, n'était que prince héritier, il appela Moritz von Schwind pour décorer de fresques Hohenschwangau. Le peintre évoqua les vieilles fables germaniques et les héros des chansons de geste. Sans le savoir, il ouvrait ainsi la voie aux rêveries wagnériennes de celui qui, à la fenêtre de ce même château, surveillerait la construction de la forteresse de Neuschwanstein bâtie pour servir d'écrin aux légendes de Tannhaüser et de Lohengrin.

Mais autre est le titre par lequel Moritz von Schwind s'est à jamais attaché notre gratitude. Lors de l'édification du nouvel Opéra de Vienne, entre 1864 et 1868, on lui confia le soin d'illustrer, en quatorze médaillons qui orneraient le foyer, les plus grands opéras de tous les temps. L'*Armide* de Gluck, *la Création* de Haydn, *la Flûte enchantée, la Vestale, Fidelio, le Barbier de Séville,* le *Freischütz, les Huguenots* et six autres considérés alors comme les plus importants du répertoire. Mais, pour le quatorzième médaillon, qui devait revenir à Bellini, il choisit, par une substitution arbitraire, un ouvrage complètement oublié, *la Guerre des femmes* de son ami de jeunesse mort depuis quarante ans. Touchant geste de piété, bien nécessaire au moment où, glorifié dans son nouveau temple, l'opéra réaffirmait sa suprématie sur tous les arts à Vienne, inconscient des victimes qu'il avait pu faire en chemin.

TIBI REGI SÆCULORUM
UNI IN ESSENTIA ET TRINO IN
DEO.
ETERNO ET IMMENSO,
OMNIA SUNT POSSIBILIA,
EST ABSCONDITUM
DISPOSITIONE
INFINITE
CUIUS
CUIUS
CUIUS
UNIVERSUM
OMNIA OPERA

Tod in Wien

Il n'y a pas de beaux monuments à Vienne. J'espérais que la rivalité des deux architectes baroques, Fischer von Erlach et Hildebrandt, eût produit un de ces duels entre deux tempéraments qui marquent une civilisation. Mais le second, plus jeune de douze ans, a succédé au premier, sans rupture, en se contentant de prendre la relève. Tous deux s'étaient formés au contact du baroque italien : Fischer von Erlach qui, d'abord sculpteur, avait travaillé de longues années à Rome comme apprenti chez le vieux Bernini ; et Hildebrandt, né à Gênes d'un père officier et ingénieur des fortifications. Au premier on doit l'église Saint-Charles-Borromée, dont la nef ovale et la façade flanquée de deux hautes colonnes pourraient rappeler la borrominienne église de la place Navone, Sainte-Agnès ; au second l'autre église plus remarquable de Vienne, Saint-Pierre, également ovale. Parmi les palais, Fischer von Erlach a construit la Chancellerie de Bohême, ornée d'atlantes et de *putti*, le portail et l'attique du palais Lobkowitz, où la *Symphonie héroïque* de Beethoven fut jouée pour la première fois ; Hildebrandt les deux Belvédères, résidence d'été du prince Eugène de Savoie, et le palais Kinsky, le plus accompli de tous, avec ses atlantes et son magnifique escalier.

Mais leurs styles ne sont-ils pas interchangeables ? Que celui qui a honte de ne les pouvoir bien distinguer se rassure : il est arrivé à ces deux architectes de travailler aux mêmes édifices. Ainsi, Fischer von Erlach a bâti le superbe escalier à atlantes du Palais d'hiver pour le prince Eugène,

La colonne du Graben (Vienne).

mais c'est Hildebrandt qui a terminé la façade. Au palais Schwarzenberg, opération inverse : Fischer von Erlach se chargea de la construction, mais d'après les plans dessinés par Hildebrandt. S'imagine-t-on Borromini acceptant de réaliser un projet de Bernini ? Ou Zimmermann mettant la dernière main à une église de Johann Michael Fischer ? L'incongruité d'une telle hypothèse indique quelles limites on doit assigner à la personnalité des deux maîtres d'œuvre viennois.

Au reste, plus que ces ambitieux monuments commandés par l'aristocratie, nous touchent les simples maisons qu'ils destinaient à leur clientèle bourgeoise. Le charme de Vienne tient à ces rues étroites bordées d'élégantes façades, que des guirlandes en relief relèvent d'un sobre feston. Rien de plus charmant que les fenêtres : elles brillent à fleur de façade, illuminant la rue des mille reflets qu'elles se renvoient d'un bord à l'autre par leurs petits carreaux.

Si Vienne devait être dans les années 1750 la ville du monde la plus agréable à habiter après Naples (bien après...), c'est à la veille de la Première Guerre mondiale qu'on y trouve la plus forte concentration d'intelligences et de talents. Imaginons une promenade dans ces jolies rues fraîches, et quelles rencontres on y pouvait faire, en l'an de grâce 1911, à l'apogée de l'empire autrichien. Gustav Mahler vient de mourir ; mais, à écouter les propos que se tiennent deux amis revenant à pied de l'enterrement, on comprend que si un grand musicien a disparu, la musique se porte mieux que jamais. Schönberg explique que ses *Gurrelieder*, tout juste terminés, gardent quelques traces d'influence wagnérienne, mais qu'il prépare, avec *Pierrot lunaire*, une révolution complète. Alban Berg — c'est le nom du second ami — expose son projet de tirer un livret de *Wozzeck*, la pièce de Büchner qu'il a vue récemment au théâtre : à quelle plus noble tâche pourrait-il se livrer que de faire revivre l'opéra autrichien supplanté depuis soixante ans par l'opéra allemand de Wagner et par l'opéra italien de Verdi ?

Le poète Hugo von Hofmannsthal rentre lui aussi du cimetière, mais dans une voiture attelée de deux chevaux gris, en grand seigneur qu'il est. Il se demande s'il aura assez de crédit pour obtenir de la Cour qu'elle lui cède deux de ses chevaux espagnols, qui font la gloire du Manège impérial et paradent chaque dimanche dans la salle blanche à colonnes construite par Fischer von Erlach fils. Ces bêtes merveilleuses naissent avec un pelage presque noir, qui tourne ensuite au gris pommelé. A l'âge de huit ans leur robe devient entièrement blanche, privilège unique parmi la gent équidée. Hofmannsthal, écrivain de grand goût mais ennemi des révolutions, s'inquiète de ces bouleversements qu'il perçoit dans la vie musicale : aussi songe-t-il qu'on pourrait fonder à Salzbourg un festival où on remettrait en valeur les chefs-d'œuvre du passé. Il en touchera un mot à Richard Strauss, et même, pourquoi pas ? encouragé par le succès récent du *Chevalier à la rose*, il lui proposera d'écrire d'autres opéras en commun, par exemple une *Ariane à Naxos*, pour troquer la Vienne de Marie-Thérèse, encore présente dans les façades du Kohlmarkt que remonte maintenant sa voiture, contre la Grèce des dieux. Quel dommage, pense-t-il, que son ami n'ait pas songé quelques années plus tôt à demander les décors de son opéra biblique *Salomé* au peintre Gustav Klimt ! *Le Baiser* vient de faire sensation à Vienne : cet homme et cette femme enlacés sur fond d'or byzantin ont apporté un frisson nouveau. Le même tremblement d'une suavité indicible quoiqu'un peu écœurante qu'on éprouve lorsque la jeune héroïne d'Oscar Wilde danse et se dépouille de ses voiles pour obtenir la tête de saint Jean.

Mais quel est cet attroupement qui oblige le carrosse à ralentir au bout du Kohlmarkt ? Ah oui ! en face de la Hofburg, voici la maison construite l'an dernier par l'architecte Adolf Loos, dans le style Art Nouveau : une façade nue, sans guirlandes, sans fioritures, avec pour fenêtres de simples ouvertures carrées dépourvues de corniches et de festons. L'empereur François-Joseph en fut si indigné que, pour éviter de passer devant ces « fenêtres sans sourcils », il donna l'ordre à son cocher de sortir désormais du palais par une autre porte.

S'il suffisait de tirer sur les rênes de son cheval pour empêcher la marche du temps ! Les structures intellectuelles de la bourgeoisie craquent de toute part. Quel est cet homme qui, sorti de la Kochgasse derrière l'Hôtel de Ville, se hâte vers la non lointaine Berggasse ? C'est le romancier Stefan Zweig qui se rend chez le Dr Sigmund Freud. La deuxième édition des *Trois Essais sur la théorie de la sexualité* vient de paraître, et l'écrivain tient à apporter le témoignage de sa sympathie au savant injurié et vilipendé qui lutte contre la réprobation unanime. Les divers textes dont il a le projet en tête, *la Confusion des sentiments* ou *Vingt-quatre heures de la vie d'une femme*, fortifieront les hypothèses avancées par la psychanalyse. Que l'instinct sexuel soit la principale force à mouvoir le monde, c'est ce que pense un autre écrivain, Arthur Schnitzler. Il marche seul dans la rue et se parle à lui-même, car il travaille à mettre au point un procédé littéraire appelé à bouleverser l'art du récit : le monologue intérieur, qui aura une si grande fortune dans le nouveau siècle.

Un groupe de trois jeunes gens déambule sur le Ring, ce boulevard de ceinture construit à la place des anciens remparts rasés au début du règne de François-Joseph. La décision, prise à la même époque, de bâtir les nouveaux monuments officiels chacun dans un style différent, le Parlement avec des colonnes grecques, l'Hôtel de Ville en gothique médiéval, l'Université dans le style Renaissance et le Théâtre dans le style baroque, reflète bien le désarroi qui s'était emparé dans les années 1870 d'une capitale où l'harmonie architecturale était aussi difficile à trouver que la cohésion entre sujets de races, de religions et de langues différentes. Aussi nos trois amis, après s'être moqués de cet amalgame de styles hétéroclites, se taisent-ils, en proie à la tristesse. Comme ils paraissent soucieux malgré leur âge ! C'est que les obsèdent la lente désagrégation de la monarchie austro-hongroise et l'inévitable assombrissement de leur avenir. Le plus jeune, Joseph Roth, n'a que dix-sept ans, mais le grand roman qu'il médite, *la Marche de Radetzky*, dont le titre emprunté à Johann Strauss claque comme une gifle ironique au monde factice de l'opérette viennoise, n'aura pour sujet que le déclin de la société habsbourgeoise et l'effritement de l'Empire. Hermann Broch, par le titre même qu'il donnera à sa trilogie, *les Somnambules*, dénoncera l'illusion de la Belle Époque : sous des dehors brillants, elle s'avançait en aveugle vers le désastre et la ruine. Le plus vieux des amis, que la gloire, à mérites égaux, choisira arbitrairement de favoriser, s'appelle Robert Musil. Comme son contemporain le philosophe Karl Kraus, il pourrait dire que son pays est « le banc d'essai de la décadence de l'Europe ». En tout cas il prouvera, dans son roman-fleuve, que d'avoir respiré l'air crépusculaire et décomposé de

Vienne dans les années 1910 conduit à une vision nihiliste de l'humanité.

L'avenir ne les démentirait pas. Quel sort tragique ils connaîtraient presque tous ! Hofmannsthal, mort de chagrin après le suicide de son fils, en 1929 ; Freud, déjà très âgé et atteint d'un cancer à la gorge, obligé de se réfugier en Angleterre, après l'invasion nazie de 1938 ; les autres juifs contraints à l'exil ; Joseph Roth mort de misère et d'alcoolisme dans un asile parisien, en 1939 ; Stefan Zweig, acculé par le désespoir politique au suicide, en 1942 ; Webern, l'autre élève de Schönberg, tué d'une balle perdue par un soldat américain, en 1945 ; et Schönberg, Musil, Broch, errant par le monde à la recherche d'une seconde patrie. L'extermination de l'élite autrichienne apparaît comme la plus grande catastrophe culturelle de notre siècle. La ville où sont nées à la fois la psychanalyse, la musique moderne et, avant Proust et Joyce, la littérature de l'inconscient, n'est plus qu'un caveau de souvenirs.

A mi-chemin de l'Opéra François-Joseph et de la cathédrale gothique, on rencontre le Neuer Markt, place qu'enjolive une fontaine baroque, un des plus insignes monuments de la capitale. Voilà bien un endroit, au carrefour de trois styles, pour venir rêver à la précarité des civilisations. Raphael Donner a sculpté en 1739 sur la margelle de la fontaine deux grandes statues de femmes et deux grandes statues d'hommes : elles représentent quatre rivières autrichiennes, la Traun, l'Enns, l'Ybbs et la March. Évidente l'allusion à la fontaine de la place Navone, mais non moins manifeste la conscience de n'être qu'un artiste local, qui ne peut pas se permettre, comme un génie planétaire, de déranger le Nil et le Gange, le Danube et le Rio de la Plata. Les hommes nous paraissent mieux réussis que les femmes. D'un côté un vieillard qui brandit une rame ; en face, sur le point de harponner un poisson, un jeune homme aussi remarquable par sa beauté qu'intrigant par sa pose. Le vent soulève ses cheveux en une mèche impétueuse. Tout nu, il se penche au-dessus de l'eau, les jambes écartées, l'une appuyée sur le sol derrière lui, l'autre repliée sur la margelle. Formes étirées, très pures, encore proches de la statuaire maniériste du XVIe siècle (Giambologna ou Cellini). Anato-

mie superbe, modelé gourmand de chaque muscle, jeux de la lumière sur les surfaces lisses du métal noir, miroitements de l'eau sur le bronze. Stupeur devant ces fesses et ces cuisses tendues sous l'effort de maintenir le corps en équilibre, et offertes impudiquement au regard. Est-il possible que la violence érotique de cette posture n'ait pas scandalisé les contemporains ?

Ces quatre statues, copies des originaux en plomb conservés au musée d'Art baroque du Belvédère inférieur, nous toucheront-elles encore plus dans leur forme première ? Le plomb noir, souple et malléable, accroche mieux la lumière. Donner exploite à merveille les possibilités de ce matériau : qui pourrait l'égaler en habileté plastique et en virtuosité luministe ? Mais c'est une erreur que d'avoir ôté ces statues à leur cadre. Ou alors, il aurait fallu reconstituer dans le musée la fontaine. Faute de bassin, on s'explique mal leurs attitudes ; faute d'eau, il leur manque le chatoiement des reflets ; le harpon et le poisson, n'étant pas jugés assez nobles pour un musée, ont disparu. Et un monument baroque, nous le savions déjà, a besoin, pour vivre, de l'animation de la place et de la chaleur de la foule.

Autre curiosité du Belvédère inférieur : l'interminable galerie de bustes sculptés par un original contemporain de Haydn, de Beaumarchais et de Fragonard, Franz Xaver Messerschmidt. Il s'est amusé à faire toutes les grimaces possibles dans son miroir et à les reproduire en plomb. Des dizaines de têtes où se lisent tour à tour le courage, la mélancolie, la colère, l'apathie, l'obstination, le fanatisme, la sénilité, l'ennui, l'exaspération, l'idiotie, la vengeance, nous dévisagent de leurs yeux plissés, écarquillés, exorbités, injectés, aliénés, hallucinés. Elles ricanent, pleurent, boudent, hurlent, se contorsionnent, aboient, la bouche tantôt fermée dans une crispation tétanique, tantôt secouée d'une hilarité démente, tantôt fendue jusqu'aux oreilles, le front labouré de rides ou creusé d'une obsession unique, les cheveux plats, bouclés, frisés, à couettes ou à perruque ou rasés.

Né en Bavière en 1736, neveu de Johann Baptist Straub, l'auteur des cariatides du théâtre Cuvilliés, Messerschmidt étudia à Vienne où, s'étant affirmé comme un des meilleurs sculpteurs de son temps, il fut nommé par la suite professeur adjoint à l'Académie des Beaux-Arts. Mais, lorsqu'elle se trouva vacante, on lui refusa la chaire de sculpture, sous

Donner : Le Vieillard à la rame.

prétexte qu'il donnait des signes de déséquilibre mental. Le comte Kaunitz suggéra à Marie-Thérèse de verser au candidat évincé une pension. Ulcéré, celui-ci se retira d'abord à Munich, puis à Bratislava où, de 1777 à 1783, l'année de sa mort, il sculpta la série de ses bustes, soixante-quatre en tout. Dans une maisonnette solitaire au bord du Danube, dont l'ameublement consistait en un lit, une flûte, une pipe, un broc à eau, un vieux livre italien sur les proportions du corps humain et un dessin d'une antique statue égyptienne sans bras. Étonnés qu'un artiste aussi connu (il avait travaillé à Vienne pour la Cour et la noblesse) se fût cloîtré dans cette retraite provinciale, les visiteurs affluaient, mais plus d'une fois il les accueillit avec une ironie cinglante. Marginal et incompris, il ne tarda pas à être étiqueté comme fou. Après sa mort, on exposa ses bustes dans une des baraques du Prater, ce populaire Luna-Park de Vienne, célèbre par sa grande roue. En 1932, le sceau d'artiste psychotique fut définitivement apposé à la tombe de Messerschmidt. Dans un essai plus médical qu'esthétique, Ernst Kris, historien de l'art et psychanalyste viennois, diagnostiqua un mélange de paranoïa, de schizophrénie, de tendances anales et de délires phalliques. Un disciple de Freud ne peut imaginer qu'un homme choisisse la solitude et la chasteté en restant absolument sain d'esprit, avec l'aide d'Hermès Trismégiste (la statue égyptienne sans bras), chez qui il puise l'encouragement à s'avancer dans les chemins ésotériques d'une sagesse impénétrable à ses contemporains, et avec le secours d'une flûte empruntée sans doute à Tamino. Les congressistes aperçus chez Demel, parions qu'entre deux séances d'exposés ils se paieront une visite à la galerie des bustes, trop heureux de faire endosser à un seul individu la pathologie complète des névroses, des phobies et des perversions qu'ils s'efforcent dans leurs cabinets d'épingler à leurs clients.

En vérité, il faut voir en Messerschmidt un des derniers grands baroques. Il a poussé jusqu'au bout le principe appliqué par Bernini dans ses caricatures des courtisans de Louis XIV. Le portrait caricatural, le croirait-on ? resta inconnu du monde entier jusqu'à la fin du XVIe siècle. Un procédé artistique qui nous semble si simple et quasiment primitif, l'Antiquité, le Moyen Age et la première Renaissance l'ignoraient. Les siècles d'Aristophane et de Lucien, de Brueghel et de Bosch, de Falstaff et de don Quichotte,

Un des soixante-quatre...

connaissaient la bouffonnerie, la satire, la farce ; Léonard de Vinci puis l'humaniste napolitain Giambattista della Porta, auteur d'un traité paru en 1586, se sont exercés au croquis physiognomonique, fondé sur la ressemblance entre figures humaines et têtes d'animaux ; mais la caricature, c'est-à-dire une déformation délibérée du visage dans une intention persifleuse, n'apparut qu'avec les frères Carracci (Carrache), Ludovico (1557-1602) et Annibale (1560-1609). Ceux qui assistèrent à l'invention — par exemple les théoriciens de l'art Bellori et Baldinucci — étaient parfaitement conscients qu'un nouveau moyen d'expression venait de naître. Les deux frères, après une journée de travail sérieux dans leur atelier, avaient l'habitude de se promener dans les rues de Bologne à la recherche de leurs victimes. Ils les transformaient en marmites, en poêles à frire, en coussins. On s'est souvent demandé pourquoi une arme comique aussi puissante a été découverte si tard. La réponse serait que le développement de l'individualité d'une part, d'autre part le sens du ridicule et de l'ironie ont abouti au début du XVIIe siècle à l'invention du portrait-charge. Mais le sens du grotesque et la conscience de l'identité individuelle manquaient-ils aux Grecs, aux Latins, aux contemporains de Rabelais et de l'Arétin ? La vraie explication se trouve ailleurs, et c'est l'empressement de Bernini à exploiter la trouvaille des frères Carracci qui nous met sur la voie. Si l'art n'a plus à prendre pour objet le beau éternel, qu'il se tourne vers le laid passager. Plus nous grimacerons, plus nous baroquiserons !

Dans le XVIIIe siècle viennois, que caractérise de plus en plus, à mesure qu'il court vers sa fin, un idéal d'équilibre et d'élégance, Messerschmidt détonne par son humeur ombrageuse, par l'étrangeté de son comportement que sanctionne l'éviction de la chaire à laquelle son talent lui donne droit, par sa vie recluse et sans femmes, par son art sarcastique et outrancier. A l'époque des fêtes galantes et des intrigues libertines, il est la seule présence incongrue, la seule fausse note au milieu du concert mélodieux des symphonies de Gluck, des quatuors de Haydn, des sonates de Mozart, le seul bruit discordant, qui nous rappelle que le baroque aurait pu avoir une autre postérité que le rococo.

Le vieux démon germanique de la hideur et de l'horreur grince dans ces masques où se profile l'expressionnisme du

XXe siècle. Quittons le Belvédère inférieur, et gagnons, à travers le parc qui escalade la colline, le château installé sur la hauteur. Nous y verrons, dans les salles de peinture du musée, à côté des toiles lascivement symbolistes de Gustav Klimt, les tableaux sardoniques et macabres de cet étrange Egon Schiele, qui se suicida en 1918 à vingt-deux ans, en laissant, comme témoignages de son génie morbide, une suite de paysages décharnés et de nus squelettiques ; et les portraits brutalement réalistes, aux contorsions et aux rictus effrayants, d'Oskar Kokoschka, qui passe pour le plus grand peintre autrichien de ce siècle.

Mais, pour ce qui est de représenter un corps humain dans sa maigreur la plus repoussante, les Viennois n'ont pas attendu notre époque. Curieux d'examiner cette pyramide d'anges et de nuages qui sert de modèle au chef de la pâtisserie Lehmann pour monter en volutes sa mousse à la fraise, nous sommes revenus sur le Graben. Et que voyons-nous d'abord ? Une affreuse vieille femme, renversée la tête en bas, toute nue, dont les seins flasques, les côtes saillantes, les membres étiques, les plis sur le ventre, la bouche édentée, les yeux révulsés et les cheveux en étoupe offrent un tableau intégral de la déchéance physiologique. Une allégorie de la Peste, lisons-nous ; la Foi, sous la forme d'une jeune femme habillée qui brandit une croix, vient de terrasser l'épidémie. Autant la vieille nous frappe par la vigueur du réalisme, autant l'autre nous paraît idéalisée : si les Jésuites restaient en toute circonstance optimistes, les baroques gardaient les yeux fixés sur la tragédie. Cette pyramide fut élevée entre 1687 et 1693, pour commémorer la grande peste de 1679, qui avait fait plus de cent mille victimes. Sur le socle, l'empereur à genoux remercie Dieu ; l'artiste n'a pas cherché à l'embellir : à moins que ce menton en forte galoche ne passe pour le signe de la majesté impériale. Au-dessus, enfin, le long de la colonne, parmi un bouillonnement de nuages, un ravissant jeune homme ailé pince les cordes de sa mandoline, assisté de l'habituelle cohorte angélique. Parmi les nombreux artistes qui auraient travaillé à ce monument, on cite le nom de Fischer von Erlach, entouré de confrères italiens.

La peste : un élément capital pour comprendre l'essor du baroque. En Italie aussi, pendant le XVIIe siècle, le mal causa

BONO
DEXTERA

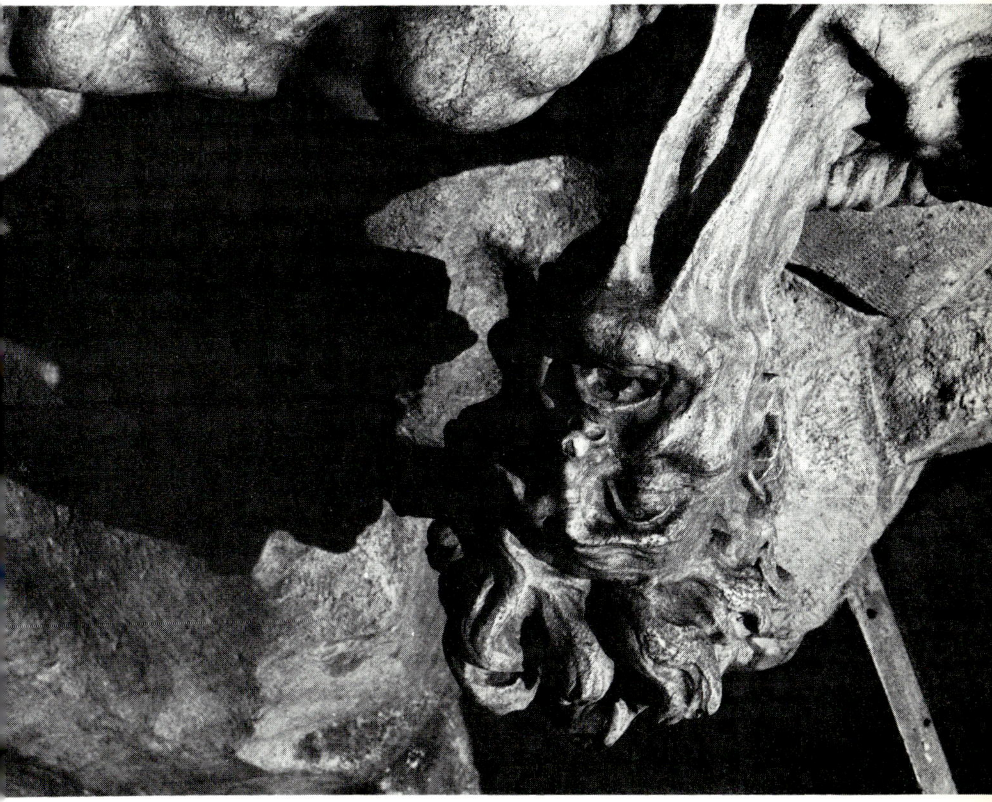

des ravages. Un million de morts dans la péninsule, pour l'année 1630. Manzoni a raconté la peste de Milan, Daniel Defoe celle de Londres. Toute l'Europe vivait dans la terreur de l'épidémie. Si l'art baroque peut se définir comme un effort de soustraire l'homme à la vision idéalisante des classiques et de le représenter dans sa fragilité, dans sa précarité, il semble bien que la grande angoisse de la peste explique en partie l'épanouissement du nouveau style. Comment continuer à croire au Beau éternel, quand le corps de votre femme, de vos enfants se couvre en quelques heures de bubons, que la population d'une ville est emportée en quelques jours, et que la puanteur des cadavres forme un immense linceul délétère ? Le rôle des prélats de la Contre-Réforme et de leurs calculs politiques, combien ne l'a-t-on pas surestimé ! Pour bousculer les canons esthétiques fixés par les hommes de la Renaissance, pour renverser ce système de lignes harmonieuses et de proportions idéales, il suffisait de regarder autour de soi. La mort, la mort rapide et vorace, enseignait à la fois le dramatisme des gestes, le pathos des contorsions, la nécessité de jouir vite du peu de temps qui restait à vivre.

Cette colonne du Graben, il faudrait la rapprocher des trois colonnes votives élevées à Naples : Naples, la ville la plus martyrisée par les épidémies du XVIIe siècle, et qui s'est donnée le plus complètement, avec un âpre mélange de désespoir et de jouissance, à un art qui ne pouvait être que de transes et de pâmoisons. En Sicile également, à la fin du XVIIe siècle, nouvelle fureur de vivre et baroquisation à outrance : à la suite non pas d'une peste, mais d'un cataclysme non moins meurtrier, le séisme de 1693 qui anéantit toute la côte orientale, de Messine à Noto, en accumulant les morts et les ruines.

Ces désastres ébranlaient toutes les croyances, habituaient à trembler dans les affres du provisoire. Le sculpteur ou le peintre ne pouvait plus se satisfaire de modèles assis ou debout bien droits. Il éprouvait le besoin de les basculer, de les percher en équilibre instable sur un coin de corniche ou de les lancer cul par-dessus tête entre deux nuages. L'architecte communiquait ses terreurs aux façades et aux balcons qui se mettaient à onduler et à s'agiter parcourus d'un frisson d'épouvante. Un seul impératif désormais : rendre sensible l'atroce labilité de la condition humaine. A des artistes qui n'avaient plus aucun sentiment de sécurité, impossible de s'abandonner, comme les contemporains de Piero della Francesca ou de Raphael, à la rêverie d'un monde carré et solide. L'univers chavirait autour d'eux, ils devaient le saisir au vol, dans sa glissade, dans son vertige, dans sa chute.

Plus encore que les squelettes de Salem, que les cadavres de Gutenzell ou de Weyarn, la vieillarde édentée du Graben nous rappelle quelle angoisse permanente pesait sur l'époque appelée par les Français le siècle de Louis XIV mais que le reste de l'Europe eût plus volontiers surnommée d'après le fléau destructeur. A l'âge des certitudes avait correspondu l'art équilibré et serein de la Renaissance ; avec l'ère du doute et de la peur a commencé l'art exalté et convulsif dont nous suivons les traces depuis Rome jusqu'à Prague. Si le baroque nous touche tant aujourd'hui, n'est-ce point que, en fait de désastres et d'épouvante, nous ne nous sentons nullement à l'abri de nouvelles catastrophes planétaires ?

L'empereur et le jésuite

Vivre à Vienne, ce serait aller à l'opéra tous les soirs. Chaque jour s'y donne un spectacle différent, à des prix raisonnables. Aujourd'hui Mozart, demain Verdi, après-demain Strauss... Tous les soirs, absolument. Ajoutons qu'une représentation ne se termine jamais après dix heures et demie, qu'on en sort la tête fraîche et le corps dispos. Pendant les deux mois de fermeture annuelle, Vienne organise des concerts et des spectacles musicaux, mais là, disons tout net qu'on prend les touristes pour des ânes. Dans la rotonde du palais Schwarzenberg, sous les beaux atlantes de la coupole, nous avons entendu un fort méchant quintette rabâcher *la Truite* de Schubert comme s'il s'agissait d'un fond sonore pour une partie de pêche. A Schönbrunn, l'Opéra de chambre affiche *la Finta semplice*, un des premiers opéras de Mozart. Occasion de faire un tour dans le parc, de juger le château une laide caserne jaune, de monter jusqu'à la Gloriette également surfaite, de nous consoler avec les serres, dont les énormes charpentes métalliques et les verrières bombées mettent un peu d'étrangeté au milieu de ces parterres si convenus.

Le petit opéra rococo, on l'a reconstruit, sans beaucoup de goût, après la guerre. Excellente idée que de ressusciter cette œuvrette écrite à douze ans, mais déjà pleine de grâce et de malice. Encore ne faudrait-il pas la réduire à une farce, ni confier cette musique fragile mais non puérile à des acteurs qui ne savent ni chanter ni bouger, et dont la voix aigre s'aplatit dans un décor hideux. Le lendemain, nous revenons pour *Wiener Blut. Sang viennois !* l'increvable succès de Johann Strauss : il n'y aura que Vienne, pensions-nous, pour faire pétiller avec esprit cette société de fausses comtesses, de diplomates et d'aigrefins. Johann n'a rien à voir avec Richard, mais tout le deuxième acte du *Chevalier à la rose* est construit sur un air de valse, et, à l'auteur du *Beau Danube bleu,* donnons acte d'avoir transcrit, dans une version facile et populaire, les galanteries du rococo viennois : tout comme les westerns américains sont la variante démocratique, et accessible à un plus grand public, des légendes épiques écrites par Walt Whitman ou par Herman Melville. Plus consternés nous ne pourrions être : des couleurs affreuses, un jeu outré, et, plus grave que tout, des voix médiocres qui dérapent dès qu'elles quittent le médium. Dire que naguère une Schwarzkopf, une Stich-Randall ne dédaignaient pas de briller dans ce répertoire, telles — pour continuer le parallèle entre Vienne et Hollywood — une Joan Crawford ou une Rita Hayworth dans les films de cow-boys. La mousse s'est évaporée, la meringue changée en plomb.

La surprise et l'émerveillement nous sont venus d'ailleurs. (J'emploie beaucoup le mot « surprise » dans ce livre ; c'est la contagion du baroque, qui cherche d'abord à surprendre, même si on a tort de le réduire au goût de l'effet. Écoutons ce que disait le poète, napolitain et baroquissime, Giambattista Marini, « le cavalier Marin » : *« è, del poeta, il fin la meraviglia ».* Le but du poète est la *meraviglia,* c'est-à-dire à la fois la surprise et la beauté. L'ambiguïté sémantique du mot italien montre bien tout ce qui manque à la France, pays puritain qui répugne au plaisir, et n'admet la beauté que sous un masque sévère.)

On joue dans l'église des Jésuites un opéra écrit en 1668 par un compositeur viennois qui n'est autre que... mais oui ! il faut nous rendre à l'évidence. *Il Lutto dell'Universo,* « le Deuil de l'Univers », annoncé pour ce soir, est l'œuvre de cet homme au menton en galoche que nous avons vu à genoux sur le socle de la pyramide du Graben. Léopold Ier , l'empereur en personne, qui régna de 1657 à 1705. Prêtons-lui quelque attention, d'autant plus que nous n'avons guère rencontré jusqu'ici, avouons-le, de personnalités artistiques de premier plan dans la Vienne baroque. Nous apprenons qu'il entretenait un des plus importants orchestres de cette époque, huit chanteuses, vingt-huit chanteurs mâles, une trentaine d'instrumentistes partagés entre les violons, les violes de gambe, les luths, les théorbes, les hautbois, les bassons, les trompettes, le clavecin et l'orgue.

Aux compositeurs italiens attachés à sa cour il commandait des spectacles somptueux, tel le célèbre *Pomo d'oro*, d'Antonio Cesti, un des premiers opéras de l'école romaine, représenté à l'occasion des noces de l'empereur avec l'infante Marguerite d'Espagne. Pour raconter la rivalité des trois principales déesses de l'Olympe, Junon, Minerve et Vénus, et les guerres féroces qui résultèrent de la prétention de chacune à être jugée la plus belle, cinq actes, soixante scènes, vingt-trois changements de décors, une cinquantaine de personnages, sept ballets, vingt-sept descentes du Ciel, des combats, des assauts de forteresses, des tempêtes, des tremblements de terre, des naufrages, une dépense de cent mille florins alors qu'un opéra ordinaire n'en coûtait que dix ou vingt mille : cet opéra qui stupéfia l'Europe mérite pour trois raisons au moins de passer pour l'archétype du spectacle baroque. D'abord par le luxe des décors et le faste méticuleux de la scénographie. Ensuite parce qu'il célébrait la maison des Habsbourg avec une servilité courtisane où on retrouve l'idéologie de la gloire propre à toutes les cours baroques, que ce soit celle des papes à Rome ou des rois sur leur trône. Enfin parce que la pomme d'or, que la légende mythologique nous dit avoir été remise par Pâris à Vénus en récompense de sa beauté, revêt dans l'opéra un sens allégorique (la pomme-globe symbolisant la valeur militaire et la gloire de l'Autriche, et l'or la promesse du retour de l'âge d'or que l'univers tout entier attend du mariage impérial) selon cette propension pour l'emblème dont les abeilles de Bernini, la coquille de Borromini, l'étoile de Guarini, la perle de Cairo ou l'œuf de Zimmermann nous ont donné maint exemple.

Léopold écrivit lui-même une œuvre musicale assez considérable, qui comprend des messes, des requiems, des ballets, des madrigaux, et pas moins de huit « actions sacrées », opéras à sujet religieux.

L'église des Jésuites s'élève sur la place de l'ancienne Université. Nul lieu n'a plus de charme à Vienne que ce parvis retiré et tranquille, où on s'assied sur des marches en écoutant le murmure des fontaines. La sobre façade de l'église, percée de fenêtres sur trois étages, semblerait presque une façade de maison, si un pignon à volutes et les deux clochers à bulbe qui l'encadrent ne découpaient sur le ciel leurs silhouettes trapues. Le bâtiment de l'ancienne Université porte la plaque qui rappelle le séjour du jeune Schubert comme élève de la Chapelle impériale et Petit Chanteur de Vienne. Le palais en face déploie une noble, trop noble façade à colonnes et à balustrades ; Marie-Thérèse, qui le destinait aux facultés de médecine et de jurisprudence, voulut en faire un temple de la raison ; il marque le début du néo-classicisme à Vienne, en réaction contre le baroque. Nul ne s'étonnera que la souveraine ait appelé, pour ce travail commencé en 1753, un architecte français, Jean Nicolas Jadot.

Mais entrons dans l'église et installons-nous dans les stalles. Pourquoi ai-je l'impression de me trouver à Rome ? Il faudra revenir pendant la journée, regarder à la lumière ce plafond caché dans la pénombre. Les chanteurs prennent place sur l'estrade, devant l'autel. Ils sont quatre, et représentent les quatre Éléments, selon la volonté jésuite de prêcher aux quatre coins de la planète, et selon le goût baroque de refléter dans chaque spectacle la totalité de l'univers. Vêtus de longues robes et de masques, ils déplorent la méchanceté des hommes, qui ont condamné le fils innocent de Dieu à mourir sur la croix. La Nature Humaine accourt depuis le portail et remonte la nef pour inviter les quatre Éléments à venger ce crime par la destruction du monde. La Miséricorde Divine s'interpose, plaide en faveur de la création, console saint Pierre encore tout honteux d'avoir renié le Seigneur, et s'efforce d'apaiser la douleur de la sainte Vierge et de saint Jean. Si la musique est d'une richesse mélodique et d'une intensité dramatique constante, elle atteint des sommets de force et de beauté pour exprimer la souffrance des deux êtres que la mort de Jésus a le plus meurtris. Ils forment un couple qu'Andrea del Sarto aurait pu prendre comme modèle, lui moulé dans une tunique rouge, elle enveloppée d'un voile bleu ; et, sur les paroles émouvantes du poète italien Francesco Sbarra, ils s'abandonnent à une longue plainte élégiaque. Le rôle de saint Jean est tenu par un contre-ténor, mais le spectacle eût semblé encore plus baroque si tous les chanteurs, comme lors de la première représentation, avaient été des hommes, et si la sainte Vierge avait épanché son cœur par la bouche d'un castrat.

Nous revenons le lendemain pour visiter l'église, où des danseurs répètent un ballet de Lully, sur une musique qui nous paraît aussi guindée et conventionnelle que nous avons trouvé libre et expressive la partition de l'empereur. L'église, bâtie de 1627 à 1631 pour les Jésuites, devait être un monument triomphal, comme en témoigne une inscription sur la façade, mais la dureté des temps et la pauvreté des moyens — la guerre de Trente Ans avait commencé en 1618 — contraignirent à restreindre le programme, en particulier à supprimer la coupole. Les travaux dans la nef se poursuivirent longtemps ; ils n'étaient pas terminés avant la grande peste de 1679. On lit cette date fatidique sur le socle de l'horloge dans la sacristie : double rappel de la brièveté de la vie, car même si ne la fauche pas un fléau meurtrier, le simple temps qui passe l'emporte et la dévore.

L'ensemble de l'édifice ne serait qu'un exemple banal du style Contre-Réforme, si Andrea Pozzo, appelé dans la capitale autrichienne en 1703, n'en avait transformé l'intérieur. C'est notre second sujet de surprise et d'émerveillement, que de voir avec quel bonheur Rome a donné un coup de main à Vienne. Pozzo ajouta à la nef les balcons semicirculaires, les aigles qui les supportent, les colonnes torses en marbre vert pâle jaspé, il dressa entre les frontons brisés du chœur la couronne impériale et, conformément à un décret de la Congrégation des rites, déploya une draperie pourpre au-dessus de l'autel. A peine sommes-nous étonnés, en levant la tête, de découvrir une coupole en trompe l'œil. Un petit rond jaune, au milieu du pavé rose, indique l'endroit idéal d'où il faut la regarder. L'illusion est parfaite, et la peinture, étant moins noircie qu'à Rome, permet de comprendre encore mieux qu'à Saint-Ignace comment Andrea Pozzo entendait se substituer à l'architecte par la seule force de son pinceau. La coupole de Vienne, surface plane quand on se place au-dessous d'elle à la verticale, ne révèle son opulente rondeur que depuis le point signalé. Le plafond, vu d'ici, se soulève tel un plantureux hémisphère, percé à son faîte d'un oculus rigoureusement centré. Devant un pareil miracle de science perspective, on reste confondu de lire, dans le Dictionnaire de Trévoux (1771), cette définition si typiquement française : « en peinture, un tableau, une figure d'un goût baroque, où les règles des proportions ne sont pas observées, où tout est représenté selon le caprice de l'artiste ». En fait de règles, Andrea Pozzo s'en était lui-même imposées, mille fois plus contraignantes que Perrault pour sa colonnade du Louvre ou Poussin pour ses Bergers d'Arcadie.

Ce qui nous touche aujourd'hui, c'est pourtant, comme à Mondovi, moins la virtuosité technique du Père jésuite, que la beauté du travail accompli. Avec le dessin élégant de ses nervures et la répartition régulière de ses caissons, cette coupole peinte se contemple comme un tableau. Nous éprouvons la même impression de plénitude heureuse que sous le dôme construit par Sangallo pour l'église de Montepulciano en Toscane, ou devant le temple rond de Bramante à Rome. Néanmoins, nous percevons en même temps tout ce qui sépare le trompe-l'œil de Vienne des chefs-d'œuvre classiques italiens. Les artistes de la Renaissance donnent la beauté qu'ils représentent pour quelque chose de vrai, de tangible ; ils en font un élément de l'harmonie universelle. Pozzo professe le même culte de la beauté, mais celle-ci n'est pour lui qu'une illusion, et il la montre comme telle. Une chimère, qu'il serait vain de chercher à saisir, qu'on ne peut apercevoir que de biais, et qui au lieu de rassurer le spectateur par l'évidence de son éclat, le désoriente et l'inquiète par la fugacité de son apparition. On songe à la querelle littéraire qui opposait Gide à Martin du Gard : le premier reprochait au second de placer sa lampe trop près de ses personnages et de les éclairer de face, de les montrer avec trop de détails, de leur donner la même épaisseur que s'ils étaient dotés d'un véritable état civil. L'art, disait-il, gagnerait à des points de vue obliques, à des éclairages latéraux, à des raccourcis. Nul, après Pozzo, n'est allé plus loin dans la voie qu'il avait ouverte. On verra ensuite des délires baroques plus extraordinaires, mais sans cette tension vers la forme parfaite ; et lui seul, à vrai dire, se montre capable de satisfaire à la fois notre besoin de contemplation et notre goût du vertige.

Le prince Adam Florian de Liechtenstein, ambassadeur de Léopold Ier à Rome, avait admiré les fresques de Saint-Ignace ; c'est lui qui invita le Père jésuite à venir travailler à Vienne. Quand la décoration de l'église des Jésuites fut terminée, il lui demanda de peindre le plafond dans la grande salle de marbre de son palais d'été. Pozzo abandonna le motif des quatre continents et de la prédication jésuite

Andrea Pozzo, de Rome à Vienne.

pour un sujet profane, mais non moins baroque : la glorification d'Hercule. Tous les grands musiciens de l'époque se sont essayés à ce thème, depuis Francesco Cavalli jusqu'à Händel : ils y trouvaient l'occasion d'évoquer des pays exotiques, comme la Lydie ou l'Égypte, des animaux fabuleux, comme l'hydre de Lerne ou les centaures d'Arcadie, des exploits extraordinaires ; et, pour éviter de paraître rendre un culte exagéré à la force virile, ils prenaient soin de confier le rôle du héros à un castrat. Au centre du plafond, Pozzo a représenté l'apothéose d'Hercule, dans une profusion de nuages et de figures volantes ; une admirable architecture de colonnes, de corniches et de balcons, peinte sur les quatre côtés, débouche sur le ciel ; non moins belles nous paraissent les scènes de la zone inférieure, où les prouesses légendaires du héros donnent lieu à des empoignades entre hommes nus, qui montrent la familiarité du Père jésuite avec l'anatomie du corps humain.

Entre la fin des travaux à Saint-Ignace et son arrivée à Vienne, Pozzo avait publié les deux parties (1693 et 1700) de son traité, *Perspective des peintres et architectes, où s'enseigne la méthode la plus rapide de mettre en perspective tous les dessins d'architecture.* Deux volumes de très grand format, que nous avons pu consulter à Naples chez notre ami Franco, enrichis d'admirables gravures, qu'il s'agisse de coupoles, de portiques, de troncs de colonnes penchés dans un paysage de ruines ou de simples lignes géométriques à l'abstraite beauté. Après la longue étude théorique, qui expose tous les moyens de tromper le regard par des architectures feintes, vient une *Brève instruction pour peindre la fresque*, sept pages où abondent les conseils savoureux. N'utiliser que de la chaux éteinte d'une année, avec du sable ; veiller à la solidité des échafaudages (« ce n'est pas parce que le plus aguerri ne craint pas le précipice, qu'il faut pour autant l'exposer au malheur... ») ; ne travailler que sur des murs secs, car l'humidité nuit à la santé, et de la chaux s'exhale une odeur délétère, « pernicieuse à la tête » ; se servir d'une palette en fer-blanc, avec des bords, et d'un vase fixe pour l'eau ; pour nuancer et attendrir, choisir des pinceaux tendres, quoique en soies de porc, peu mouillés, et sans négliger l'aide des doigts ; pour retoucher, employer des pastels à la coquille d'œuf, avec des pinceaux demi-secs ; mais renoncer à retoucher des fresques de plein air, car les pluies emporteraient tout ; observer deux temps dans la préparation de la paroi, l'un pour crépir, l'autre pour aplanir ; dans le cas d'une grande surface, ne pas manquer de graticuler en petits carrés.

Pozzo livre aussi le secret de ses couleurs. Nous constatons une fois de plus à quelle discipline rigoureuse se pliait celui qu'on prend encore pour un improvisateur sans lois. Trois sortes de blanc : le blanc de chaux, à utiliser partout, en le mélangeant aux autres couleurs, pourvu que la chaux soit trempée de six mois, ou d'une année ; le blanc — à employer seulement pour les chairs et les draperies — qu'on tire des coquilles d'œuf bouillies avec un peu de chaux vive, puis lavées à l'eau de fontaine et écrasées sur la pierre du peintre ; le blanc extrait de la poudre de marbre de Carrare mêlée à de la chaux et broyée avec de l'eau. Pour les rouges, il préfère au cinabre le vitriol brûlé, mais le mélange des deux teintes donne une couleur de laque semblable à l'huile, du meilleur effet pour les draperies. Terre rouge et brûlée pour les chairs, dont il faut relever les ombres avec de la terre noire de Venise. Parmi les verts, Pozzo recommande la pâte de Vérone. Naples fournit le tuf pour les jaunes, Rome la terre pour les noirs. Recettes pour extraire le noir de charbon : beaucoup de matières sont bonnes à brûler, les noyaux de pêche, le papier, la lie de vin, mais pas les os.

N'est-il pas touchant de voir celui qui avait déployé au plafond de Saint-Ignace la carte des quatre continents et lancé son imagination à travers les déserts et les océans les plus lointains, demander exclusivement à des villes italiennes de lui procurer les substances nécessaires à son art ? Venise, Rome, Naples, Vérone sont convoquées et priées de livrer les trésors de leur sol : ce peintre qui s'était spécialisé dans les ciels et les nuages et qui travaillait, au sommet d'échafaudages, le nez en l'air comme un acrobate, gardait, en pétrissant et en mélangeant leurs « terres » sur sa palette, un contact physique avec les différentes provinces de sa patrie. Il n'y a pas jusqu'à l'admonestation finale au sujet du noir de charbon qui ne révèle comment cet artiste cosmopolite était resté profondément italien. Pourquoi pas les os ? Quel interdit l'empêchait de se servir des pièces du squelette, sinon une peur superstitieuse de la mort ?

On regrettera toujours d'être si mal renseigné sur ce peintre. A-t-on un autre portrait de lui, que la gravure placée en tête de son traité ? Calotte noire d'où s'échappe une mèche de cheveux blancs, air modeste, têtu et malicieux. Je parierais que, lorsqu'il se rendait à son travail à l'église des Jésuites ou au palais Liechtenstein, il faisait un détour pour ne pas rencontrer en chemin l'horrible vieille du Graben. Cette précaution ne l'empêcha pas de mourir à Vienne, en 1709, peu de temps après avoir achevé les fresques pour l'ambassadeur de Léopold. Il laissait un autre plafond, dans la grande salle du Collège des Jésuites, au 20 de la Bäckerstrasse, tout près de leur église. La Société de musique ancienne, celle qui a organisé les représentations du *Deuil de l'univers*, se propose de restaurer et de rendre au public cette salle, qui fut à l'âge baroque le plus grand théâtre lyrique de Vienne.

Puisque nous avons parlé longuement d'Andrea Pozzo, Italien germanisé, il serait injuste de ne pas dire au moins quelques mots de son contemporain, également jésuite et voyageur, mais dans le sens inverse, puisque, né à Fulda, dans la Hesse, Athanasius Kircher passa la moitié de sa longue vie à Rome, où il mourut en 1680. Collectionneur de fossiles, de momies, de cristaux, féru de magnétisme, d'archéologie égyptienne et d'occultisme, auteur de traités ésotériques, tels que *l'Arche de Noé*, où il étudia, avec la même précision méticuleuse que les romanciers de science-fiction quand ils décrivent les préparatifs pour munir les astronautes du matériel et des provisions nécessaires, la disposition des chambres dans le vaisseau biblique et la place occupée dans la cuisine par le sel, les bougies, le miel, les poissons séchés et les cruches d'eau — ou *la Tour de Babel*, où il calcula quelle hauteur elle aurait dû avoir pour atteindre la lune, ce qui eût été de toute façon impossible puisque, à mi-chemin de cette prodigieuse élévation, elle aurait fait basculer la terre —, le Père Kircher est le type même de l'érudit baroque, aux goûts bizarres et aux doctrines extravagantes. Il consacra un de ses livres, *le Monde souterrain*, à l'examen des pierres qui contiennent une image, des marbres aux dessins étranges, des agates aux paysages tourmentés, des gemmes gravées d'hiéroglyphes, en s'efforçant de surprendre dans les veines en apparence capricieuses de la pierre les leçons mystérieuses de la Nature. Minutie du savant et fantaisie du visionnaire, calculs selon la raison et croyances selon la magie, se mêlent pour aboutir à une cosmogonie fascinante, faite de réminiscences légendaires et de spéculations métaphysiques. Les lois secrètes du monde, les rapports invisibles entre les astres, les éléments, les êtres des trois règnes, il les déchiffre en interprétant, comme des idéogrammes sur les obélisques, les figures inscrites dans les concrétions minérales. Un jeu bien fait pour séduire ces néo-baroques que sont Fabrizio Clerici ou Jurgis Baltrusaitis. Le premier a longuement pratiqué les ouvrages de Kircher, qu'il reconnaît comme un de ses maîtres. Le second, dans son essai *Aberrations*, rattache les séduisantes divagations de l'Allemand italianisé au précepte par lequel Léonard de Vinci conseillait de regarder dans les taches des murs l'analogie de montagnes et de rivières, et d'écouter dans le son des cloches battre le cœur de l'univers.

Aux couleurs de l'Orient

Sa première victoire, Léopold l'avait remportée en acceptant de descendre du trône de l'empereur pour s'asseoir devant l'écritoire du musicien. Sous son règne, ensuite, Vienne vint à bout de la peste, en mémoire de quoi il fit élever au centre de la ville la pyramide votive du Graben. Enfin, troisième et plus éclatant triomphe, il débarrassa la capitale du péril qui la menaçait depuis cent cinquante ans. En 1529 les Turcs avaient mis une première fois le siège ; ils revinrent en 1683, avec une armée estimée à deux cent cinquante mille hommes, commandés par le grand vizir Kara Mustafa, Premier ministre du sultan Mehmed IV. Vienne n'était alors qu'une modeste cité-forteresse, ceinte de murailles dont l'emplacement, quand elles furent rasées au XIXe siècle, est occupé aujourd'hui par le Ring, ce large boulevard de ceinture aux monuments composites. La ville encerclée ne pouvait compter pour la défendre que sur vingt mille soldats ; et, si le roi Jean Sobieski n'était accouru de Pologne avec une armée de secours, le bastion avancé de la Chrétienté fût tombé aux mains des Infidèles.

Leur défaite causa une énorme impression dans tout l'Occident. A Vienne même les souvenirs du siège ne sont pas éteints. Des boulets de canon en pierre tirés par les Turcs et tombés dans la ville furent scellés dans les façades des maisons : on peut en voir encore au n° 11 du Fleischmarkt ou au n° 11 de la place « Am Hof », ainsi qu'en six autres endroits. D'autres boulets turcs, en bronze, servirent à fabriquer la grosse cloche de dix-sept tonnes qu'on accrocha en 1711 dans la tour de la cathédrale Saint-Étienne. Léopold donna sa fille en mariage au prince-électeur de Bavière Max II Emanuel, un des meilleurs capitaines de son armée, celui que nous avons vu, au château de Schleissheim, caracoler sur son lipizzan au chanfrein busqué.

Débarrassé de la menace ottomane, le souverain put consacrer les ressources de son empire aux arts de la paix. Depuis longtemps il désirait rivaliser en fêtes et en faste avec son contemporain Louis XIV. Conscient de sa nouvelle grandeur après sa victoire sur les Turcs, soucieux de continuer à se poser en sauveur du monde catholique, il décida de faire appel aux meilleurs architectes, sculpteurs et peintres de la Contre-Réforme. Les grands seigneurs de sa cour l'imitèrent. Fischer von Erlach, Hildebrandt, Pozzo transformèrent alors la capitale et lui donnèrent le visage qu'elle garde aujourd'hui. D'Italie accoururent aussi les Bibiena : Ferdinando Galli (originaire de Bibiena, un village près de Bologne dont ils accolèrent le nom à leur patronyme), ancêtre de la tribu des illustres architectes de théâtres et scénographes ; son frère Francesco, qui rénova en 1704 le théâtre de la résidence impériale ; Giuseppe, fils de Ferdinando, premier ingénieur théâtral et architecte à la Cour, grand ordonnateur des spectacles, avant qu'il n'aille construire à Bayreuth le théâtre des Margraves ; Antonio, second fils de Ferdinando, qui succéda à son frère, modifia l'église Saint-Pierre bâtie par Hildebrandt et retoucha le théâtre de la Hofburg que son oncle avait déjà rénové.

C'est un fait que la baroquisation de Vienne a commencé après 1683. Mais peut-on l'attribuer aux deux seuls motifs invoqués d'habitude, la volonté de concurrencer la France du Roi-Soleil et le zèle à servir la religion des papes ? La frénésie de palais, d'églises, de fontaines, de statues, d'opéras, de fêtes qui bouleversa la capitale s'explique-t-elle uniquement par le double désir de rendre le trône des Habsbourg plus glorieux et la religion catholique plus aimable ?

Nous étions prêts à le croire ; jusqu'au jour où le hasard nous conduisit à visiter l'exposition organisée au Musée d'Histoire de la Ville pour célébrer le tricentenaire de la victoire sur les Turcs. Stupeur : nous pensions, comme tout le monde, que le combat des lansquenets de l'Empire contre les janissaires de la Porte avait signifié la guerre de la civilisation contre la barbarie. Et que découvrons-nous ? Presque le contraire. L'exposition se divise en deux sections distinctes : ce qu'était la vie chez les Autrichiens en 1683, ce qu'était la vie chez les Turcs. Observons d'abord leurs maîtres. Léopold Ier se présente avec son menton en galoche, ses yeux globuleux, sa moustache horizontale aussi raide que le reste de sa personne. Veuf deux fois, il eut de sa troisième femme, Eleonora, dix enfants. Kara Mustafa, en opulents habits orientaux, porte sur son visage agrémenté d'une longue barbe une mélancolie profonde jointe à une douceur pensive inscrite dans les rides de son front.

Comparons maintenant l'équipement des deux armées. Comme elles sont pauvres et ternes, les cuirasses des soldats de Léopold ! Ceux du sultan nous confondent par la beauté de leurs armes. Casques en or ciselé, fusils incrustés de nacre, fourreaux scintillants de pierres précieuses, poignées d'ivoire : un chatoiement, un ruissellement de couleurs. Splendides aussi les caparaçons brodés des chevaux. Une simple gourde recevait un étui d'étoffe brochée et damassée. Voici un turban de velours vert, surmonté de sept lames d'argent en éventail que retient une broche en demi-cercle ornée de sept pierres précieuses chacune d'une couleur différente. Là, c'est un carquois décoré d'arabesques, et un arc peint qui pouvait tirer, jusqu'à 350 mètres, de vingt à trente flèches par minute. Plus loin, des lances d'apparat terminées par un croissant de lune ; on accrochait à la hampe des queues de cheval teintes : neuf de ces lances étaient plantées devant la tente du sultan, cinq devant celle du grand vizir, trois devant celle de l'aga des janissaires.

Tout autant que la magnificence des objets, nous frappe la complexité des emblèmes et des codes. Les Turcs employaient le langage symbolique, quand leurs adversaires ne connaissaient que le sens littéral. Un drapeau autrichien, par exemple, déployait au vent, avec une bravoure dénuée d'imagination, les couleurs de l'empereur. Le fanion turc que j'ai sous les yeux se déchiffre au contraire comme un message plein de suggestions et de mystères. Que signifie cette étrange épée, au milieu, à poignée recourbée et à deux lames ? Pourquoi ce croissant de lune et cette main tendue, à droite ? Et, à gauche, cette fleur, cette étoile, et ces trois virgules noires ? Il faudrait encore tenir compte de la répartition des différents motifs entre le lin, la laine et la soie, et lire la phrase du Coran inscrite en lettres jaunes sur une bande rouge.

Les Turcs ne brillaient-ils que dans les arts de la guerre ? Pas du tout. L'étoffe dont ils faisaient leurs tentes prouve l'extrême degré de raffinement auquel ils étaient parvenus. Voici des mosaïques d'une délicatesse incroyable, des papiers peints dont Paul Klee aurait pu imiter les subtiles géométries, des paravents multicolores qui frissonnent de reflets ondoyants. Le mobilier viennois exposé à côté nous plonge dans un univers provincial et vieillot de buffets rustiques et de pots en étain sans fantaisie. On se rend compte à quel point Vienne était une petite ville, dépourvue d'ambitions artistiques. Les artisans locaux fournissaient les objets de première nécessité, qui devaient être plus utiles que beaux, ne causer qu'une dépense raisonnable, et satisfaire au goût d'une clientèle ennemie du superflu. Que ces modestes bourgeois aient été fascinés par la splendeur de la civilisation qu'ils venaient de repousser, on en possède maint témoignage. Le prince Eugène se fit construire un lit d'apparat, dont quatre Turcs enchaînés et somptueusement vêtus ornent les quatre coins. Étoiles, boules, fleurs et autres motifs décoratifs empruntés aux Turcs furent adoptés à Vienne. Les cavaliers du Manège impérial se livrèrent à un nouvel exercice : des têtes de Turcs en carton étant posés sur des stèles, il fallait les faire sauter d'un coup de sabre, au galop de son cheval blanc. Quatre-vingt-dix-neuf ans après la victoire de 1683, Mozart écrivit *l'Enlèvement au sérail*, hommage aux vaincus d'autant plus manifeste que le rôle le plus noble, le plus généreux de tout l'opéra revient au pacha Selim, qui répond à la déloyauté de l'Européen Belmonte par un pardon magnanime.

Cependant il me semble — et bien sûr, faute de preuves, je ne hasarde ici qu'une hypothèse — que l'influence des Turcs sur les Autrichiens ne peut pas se réduire à ces quelques exemples d'imitation directe. Imaginons un peu les sentiments que durent éprouver les vainqueurs en s'apercevant de leur énorme retard dans le domaine de la culture et des formes artistiques : quelle humiliation de se dire que les vaincus emportaient dans leur défaite la conscience de leur supériorité intellectuelle ! et quel ardent désir de compléter la victoire militaire par une transformation et une modernisation radicales de la petite ville de province ! Comment l'Autriche, éblouie par la révélation de ce monde prestigieux, aurait-elle pu se résigner à vivre plus longtemps dans son chétif décor d'autrefois ? Dans le programme de Léopold et des seigneurs de sa cour, je vois comme une intention de rivaliser avec l'Orient, sinon directement, du moins en créant une civilisation qui n'ait plus l'air rustique et simplette. Pour nous expliquer le baroque viennois, ne regardons pas seulement vers Paris et vers Rome : tournons-nous aussi du côté de Constantinople.

Après le siège, un échevin de la ville trouva dans une cave où les Turcs avaient réussi à s'infiltrer un stock de grains noirs et luisants, au goût bizarre. Il eut l'idée d'en tirer un breuvage : ce fut la découverte du café. Beaucoup de légendes auréolent la figure de ce Georg Kolschitzky, qu'une gravure représente en costume de pacha. D'origine polonaise et versé en plusieurs langues étrangères, il connaissait aussi l'ottomane ; privilège qui lui aurait permis de se glisser inaperçu parmi les assiégeants, et d'apprendre la recette du café, tout en se livrant à l'espionnage autre qu'alimentaire.

Quoi qu'il en soit, le premier établissement à vocation de café s'ouvrit à Vienne il y a trois siècles exactement, à l'ombre de la cathédrale Saint-Étienne, au n° 6 de la Domgasse, derrière la belle façade blanche de la maison appelée maintenant « am roten Kreutz ». Presque en face, au n° 5, s'élève la maison où Mozart habita trois ans et composa *les Noces de Figaro*. Le jeune Beethoven, âgé de dix-sept ans, vint lui rendre visite : unique rencontre entre les deux musiciens. Faute de savoir ce qu'ils se sont dit, on peut rêver sur les sortes de cafés qu'ils se sont fait monter du n° 6. Car Vienne, tout de suite, s'est arrangée pour tirer des haricots noirs dénichés dans la cave une quantité prodigieuse de boissons.

Si le jeune homme, ennemi des plaisirs et déjà exclusif (bientôt il condamnera *Don Giovanni* à cause du sujet immoral) a dû commander, pour marquer son dédain des voluptés viennoises, un *Schwarz* tout noir, son hôte n'aura eu que le choix entre les variantes plus aimables l'une que l'autre : du *Kapuziner* (noir avec quelques gouttes de crème) au *Melange* (café et lait à parts égales), du *Schale Gold* (« doré », donc assez clair) au *Brauner* (« brun »), du *Verkehrt* (presque blanc de lait) au *Mokka gespritz* (café au rhum). Non, ce n'est pas encore ce qu'il me faut ! se sera écrié l'auteur des *Noces*, désireux de goûter lui-même au breuvage raffiné et capiteux que la comtesse Almaviva, à coup sûr, exige de sa camériste Suzanne : l'*Einspänner*, café noir servi dans un verre sous une coupole de crème fouettée, ou, mieux encore, la merveille des merveilles, le *Doppelschlag*, avec un dôme plus haut du double. Admirable témoignage du génie baroque de Vienne, qui a réussi à noyer l'amertume naturelle du café dans un vertige de douceur, comme Mozart dissimule la souffrance de ses personnages sous une mousseline de notes éthérées.

Autre conséquence culinaire du siège de 1683 : les garçons boulangers, en cuisant le pain dans les sous-sols de la ville, plus d'une fois surprirent les travaux de sape des assiégeants. En récompense de leurs services, ils reçurent le privilège de fabriquer un gâteau dont la forme serait empruntée au quartier de lune si répandu dans la décoration turque : telle est l'origine du croissant. Mais le croissant viennois ne consiste pas seulement en une pâtisserie feuilletée. De même que le café n'aurait guère plu ici sans un bouillonnement de crème blanche aussi plaisant pour l'œil qu'exquis pour la bouche, le croissant ne pouvait prendre que fourré, truffé, aromatisé, en un mot baroquisé.

Les Turcs apportèrent enfin à Vienne des fleurs inconnues jusqu'alors : la tulipe, le lilas, l'hyacinthe. Dès le VIIIe siècle, les Arabes avaient introduit en Sicile l'orange, le citron, la pêche, la grenade, sans compter le sucre, la soie, le coton, les tapis. Ainsi, l'Islam a soufflé ses parfums et irradié ses couleurs aux deux pointes du croissant baroque. Rendons aux Jésuites ce qui revient aux Jésuites, et à Mahomet ce qui revient à Mahomet.

PRAGUE

ET LA BOHÊME

A l'ombre du Château

Lundi

Neuf heures du soir : rues désertes. Aux carrefours, des policiers. Presque pas de circulation. Prague est-elle une ville « triste », comme disent les voyageurs ? Certes, ces façades noires, ces murs qui s'effritent, ces hommes en uniforme au bord des trottoirs, ce silence en plein été, n'ont rien de bien gai. Mais, tout de suite, je ne sais quel charme nous enveloppe, nous séduit.

Sur la grand-place de la Vieille Ville, colonne mariale élevée en 1650, comme un drapeau qui annonce : Ici, capitale du baroque ! Kafka et Max Brod se donnaient rendez-vous au pied de cette colonne, devant l'église gothique de Sainte-Marie-du-Tyn, que précède une maison à deux pignons quintulobés. Il faut passer sous la maison, par un couloir voûté, pour entrer dans l'église. A gauche de Sainte-Marie, le superbe palais Kinsky, baroque comme son homologue viennois. Kinsky, Lobkowitz, Fürstenberg, Schönborn, Liechtenstein : la noblesse impériale, à partir du XVIIe siècle, posséda une résidence à Vienne et une autre à Prague. A la fin du XIXe siècle, le palais Kinsky abritait le lycée d'État. Kafka y fut élève de 1893 à 1901.

Fut-il sensible à la beauté de cette façade ? Les innombrables richesses baroques de Prague le touchèrent-elles le moins du monde ? Inutile de chercher à travers ses livres un itinéraire pragois : autant on peut apprendre la géographie de Paris dans les descriptions de Balzac et de Proust, errer dans Saint-Pétersbourg en compagnie de Dostoïevski ou découvrir Dublin avec Joyce, autant les héros de Kafka bougent sur une scène abstraite. Prague est absente de ses récits, où se reflètent en mots cristallins les contours épurés d'une cité sans chair. Un autre de ses amis de jeunesse aurait pu l'initier aux merveilles de la capitale de la Bohême : Oskar Pollak, qui alla étudier à Rome les œuvres de Bernini et devint un historien réputé du baroque. Il laissa, avant de se faire tuer en 1915 sur le front italien, un ouvrage important : *L'activité artistique sous le pape Urbain VIII.* Mais Kafka, qui fit un voyage à Brescia pour assister à un meeting d'aviation et qui était lui-même un sportif aguerri, adepte de la nage et de l'aviron (il avait ses habitudes sur la Moldau, contrairement à la légende du jeune homme éternellement souffreteux), ne semble avoir montré aucun intérêt pour le décor de sa ville natale.

En faisant le tour de la grand-place, on rencontre les domiciles où ce nomade, toujours en train de déménager mais à l'intérieur du même cercle étroit, vécut le plus longtemps. A gauche de l'église Saint-Nicolas-de-la-Vieille-Ville, la maison natale. Près de l'horloge des Apôtres (dont les personnages mécaniques se mettent en mouvement chaque fois que sonne l'heure, attirant un groupe clairsemé de touristes), la maison Minuta, où il habita de six à treize ans. De treize à vingt-quatre ans, ses parents se fixèrent au n° 3 de la Zeltnergasse, sur le flanc de l'église Sainte-Marie-du-Tyn. Au n° 12 se trouvait le magasin paternel de nouveautés (gants, parapluies, cannes, rubans), jusqu'en 1912, année où le père installa sa boutique au rez-de-chaussée du palais Kinsky. En 1907, Franz suivit ses parents dans un nouvel appartement situé au bout de la Niklasstrasse, qui part de la grand-place et se termine à la Moldau. A cette époque, le pont qui la prolonge aujourd'hui n'était pas encore construit : une chance pour les candidats au suicide, selon Kafka. On n'avait, disait-il, qu'à descendre en courant la rue pour se jeter la tête la première dans le fleuve. Il ne se jeta pas dans la Moldau, il écrivit dans cet appartement ses trois chefs-d'œuvre, *le Verdict*, *l'Amérique* et *la Métamorphose*, puis revint habiter (toujours avec ses parents) sur la grand-place même, dans la maison Oppelt, à l'entrée de la Niklasstrasse.

Que cet écrivain soit d'abord un humoriste, qu'il ait écrit ses livres pour faire rire, que dans son pays on le considère comme un auteur comique, voilà ce dont nous ferions bien de nous souvenir, en France où son œuvre, découverte en 1945 au moment où triomphait l'existentialisme, nous a été présentée comme un bréviaire de « l'angoisse » et de « l'absurde », et continue à faire l'objet de commentaires minutieux et pédants. On l'eût bien amusé en lui annonçant qu'elle deviendrait une Bible, dont on scruterait chaque mot à la recherche du message chiffré — et que lorsque ses romans et nouvelles entreraient dans la Bibliothèque de la Pléiade, les gloses et les paraphrases seraient presque aussi abondantes que le texte.

L'humour : l'arme secrète des Tchèques, j'aurai mainte occasion de le constater. Comment supporteraient-ils autrement cette suite presque ininterrompue d'échecs et d'humiliations qu'a été leur histoire nationale ? Pour Kafka, comme on sait, l'humiliation fut d'abord privée, le Père occupa la place du Maître : ce père dominateur et tyrannique devant lequel il se sentait anéanti. S'il se mit à écrire, c'est pour échapper au père, imposer Franz à Hermann, se construire une identité en dehors de la sphère paternelle. Et voici qu'aujourd'hui — situation que nous estimons « tragique », « insupportable » mais que lui aurait appréciée comme éminemment humoristique — après être devenu un écrivain de renommée mondiale dont on célèbre partout, en cette année 1983, le centième anniversaire, il est ignoré dans son propre pays. Non pas condamné, mais ignoré : aucune plaque commémorative ne signale ses divers logis (dont nous n'aurions pas suivi la trace sans l'excellent album de Klaus Wagenbach[1]), et, bien pis, ses livres sont introuvables dans les librairies de Prague. « Non pas mis à l'index, nous dira Jiri, mais oubliés : on ne les réimprime pas, on les laisse disparaître. » Ainsi Kafka, après s'être affranchi du géniteur au prix d'efforts inouïs (des milliers de pages pour arracher son indépendance !) trouve sur son chemin posthume des Maîtres beaucoup plus forts, beaucoup plus implacables, qui le privent de cette identité si chèrement conquise et le refoulent dans le néant.

Accablée par les Pères, que ce soit l'empereur d'Autriche,

1. Klaus Wagenbach, *Kafka*, Belfond, 1983.

le Führer des nazis ou le chef du Kremlin : tel a été, depuis bientôt quatre siècles, le sort de la Bohême, qui n'a réussi qu'en de rares et toujours brèves périodes à se délivrer de la prépotence étrangère.

Mardi

Au centre de la grand-place, le monument à Jan Hus est un nouveau témoignage du tour à la fois tragique et humoristique que l'histoire a toujours revêtu dans ce pays. Jan Hus, réformateur de l'Église catholique plus d'un siècle avant Luther, interprète des aspirations nationales tchèques, soucieux de ramener la religion à la pauvreté évangélique, adversaire du haut clergé à cause de ses richesses et de sa conduite scandaleuse mais aussi parce que les Allemands en avaient accaparé toutes les charges, fut condamné par le concile de Constance et brûlé vif en 1415. Ses partisans furent dispersés. Exemple de courage et de rébellion, le hussisme n'en a pas moins été vaincu. Protestation et défaite, révolte et écrasement sont restés depuis les constantes du destin tchèque. On révère Hus, on lui a élevé un monument pour le cinq-centième anniversaire de son martyre, mais la Bohême est demeurée aux catholiques ; et si, aujourd'hui, le culte hussite est autorisé dans une église (le clergé portant soutane rouge avec un calice brodé, symbole de la communion sous les deux espèces, à laquelle les hussites attachent la valeur principale), quel sanctuaire lui a-t-on attribué ? Saint-Nicolas-de-la-Vieille-Ville, hyper-jésuite et hyper-baroque, construit dans les années 1730 par Kilian Ignace Dienzenhofer, auteur aussi du palais Kinsky, et membre de cette célèbre famille d'architectes à qui l'on doit l'église de Banz en Franconie, éloquente expression de la Contre-Réforme.

Quittons la grand-place et acheminons-nous vers le pont Saint-Charles, voie d'accès à la Mala Strana, c'est-à-dire le Petit Côté. Ce quartier, entièrement baroque, occupe la rive gauche de la Moldau, au pied du Château. Nous frappent ces sortes d'échafaudages en planches qui courent le long des rues à deux mètres du sol. Ils ne servent pas à étayer les maisons, quel est donc leur rôle ? Nous apprendrons qu'ils protègent les passants contre les chutes de tuiles et de pierres. Les immeubles de Prague, du plus modeste au plus riche, menacent ruine. Violentée et spoliée, mais d'abord humiliée, Prague est une ville dolente qui nous montre ses blessures avec des soupirs d'affliction. Je commence à comprendre quel charme a opéré sur nous dès notre arrivée. Après l'Allemagne si propre, si léchée, si sûre d'elle-même, si fière de ses marks et de son bon droit, si arrogante, quel soulagement de nous retrouver dans un coin d'Italie du Sud. On se croirait à Naples. Oui, il doit y avoir chez les Tchèques — indépendamment des vicissitudes politiques que nous n'oublions pas un instant, la présence obsédante des policiers nous en empêcherait — une négligence, un goût de l'abandon, un penchant à la ruine que je ne puis qualifier que de napolitains. Ils laissent leur ville s'émietter. Résignation à la défaite, aveu de leur impuissance, volonté d'ajouter à la servitude politique un avilissement qu'ils pourraient s'épargner, masochisme de vaincus qui veulent plonger jusqu'au fond de leur misère, ou choix poétique de l'inachevé, du décrépit, du déchu ?

Quatre atlantes encadrent le portail du palais Clam-Gallas. Figures puissantes, trapues, nous apprendrons que le grand Braun en personne les a sculptés. Beaucoup d'autres atlantes, à Prague, dont les deux magnifiques du palais Schönborn. L'atlante : personnage baroque (souvenons-nous de Puget) mais qui convient spécialement bien ici, où Jan Hus aurait pu être représenté dans cette pose. Effort héroïque pour rester debout sous le fardeau de l'adversité, et en même temps accablement sous un poids décidément trop lourd, n'est-ce pas le thème même de l'histoire tchèque ? Les atlantes luttent et subissent à la fois, et l'on ne sait s'ils éprouvent plus de bonheur dans la résistance ou dans la soumission. Ceux du palais Clam-Gallas émergent à grand-peine de l'échafaudage protecteur des piétons. L'un d'eux, les bras croisés, regarde d'un air dégoûté cet assemblage de planches mal jointes. Un autre tourne les yeux vers le câble qui les soutient tant bien que mal. Et nous ? semblent-ils dire. A quoi bon notre peine ? Nous sommes des vaincus, soit. Mais on pouvait au moins nous laisser le soin de soutenir tout seuls la façade !

Pont Saint-Charles : très long, très beau, orné de trente statues aux silhouettes tourmentées, l'ensemble baroque le plus célèbre de la capitale, achevé en 1714, boulevard de la

Braun, Atlantes du palais Clam-Gallas.
Brokof, Maures du pont Saint-Charles.

nouvelle sculpture. Nous irons un autre jour les examiner de plus près. Pour le moment, ces figures nous intriguent par leur couleur terne, presque noire. Saleté ? Incurie ? Nouveau témoignage de délabrement ? Non, autre est l'explication. Ces œuvres — les saintes et les saints protecteurs de la Bohême — furent taillées dans une pierre sablière, poreuse, où la poussière s'est incrustée de manière irréversible. Elles aussi subissent, mortifiées, le sort hostile qui s'acharne sur la ville. Au milieu du pont, voici saint Jean Népomucène, une de nos vieilles connaissances. Chanoine à la cathédrale de Prague, il fut sommé par l'empereur Venceslas de lui révéler les secrets de l'impératrice appris en confession. Il refusa. Venceslas fit précipiter le récalcitrant dans la Moldau. Canonisé en 1729 et proclamé patron du royaume, Jean Népomucène est invoqué contre les dangers de l'eau et les faux témoignages.

Au sujet de l'eau et de ses dangers, nous savons par la plaisanterie de Kafka sur la Niklasstrasse qui jetait droit dans le fleuve les victimes d'un accès de dépression, quelle attirance la Moldau exerce sur le Pragois. Kafka, d'ailleurs, n'a-t-il pas écrit dans la maison d'angle du fleuve sa nouvelle *le Verdict*, où un fils court se jeter à l'eau sur un ordre de son père, par pure volupté d'obéir ? Une histoire particulière à cet écrivain, sans doute, et qui reflète ses conflits familiaux, mais qu'on pourrait étendre à l'histoire nationale. Combien de fois Jean Népomucène n'a-t-il pas dû retenir par leurs basques les aspirants à la noyade ? Quant à sa seconde fonction — protéger des faux témoignages — jamais elle n'a été plus utile que maintenant, où sévit la délation. Cela dit, que vaut la protection d'un homme qu'on a jeté comme un paquet dans les tourbillons de la Moldau ? Premier grand résistant tchèque, mais défait comme les autres, comme Hus un peu plus tard et comme les dissidents aujourd'hui, Jean Népomucène demeure le double symbole de la force d'âme et de la bravade impuissante. De même que pour les atlantes et pour Kafka, on peut se demander s'il a eu le sentiment de s'accomplir plus pleinement en se dressant contre le pouvoir, contre le père, ou en subissant leur loi.

Au-dessus de nos têtes, où que nous soyons dans la ville, omniprésent, omnipotent : le Château. Non seulement un édifice bâti sur la colline, mais une cité en miniature qui surplombe l'autre. Le séjour visible du Père, et un continuel avertissement à se tenir sur ses gardes, à filer doux. Bien que Kafka n'ait pas pris ici son modèle, mais à Wossek, village natal du père, impossible de visiter ce dédale de rues, d'églises, de palais, de maisons séparé de la ville du bas par une pente raide, sans penser aux efforts impuissants de l'arpenteur K. pour accéder à la résidence du comte Westwest et entrer en contact avec les autorités « d'en haut ».

Charme inépuisable de la Mala Strana, accrochée au flanc du Château. Grand comme un arrondissement de Paris, c'est un quartier entièrement baroque. Ni à Rome ni à Munich ni à Vienne on ne trouve un style aussi uni, un ensemble aussi harmonieux. Non seulement les façades, les églises, les palais sont baroques, mais l'espace lui-même, l'aménagement des rues, dont on a utilisé les pentes pour créer des effets de surprise comme dans un théâtre d'illusions. Je note, sans la comprendre encore, une autre différence avec les villes italiennes ou allemandes : rien de triomphal, rien d'orgueilleux ici. Est-ce seulement à cause de l'effritement, de l'usure, dont aucune de ces nobles constructions n'est indemne ?

A droite du pont, palais Wallenstein, le plus imposant. Le condottiere de la guerre de Trente Ans le fit bâtir à partir de 1623 à la place d'un pâté de maisons qui fut rasé pour cette circonstance. Si la façade massive et la toiture à lucarnes gardent quelque chose de la rusticité allemande, le grand jardin à l'italienne nous séduit d'emblée par ses parterres d'azalées, ses massifs de rhododendrons, son labyrinthe de haies et de tonnelles, ses murs tapissés de rocaille, et, au fond, les trois arcades de sa *sala terrena* dont l'élégance nous rappelle la cour du palais du Te à Mantoue. En ce début du XVIIe siècle, l'art baroque se dégage à peine du maniérisme. Les statues qui bordent les pelouses, ce Bacchus, ce Laocoon étirés, ces deux lutteurs nus à la vigueur gracieuse, sont l'œuvre d'Adrian de Vries, sculpteur flamand né à La Haye en 1545 et formé à Florence dans l'atelier de Giambologna. Il s'installa à Prague en 1602 et eut le temps, avant de mourir en 1626, de finir pour Wallenstein ces échantillons de sa virtuosité dans la *figura serpentina.*

Un autre artiste de réputation internationale travailla au XVIe siècle à Prague et ouvrit la voie au baroque : Arcimboldo, ce peintre qui, en guise de portraits, composait des têtes à l'aide de fleurs, de fruits et de légumes. Il offrit à

Brokof, Maure (Galerie d'Art ancien).
Une statue peut en cacher une autre... (Jardins Wallenstein).

l'empereur Maximilien II les quatre tableaux allégoriques des *Saisons*, fleurs éclatantes pour le Printemps, pourpoint tressé de seigle et fruits mûrs pour l'Été, tandis que l'Automne émerge d'un tonneau avec un cou de raves, des cheveux de raisins, un crâne de citrouille, et que l'Hiver se réduit à un tronc noueux orné du citron et de l'orange italiens. Arcimboldo avait étudié les plantes dans les jardins pragois du jeune Rodolphe, fils de Maximilien. Il entendait flatter l'empereur, en le montrant digne de régner sur les végétaux et sur les saisons comme sur les divers États de son empire, mais aussi l'inviter à une méditation cosmique, en lui rappelant que l'homme est composé des mêmes éléments que la nature. Rodolphe était féru de sciences occultes : autour de lui se développa une culture de l'ésotérisme et de la magie, qui prédisposa Prague à recevoir au siècle suivant, plutôt que la leçon de Descartes et du classicisme rationaliste, l'appel de l'étrange et du merveilleux.

Le patrimoine artistique de Prague fut dispersé au cours des malheurs de la nation tchèque. Nous ne verrons ici aucun des Arcimboldo réunis par Maximilien et Rodolphe, et envoyés plus tard à Vienne. Quant aux bronzes d'Adrian de Vries que nous avons admirés dans le jardin Wallenstein, ce ne sont que des copies. Les Suédois, vainqueurs de la bataille de Prague en 1648, ont emporté les originaux chez eux, comme les armées du Directoire et de Napoléon dépouilleront de ses trésors l'Europe conquise. L'Europe a récupéré ses trésors après 1815, Prague est restée spoliée de ses Arcimboldo et de ses de Vries.

Grande cage au fond du jardin, contre le mur de rocaille. Un paon et ses femelles se dandinent au soleil. Trois Italiennes s'arrêtent, en extase. Comme il est beau ! s'écrient-elles en désignant l'oiseau. Regard de mépris pour les femelles, qu'elles trouvent laides et bêtes. Mais lui, c'est le roi ! Ses plumes, ses couleurs ! Un vrai rêve ! Jamais elles n'auraient l'idée, cliché pour cliché, de rire de la vanité de cet animal, qui se rengorge devant elles d'une mine fate. Non, elles ne savent manifester que l'admiration emphatique de la femme du Sud pour le mâle, la louange docile et exclamative, la reddition sans condition du sexe faible devant la suprématie de l'orgueil masculin. Pas de danger qu'elles contestent l'autorité du père ! J'imagine que les Pragois, eux, ne s'arrêtent devant la volière que pour se moquer de ces grands airs,

de ce dandinement prétentieux, de cette roue imbécile. Conscients d'ailleurs que, s'ils tournent en dérision la variété zoologique de l'autorité, c'est qu'ils sont forcés d'obéir au pouvoir humain de leurs maîtres. Humour, envers de l'impuissance.

Mercredi

Merveilleux jardins de Prague. Après celui du palais Wallenstein, qui est plat, voici, derrière la cour du palais Kolovrat (entrée par la rue Valdstejnska n° 12) un jardin en pente raide, que scandent d'étroites terrasses superposées jusqu'aux contreforts du Château. Un escalier, si exigu que je ne peux le monter de front avec Ferrante, passe d'abord sous une gloriette au toit chantourné, puis grimpe entre deux murs ruisselants de lierre. A chaque palier, une flore capricieuse et folle achève de détruire la maçonnerie, dont les joints se sont depuis longtemps désagrégés sous la poussée des herbes. Entre les terrasses, d'anciens escaliers de traverse disparaissent sous les buissons. Nous continuons à nous élever, au-dessus de la Mala Strana dont les toits pointus percés de lucarnes dévalent pêle-mêle jusqu'au fleuve. Paliers arrondis, niches de verdure, pavillons biscornus, balustrades aux formes irrégulières, rampes d'escalier au dessin capricieux, l'ascension se poursuit, au milieu d'un grand désordre de pierre et de végétation. C'est un mélange de Rome, pour le foisonnement vert en cascades, et de Naples, pour la vétusté, le délabrement.

Enfin nous atteignons la terrasse supérieure, une longue bande de terre à peine plus large qu'un balcon, envahie de chiendent, de mousse et de roses sauvages dont les tiges s'accrochent aux murailles du Château. Spectacle incomparable de Prague à nos pieds, avec ses clochers, ses bulbes, ses dômes, ses flèches, les sinuosités de ses toits, le renflement de ses pignons, la fantaisie de ses vieilles rues. Mais surtout, sensation de bonheur de nous trouver comme suspendus entre ciel et terre, parmi cette luxuriance décrépite de fleurs hirsutes et de parapets en ruine. Seulement, me dis-je, quelle étrange invention que d'avoir juché un jardin de repos au sommet d'une pente aussi escarpée ! Ce bonheur, il nous a fallu le mériter au prix d'un sérieux effort. Songeons à

Les jardins Kolovrat.

Sala terrena du palais Wallenstein.

n'importe quel château « classique » : la terrasse s'étend de l'autre côté des portes-fenêtres, et de là, sans fatigue, on domine le reste du parc. Ici, nous avons dû peiner, conquérir le droit de respirer ces roses et de regarder ces statues. Voilà du baroque qui n'est ni facile ni aimable, du baroque rude, du baroque abrupt, conforme à ce que je commence à deviner de Prague et de l'âme tchèque. Beauté, poésie, charme, jouissance, mais aussi affirmation virile, discipline, ascèse (ce second volet très peu napolitain). Du baroque hussite, si ces deux mots contradictoires ne jurent pas trop ensemble.

Plus malaisé encore à trouver, plus secret, plus poétique s'il se peut, nous avons découvert le jardin Vrtba, la quintessence du jardin baroque. Entrée par la rue Karmelitska n° 373. Devrais-je livrer l'adresse ? S'il est caché avec tant de soin, n'est-ce pas pour déjouer la curiosité du touriste ? Même après avoir franchi le porche de la rue, on ne soupçonne pas ce qui vous attend. On traverse une cour, une autre cour, on rencontre un atlas portant sur ses épaules la boule de l'univers. Quoi, faut-il poursuivre ? Ce petit escalier, cette passerelle devraient nous conduire dans un jardin ? Et puis, soudain, l'émerveillement : une sorte de théâtre en plein air, creusé au flanc de la colline, étagé en terrasses arrondies, orné de statues qui ont grande allure, terminé en haut par un mur concave dont la rocaille disparaît sous les herbes. Impossible de rendre la magie d'un tel lieu, ce fouillis mélancolique de kiosques engloutis sous les branches, d'urnes moussues, de figures de pierre mangées par la poussière, de massifs d'aubépines laissés à l'abandon. Étranges statues, tourmentées mais fières, rebelles à la pâmoison : le jardin à leurs pieds glisse doucement à l'oubli, mais elles semblent concentrer leurs forces en vue du jour où reprendra la lutte. Leur auteur ? Ce mystérieux Braun, qui nous a déjà intrigués avec ses atlantes du palais Clam-Gallas et sa sainte Luitgarde du pont Saint-Charles. Résistance ! proclame cette Diane chasseresse. Résistance ! ce jeune héros dont le visage se tourne vers le ciel en geste de défi. Résistance ! la foule de ces anges dont les ailes frémissent d'énergie réprimée.

Aucun d'eux, s'il se mettait à chanter, ne s'abandonnerait au *Lasciatemi morire* de la déréliction baroque : c'est plutôt le chœur de *Nabucco* qui jaillirait de leurs lèvres. Mirages de mon imagination ? Interprétation tendancieuse de quelques œuvres d'art réunies fortuitement ? Ce contraste entre les mâles figures de Braun et la vétusté du jardin, la dégradation des murettes, l'envahissement des allées par la végétation, nous ramène, une fois de plus, à l'histoire tchèque et au destin de Prague. Dominée par son Château, soumise à ses maîtres, ruinée dans ses monuments, humiliée dans sa fierté, avilie dans sa beauté, cette ville ne donne pourtant l'image ni de la résignation ni de la décadence ni de la mort.

Sur la Montagne Blanche

Jeudi

— Ainsi, dit Jiri, tu les as trouvés *poétiques*, nos jardins ?

Je ne sais quelle nuance de sarcasme dans sa voix m'empêche de lui répéter avec trop d'enthousiasme combien sa ville me plaît.

— Et le pont Saint-Charles, avec toutes les statues ?

— Oui, fais-je, cet ensemble de palais et d'églises, je n'en connais pas l'équivalent en Europe !

Nous avons rencontré Jiri hier soir à la sortie du concert de la Philharmonique. Vaclav Neuman y dirigeait le *Requiem allemand* de Brahms. Ferveur extraordinaire du public, ovations sans fin au vieux chef à qui ses cheveux tout blancs donnent l'allure d'un prophète. Au lieu de diriger un orchestre, il semblait conduire son peuple.

— La musique, dernier recours des esclaves, a murmuré notre nouvel ami. Il a trente-cinq ans, travaille dans une maison d'édition, connaît à fond la littérature française, parle peu, observe beaucoup, timide, passionné, prompt à cacher ses sentiments sous un fin persiflage qui vise autant lui-même que les autres. Il nous a donné rendez-vous ce matin, pour nous emmener à quelques kilomètres de Prague, sur une colline en rase campagne, devant un monastère à moitié ruiné dont nous poussons maintenant la porte, sous un portail orné de volutes, de guirlandes et de statues. Quadrilatère d'élégantes arcades, au milieu duquel se dresse une petite église à croix grecque surmontée d'une coupole

Les jardins Vrtba.

que prolongent une lanterne élancée et un bulbe. Partout des herbes folles, des buissons. Jiri se penche et cueille des fraises sauvages qu'il nous invite à déguster.

— L'humiliation de notre ville, qui t'a tellement et à si juste titre frappé, ne date pas d'aujourd'hui, reprend-il. Tu m'as cité Jan Hus, saint Jean Népomucène... Seulement, ce qui te plaît tant à Prague, ce décor baroque que tu trouves incomparable (il insiste en souriant sur ce mot), soupçonnes-tu ce qu'il représente pour nous ?

J'avale une fraise pour garder contenance sous son regard moqueur mais sans méchanceté. A mesure qu'il parle, il semble pris d'une intense compassion pour lui-même.

— La colline où nous sommes s'appelle la Montagne Blanche. Et ce monastère, cette église... Un peu d'histoire, mon cher. Les Tchèques étaient fondamentalement protestants. Hussites, puis Moraves, puis luthériens... Au début du XVIIe siècle, ils en eurent assez d'être gouvernés par des officiers catholiques qui administraient la Bohême au nom des Habsbourg. Deux de ces officiers furent jetés dans les fossés du Château par une fenêtre de la chancellerie. La Défenestration de Prague, qui eut lieu le 23 mai 1618, donna le signal de la révolte des protestants contre les catholiques, des Tchèques contre les Autrichiens. La Diète de Bohême proclama la déchéance de l'empereur, élut un roi protestant et leva une armée. Les forces catholiques de l'empereur Ferdinand nous attaquèrent et remportèrent, ici même, à la Montagne Blanche, le 8 novembre 1620, une victoire qui nous mit pour trois siècles à la merci de Vienne. Les catholiques construisirent ce monastère pour remercier Dieu d'avoir été de leur côté. La Bohême perdit toute indépendance, la religion protestante fut interdite, la langue allemande substituée à la langue tchèque, les chefs de la rébellion pendus et mutilés, la noblesse tchèque condamnée à l'exil, et enfin l'art baroque... l'art baroque imposé aux vaincus par l'aristocratie et le clergé de Vienne accourus après notre défaite pour occuper les places vides... Mais pourquoi, s'écrie Jiri en relevant la tête, est-ce que je vous raconte tout cela ? Pourquoi ai-je choisi de vous emmener sur ce lieu où fut consommé notre désastre ? Voilà un trait typique de notre mentalité, et qui explique peut-être une grande partie de nos échecs. Tu arrives à Prague pour écrire sur le baroque, pour t'émerveiller sur le baroque, et le premier Tchèque sur qui tu tombes te récite la complainte des vaincus et t'avertit que ce qui fait le charme de Prague et l'objet de ton livre est en fait le symbole suprême de leur humiliation !

Je lui réponds que je me doutais bien un peu du rôle de Vienne dans la baroquisation de Prague. N'avons-nous pas vu hier, dans l'église Sainte-Marie-de-la-Victoire, l'autel où l'empereur Ferdinand déposa, en manière d'ex-voto, une statue de l'Enfant Jésus qu'on coiffa d'une couronne imitée de la couronne impériale ?

— Une église qui était d'abord luthérienne ! appuie Jiri d'un ton amer. On l'attribua aux Carmes. La Montagne Blanche prit place dans la liste des grandes victoires catholiques sur l'hérésie, à la suite du pont Milvius où Constantin défit Maxence, de Poitiers où Charles Martel écrasa les Arabes, et de Lépante où don Juan d'Autriche mit les Turcs en déroute. A propos, tu parles certainement dans ton livre de la Thérèse de Bernini ?

— Oui... dis-je, non sans appréhension, car Jiri, par un de ces retournements dont il a le secret, est passé de la complainte douloureuse à la raillerie mordante.

— Mais comment s'appelle l'église où la Thérèse se pâme et gémit d'allégresse ?

— Sainte-Marie-de-la-Victoire.

— Et pourquoi ce nom ?

Je rougis, avoue mon ignorance.

— Tu vois, conclut Jiri, cette église de Rome fut dédiée à la victoire de la Montagne Blanche, comme un hymne de joie au Dieu catholique des armées. Aucun cependant des amateurs d'art baroque, pas même toi, ne sait que le chef-d'œuvre de Bernini a été payé par l'abaissement de tout un peuple.

Le *Temno*, le temps sombre, ainsi les Tchèques appellent-ils leur XVIIe siècle, qui nous paraît au contraire rayonnant de gloire et de beauté baroques. L'art des étrangers, l'art des ennemis, l'art des vainqueurs. Faudra-t-il pour autant souscrire à ces phrases que j'ai recopiées dans un guide Arthaud publié en France en 1932 ? « Sur chaque pile (du pont Saint-Charles) s'érige un groupe ou une statue dans ce style pompeux et tarabiscoté mis en honneur au XVIIe siècle par le chevalier Bernin. L'attitude exaltée de ces saints théâtraux, l'ampleur exagérée de ces draperies revêtant leurs gestes trop pathétiques, l'outrance de ces lourds nuages de pierre où s'ébattent trop d'angelots, tout, jusqu'à la symbolique vulgaire de ces gros cœurs enflammés, gonflés comme des ballons d'enfant, semble ici dépaysé. Et, de fait, c'est là l'œuvre d'étrangers hostiles à la tradition tchèque de la Bohême... »

— D'étrangers ? interrompt Jiri. Braun, Brokof, des étrangers ? Certes arrivèrent d'Autriche ou d'Italie des architectes et des sculpteurs, mais les plus grands artisans de la Prague baroque furent bel et bien des compatriotes, si tu considères que Braun, né dans le Tyrol, s'installa à vingt-cinq ans à Prague où il épousa une Tchèque. Non, mon cher, le problème est encore plus complexe, tu sais.

— Que veux-tu dire, Jiri ?

— Écoute cette anecdote. Un Tchèque demande à un Yougoslave : « Comment avez-vous su rester libres ? » L'autre répond : « C'est bien simple, nous avons pris des fusils et gagné la montagne. » Le Tchèque : « Ah ! mais chez nous ce n'était pas permis ! »

Je n'aime pas voir notre ami se déchirer ainsi de ses propres mains. Aussi lui dis-je :

— Mais à l'époque de la Montagne Blanche, aucun peuple n'a été plus courageux que le peuple thèque !

— Avec quel résultat ? La destruction de la Bohême en tant que nation indépendante. Trois cent vingt ans après la Défenestration et le début de la guerre de Trente Ans, Prague capitula sans résistance devant l'invasion nazie. Faut-il nous souhaiter plus de courage ou plus de prudence ? Question absurde, car dans les deux cas, le choix du courage la première fois, le choix de la prudence la seconde fois, ont abouti à un résultat identique, la radiation de notre pays de la carte des peuples libres.

— Le guide Arthaud condamne formellement le baroque pragois, qu'il oppose au gothique, véritable expression de l'âme tchèque. « ...Ces fausses pierres, ces lourdes cariatides modelées dans la chaux, tout l'épanouissement de cet art décadent dont le dessein était de faire oublier aux Tchèques la grandiose symphonie en pierre et les belles images sculptées de leur brillant passé... »

— Oui, mais n'oublie pas, me répète Jiri, que ce sont des Tchèques eux-mêmes qui ont adopté le style de leur asservissement.

— Comment « oui » ? Tu ne vas pas pousser le dénigrement jusqu'à adopter le stupide jugement de ces deux Français ! La Prague baroque est splendide, même si elle vous rappelle un événement douloureux de votre histoire.

— Un désastre, mon cher, un vrai désastre.

Mais il finit par convenir en riant que les opinions du guide Arthaud attestent, autant que la méconnaissance de son pays, en quel mépris, il y a cinquante ans, on tenait l'art baroque tout entier. Le baroque est laid, boursouflé, vulgaire, décadent, or il faut faire l'éloge de Prague, donc ce qu'on y trouve de baroque n'est pas tchèque, tels étaient les termes du syllogisme à l'usage des touristes. Cent ans plus tôt, Chateaubriand, venu rendre visite à Charles X qui purgeait son exil dans les appartements du Château, avait raisonné avec plus d'élégance. « Son architecture rappelle une ville de la Renaissance », écrit-il de Prague. Flagrante contre-vérité, inspirée par le discrédit où était tombé le baroque. Prague est une belle ville, le baroque n'est pas un art, donc Prague est une ville Renaissance : déduction qui permit au vicomte de se sentir à l'aise dans des palais et des églises dont il eût dû désapprouver le style.

Aujourd'hui, où l'on n'oppose plus sottement « l'hypocrisie du stuc » à « la franchise de la pierre », la question est de savoir si l'art baroque, imposé au début du *Temno* par une aristocratie étrangère et par les Jésuites accourus de Vienne, ne correspond pas à un élan spontané de l'âme tchèque elle-même. Les Tchèques, d'abord hostiles à un art né de leur défaite, ont peut-être reconnu ensuite qu'il exprimait mieux que tout autre leurs aspirations profondes. Sinon, pourquoi auraient-ils trouvé parmi eux, dans leurs propres rangs, de si grands architectes et sculpteurs ?

— Ne m'embête plus avec ton Yougoslave, dis-je. Relèvent-elles seulement de la propagande, ces lignes écrites en 1981 par Jaromir Neumann dans le catalogue de l'exposition parisienne du Grand Palais consacrée au « Baroque en Bohême » ? « Introduit comme un instrument destiné à orienter, à éduquer et souvent même à asservir la pensée, le baroque devint assez vite un moyen de communication capable d'unir les Tchèques plus qu'aucun autre domaine de l'activité sociale. » Et encore : « C'est à travers la production baroque que ce pays, privé de son élite intellectuelle, retrouva sa dignité en tant que nation... Condamnée à ne plus être politiquement et économiquement qu'une province impitoyablement exploitée par la monarchie de Habsbourg, la Bohême, grâce à la floraison de l'art baroque, n'a pas été réduite à un rang provincial sur le plan artistique. »

— Les deux opinions sont défendables, concède Jiri. Sa source empoisonnée rend l'art baroque suspect en Bohême, ne l'oublie jamais. Néanmoins, comme votre historien Victor-Louis Tapié le suggère, admettons que les Tchèques ont réussi à s'approprier cet art, à l'intérioriser, au point d'en faire un moyen d'expression éminemment personnel.

Tandis que je m'étonne de l'érudition historique de Jiri, aussi vaste que sa culture littéraire, il reprend en grognant :

— Cependant, laisse-moi rire en entendant un de nos officiels vanter devant les visiteurs du Grand Palais la « dignité nationale » tchèque !

— En tout cas, dis-je pour l'apaiser, les artistes tchèques qui ont baroquisé Prague n'ont pris de leçons chez personne et n'ont obéi qu'à une exigence intérieure.

Et de lui rappeler notre première impression au sujet des jardins, des statues, de l'atmosphère générale de la Mala Strana. Nous n'avons rencontré aucun monument triomphal, comme à Rome ou à Vienne. Les Dienzenhofer, les Braun, les Brokof ont éliminé de leurs œuvres toute trace d'ostentation ou d'orgueil. Inconnues d'eux également cette légèreté mousseuse, cette pétillante euphorie que nous avons vu danser dans les églises de Bavière ; encore plus étranger à leur tempérament le goût italien pour les états paroxystiques de langueur et d'extase. Leur baroque est un baroque plus lourd, plus responsable, plus sérieux, plus réfléchi. Avec un caractère remarquable d'énergie et de virilité. Comment s'expliquer cette différence, sinon en se disant que loin d'être un art de cour imposé par Vienne, le baroque pragois plonge ses racines dans des traditions indigènes, dans une sensibilité autochtone ; et sans doute ne montrerait-il pas tant de gravité méditative ni d'intensité spirituelle sans la persistance de l'héritage hussite et protestant.

— Oui, oui, murmure Jiri, comme fâché de reconnaître que nous n'avons pas à nous sentir coupables de trouver à sa ville un charme et une beauté exceptionnels. Il préférerait presque, dans son entêtement dénigreur, que Prague fût entièrement à décrier.

— Allons déjeuner, propose-t-il, les fraises nous ont mis en appétit.

— Nous avons dîner hier, dis-je, dans un excellent restaurant, au bout de la Zeltnergasse, près du théâtre Tyl. Grande variété de plats, service rapide et soigné...

— On descend dans un sous-sol, n'est-ce pas ?

— Oui.

— C'est le restaurant du Centre culturel soviétique. On y mange très bien en effet, dit-il avec un immense dégoût.

Il préfère nous emmener dans un autre établissement, qui passe pour le meilleur de la ville.

— Mais tchèque ! Et toujours plein. Pourvu que nous trouvions une table.

Un beau palais, puis de petites rues pittoresques forment autour du couvent de Sainte-Agnès, en bordure de la Moldau, un quartier isolé et tranquille. Le restaurant de Jiri est au bout d'une de ces petites rues. Il descend de voiture, marche vers la porte, s'arrête net, tend l'oreille et revient vers nous, tout pâle.

— Regardez !

Il nous montre les fenêtres hermétiquement closes par des volets pleins, la porte en bois massif elle aussi fermée, la façade muette et revêche qui ne laisse filtrer aucune lumière et que rien ne permettrait de reconnaître comme celle d'un lieu public. Aucune inscription, aucune carte affichée. Le bouton de porte extérieur a été ôté.

— Ils ont même retiré l'enseigne ! s'exclame-t-il.

Dans le fond de la place, trois grosses Tatra noires, d'un modèle qui remonte au moins à vingt ans, sont garées côte à côte. Elles brillent, sans une tache sur leur carrosserie, solennelles et funèbres dans leur luxe désuet. Les chauffeurs, en nous voyant, descendent de leur siège et se mettent à passer un plumeau sur les chromes, opération qui serait superflue si elle n'avait pour but que la propreté des véhicules.

— Allons-nous-en ! dit Jiri. Inutile d'insister. Vite, allons-nous-en. Je ne peux pas supporter le regard de ces hommes.

— Qu'importe, Jiri ! Veux-tu que nous achetions des cerises pour les manger dans le jardin Vrtba ?

Tassé au fond de la voiture, il se tait, humilié. J'ai beau, pour le dérider, lui dire que nous avons peut-être échappé à un de ces poissons de la Moldau « qui ne valent rien du tout » selon Chateaubriand, le banquet des notables à huis clos lui est resté sur le cœur. Nous traversons le pont dont l'absence réjouissait Kafka comme un encouragement à se jeter dans le fleuve, mais je me garderais bien de rappeler à Jiri cette boutade. Près de la porte qui donne accès au jardin, une épicerie occupe une grotte creusée dans la colline. Une petite queue s'est formée : on attend les cerises. Les cerises arrivent dans un camion : quelques cageots, dont le contenu aussitôt disparaît dans le cabas des chalandes. Des carottes rabougries, des pommes de terre incroyablement fripées, des boîtes de conserve rouillées, des pots de marmelade poussiéreux, des bocaux de cornichons complètent l'approvisionnement du magasin.

A la fontaine du jardin, nous lavons les cerises et les tomates.

— Pourquoi n'y a-t-il pas de pâtisseries à Prague ?

— Il y en avait, répond Jiri. Les gâteaux étaient délicieux. La pénurie les a supprimés. Puisque vous allez à Budapest, ne manquez pas les gâteaux de Vörösmarty.

Nous montons jusqu'en haut du jardin, et là, assis dans l'herbe, puisant dans les cornets de fruits, oubliant l'heure au milieu de cette douce luxuriance de plantes redevenues sauvages et de gloriettes, de balustrades, d'urnes de pierre à l'abandon, presque seuls à part quelques couples d'amoureux réfugiés çà et là sous le foisonnement des ramures, nous nous laissons aller au plaisir d'être ensemble et d'éprouver notre amitié par l'aveu de nos goûts littéraires et musicaux.

Jiri, sur qui la magie de ce lieu exerce un effet souverain, nous parle, enfin détendu, des écrivains, des poètes qu'il aime. Rilke, Segalen, Crevel, Vladimir Holan, le plus grand poète tchèque, selon lui, métaphysique et baroque, et Richard Weiner, de Prague également, qui fit partie du Grand Jeu à Paris, avec Daumal, Gilbert-Lecomte... et Roger Vailland, dont il était amoureux ! Savons-nous que les cinq mille exemplaires d'*Alcools* ont été vendus en quelques heures ? Les queues aux librairies, connaissons-nous cela en Occident ? Je lui affirme qu'en France on ne lit plus, qu'on est blasé, qu'on se disperse en week-ends et en spectacles, alors qu'ici, lui et les amis avec qui il me dit se réunir pour discuter des quelques nouveaux livres qu'ils réussissent à se procurer, forment une petite société clandestine et ardente dont je ne vois chez nous qu'un modèle, lorsque, sous l'occupation allemande, avec les restrictions qui obligeaient à rester chez soi, on se jetait avec passion sur tout ce qui pouvait nourrir l'esprit. Prague aujourd'hui ressemble à ce qu'était Paris pendant la guerre : pénurie dans les boutiques, silence dans les rues, uniformes à tous les carrefours, contrainte, oppression, mais aussi vie secrète d'autant plus fervente que son champ d'action est étroit, ses ressources comptées, sa liberté précaire.

Maintenant, nous nous taisons. A quoi songe Jiri ? Prague s'étend à nos pieds. La coupole de Saint-Nicolas s'arrondit entre les branches. Les flèches et les bulbes de la Mala Strana se détachent contre le ciel transparent. Que ce décor est simple, discret, à la mesure de l'homme ! Quelle absence de pompe et d'emphase ! Comme il reste étranger à toute volonté d'écraser, d'asservir ! Je repense aux grandiloquentes abbayes de Melk, de Saint-Florian, de Weingarten, à Saint-Pierre, à Superga ; et, tout d'un coup, la question que je n'ai pas posée ce matin me vient aux lèvres :

— Pour un édifice qui devait célébrer la victoire de l'Église catholique sur toutes les hérésies, ne trouves-tu pas de proportions bien modestes le sanctuaire de la Montagne Blanche ? Une chapelle, un refuge, un lieu de retraite confidentiel, pas un but de pèlerinage bruyant. A Rome, pour asseoir le triomphe de Dieu, on a construit de gigantesques basiliques. Ici, au contraire, sur ce site pourtant visible de loin... Quelle étrange volonté de se faire petit, de se cacher...

— C'est qu'ils n'ont pas eu assez d'argent, grommelle Jiri.

Le voilà de nouveau prompt à se jeter sur l'explication la plus défavorable, comme s'il répugnait à admettre que le destin de Prague et de ses habitants pût ne pas être le plus malheureux possible.

— Sache que, à l'origine, le souci triomphaliste a guidé ceux qui ont commandité Sainte-Marie-de-la-Victoire. Ils désiraient dresser sur l'emplacement de la défaite de leurs ennemis un temple aussi vaste que somptueux. Seulement, l'argent leur a manqué. Ils durent se résigner, moyennant une réduction d'échelle du premier plan qui était grandiose, à cette bâtisse de petites dimensions.

— Comment ! ne puis-je m'empêcher de protester. Avec l'empereur et le haut clergé de leur côté, ils n'auraient pas réuni les sommes nécessaires ? L'entreprise a échoué pour une autre raison. L'église de la Montagne Blanche, tout en étant le signe de leur victoire, atteste le peu d'assurance des vainqueurs. Ils ne se sont pas sentis assez forts pour vous écraser sous un symbole trop voyant. N'est-ce pas un trait constant de l'histoire tchèque ? Aucun de ceux qui ont cherché à se soumettre votre peuple n'a été certain de le dominer pour de bon.

« Il leur semble, écrivait déjà au XVIIe siècle le jésuite Bohuslav Balbin après l'assassinat de Wallenstein, que les forêts et les bois, les vallées profondes et jusqu'aux feuilles et aux rameaux des arbres murmurent : rébellion ! rébellion ! et qu'il convient de recourir aux avis de Machiavel et sur cette terre de méfiance, tout détruire, raser les forteresses, laisser crouler de vétusté les murailles des villes et des bourgades et se comporter envers cette nation comme envers l'ennemi de demain. »

Championne de gelato

Vendredi

Pourquoi ce besoin d'inscrire le jour en tête de chaque nouvelle promenade dans Prague ? Je ne l'ai pas éprouvé dans les autres pays. Sentiment, ici, que le temps est plus précieux qu'ailleurs, qu'il faut en compter les moments. Aucune journée n'est semblable à l'autre. Intensité de chaque minute. Les gestes qu'on fait par habitude, sans y penser, acquièrent dans ce pays un poids, une gravité particulière. Dans la rue, je note un mélange curieux de nonchalance et de rigueur. Aucun débraillé, malgré la splendeur de la saison. Ni clochard ni ivrogne, bien entendu : ils seraient aussitôt embarqués comme « parasites sociaux ». Mais cette tenue qui nous frappe chez les gens s'explique-t-elle seulement par le régime ? Pas un papier sale ne traîne. Il me souvient de notre tristesse à Vienne, à voir les bidons de Coca-Cola vides flotter dans la fontaine de Donner.

Prague s'anime dans la pureté d'un matin lumineux. Comme nous nous sentons mieux qu'à Munich, malgré tout ce que nous voyons qui nous serre le cœur, et tout ce que nous devinons derrière les façades rébarbatives des bâtiments officiels ! Différence fondamentale avec Berlin-Est, ville entièrement lugubre, où le régime peut compter sur la docilité naturelle du caractère allemand. Beaucoup de choses sont défendues à Prague ; mais peut-être parce qu'il est nécessaire de proclamer un grand nombre d'interdictions

Ignace Platzer, le rêve de liberté (Saint-Nicolas).

pour que quelques-unes soient respectées. Le long de la Moldau, dans un parc réservé aux piétons, nous avisons un panneau rond divisé en huit compartiments dont chacun signale par un idéogramme ce qu'il est interdit de faire : sucer des glaces, manger des gâteaux, jouer au ballon, fumer la pipe, promener un chien, écouter la radio, pousser un landau, se laver les mains. Liste si absurde, qu'on se demande si ceux qui l'ont édictée n'ont pas voulu tourner en dérision le principe même de l'autorité et libérer les promeneurs de toute sujétion envers le règlement.

Rendez-vous avec Jiri sur les marches de Saint-Nicolas-de-la-Mala-Strana. A ne pas confondre avec l'autre Saint-Nicolas, sur la grand-place de la Vieille-Ville. Saint-Nicolas-de-la-Mala-Strana, au cœur du quartier que nous aimons, est la plus prestigieuse église de Prague. Christophe Dienzenhofer et son fils Kilian Ignace l'ont construite, pendant la première moitié du XVIIIe siècle. La coupole verte à lanterneau et la tour légère du campanile à étages, agrémentée de cintres et de corniches, pointent au-dessus de la ville comme l'étendard du baroque. Pour les auteurs du guide Arthaud, qui consentent à cause de cette ressemblance à lui trouver grande allure, ce dôme évoque celui des Invalides ou du Val-de-Grâce. Le reste ne vaut rien à leurs yeux, qui n'y voient que « somptuosité artificielle » et « fausse monnaie du luxe ». Comment peut-on s'aveugler à ce point ? Revêtue à l'extérieur de colonnes, de pilastres, de fenêtres délicatement ouvragées, isolée sur un socle de gradins, l'église dresse sa masse jubilante. Entrons par la façade, dont une balustrade moule les courbes et les contre-courbes agencées avec un art qui n'évoque nullement le souvenir des Mansart, mais bien celui de Borromini et de Guarini.

Beauté indescriptible de l'intérieur. Je dis « indescriptible » non pour user d'un terme de rhétorique, mais parce qu'il est impossible de donner une impression globale d'un ensemble particulièrement riche et complexe. Au premier abord, la nef unique de trois travées, la sobriété de la décoration, le nombre restreint de statues, l'absence presque complète d'anges, me suggèrent l'idée d'un baroque strict à laquelle toutes les découvertes que je fais en m'avançant vers le chœur m'apportent une série de démentis : les chapelles latérales en forme de conques, les hauts piliers de marbre gris et rose plantés de biais, les balcons incurvés des tribunes, la taille gigantesque des Pères de l'Église adossés aux piliers, leurs mitres pointues qu'ils penchent au-dessus du vide, le geste parallèle de leurs bras qu'ils lancent devant eux comme s'ils voulaient descendre de leur socle et s'asseoir dans les bancs désertés par les fidèles. Si je me retourne, j'aperçois les orgues intégrées de chaque côté de la fenêtre à l'architecture, comme une forêt naturelle qui aurait poussé en direction de la lumière, les anges dorés qui s'accrochent aux saillies du stuc, la tribune en forme de grotte. Si je lève la tête, m'apparaît dans toute sa splendeur un décor de colonnes et de galeries peintes en trompe l'œil ; plus loin, sous la coupole, une clarté parme et vert tendre pleut de la fresque qui ouvre l'église sur le ciel. Il faudrait souligner comment tous les éléments de cette symphonie s'articulent les uns aux autres, s'enchaînent et se fondent en une totalité sans heurts et sans failles.

Je disais bien : « indescriptible », et il eût mieux valu, sans doute, me taire, que de m'essayer à rendre avec des mots si banals l'harmonieuse allégresse que tous trois nous ressentons en montant et redescendant la nef. Ce n'est ni Zwiefalten ni Ottobeuren ; mais, là encore, il m'est plus facile d'indiquer la différence que de l'expliquer. Peut-être est-ce la *chaleur* de Saint-Nicolas qui nous touche particulièrement. Je relève aussitôt le ridicule de cette notation : la beauté est-elle affaire de température ? Ferrante décide qu'il reviendra le lendemain, une heure plus tôt, quand la lumière enflammera l'ange du transept gauche.

Cependant l'église, où ne se trouvaient à notre arrivée que quelques vieilles femmes égrenant leur chapelet après la messe du matin, se remplit peu à peu. Les Madrigalistes de Prague s'apprêtent à répéter le concert du soir.

— Le culte catholique est libre, dit Jiri, mais il est mal vu d'assister à la messe. Tu es repéré, tu auras plus difficilement de l'avancement. Le régime, plutôt que d'interdire, compte sur l'autocensure. Aussi a-t-on trouvé cet expédient : organiser des concerts dans les églises. Les gens, sous prétexte de venir écouter la musique, affluent dans l'église pour se recueillir, pour prier.

Beaucoup de jeunes, qui s'asseyent par terre, contre les piliers. Assistance tendue et fervente. Entre un motet de Gallus et un psaume de Zelenka, Jiri, qui me voit promener le regard sur cette foule silencieuse et grave, me glisse à l'oreille :

— Ne t'y trompe pas. L'Église ne joue aucun rôle de résistance chez nous. Au moment de l'affaire de Pologne, quand il a été question d'une intervention militaire tchèque, la réaction des gens a été : « Ah ! ces salauds de Polonais, ils vont nous tuer nos fils ! »

— Pourtant, Jiri...

L'orgue prélude en sourdine. Je ramène les yeux sur les statues géantes de saints placées au bas des quatre piliers de la coupole. L'un, saint Alexandre, coiffé de la mitre épiscopale, empoigne sa crosse qu'il plante dans le cou d'un hérétique terrassé à ses pieds. La tête du mécréant déborde du socle et pend en arrière dans le vide. Face décidée du saint barbu, qui étend l'autre main pour garder son équilibre. Un *putto*, qui lui arrive à peine plus haut que le genou et à qui il a confié son gros livre relié en parchemin, détourne sa frimousse joufflue, bien qu'Alexandre, on le devine, n'eût pas été fâché, malgré l'âge tendre de cet enfant, de l'associer à sa vengeance. Plus fascinant que tout me semble le crâne entièrement rasé de la victime, sphère lisse et luisante de stuc d'autant plus volumineuse qu'elle saille en gros plan sur le devant du pilier. Les oreilles et le nez bénéficient aussi d'une augmentation de taille, comme s'il fallait nous persuader que cet infidèle n'était pas un ennemi négligeable, ni le combat d'Alexandre une tâche légère, les exceptionnelles dimensions de cette tête correspondant à une abondance peu commune d'hérésie. Je remarque enfin que le malheureux a gardé les yeux ouverts : on dirait qu'il consent à son supplice et qu'il ne veut rien perdre du plaisir de se voir égorger.

Je me garde d'attirer l'attention de Jiri sur l'étrangeté de ces yeux ouverts : il m'assurerait que si je veux comprendre le peuple tchèque, je n'ai qu'à l'étudier dans cette image on ne peut plus emblématique qu'il offre de lui-même. Allégorie cruelle, mais véridique, de cette race de vaincus qui assistent, lucides, à leur propre immolation, fixent les yeux sur la lance qui les transperce et s'imprègent de la taille démesurée de leur vainqueur, tout contents au fond de se dire, devant l'éclatante suprématie de l'adversaire, qu'ils ont fait le bon choix en s'abstenant de résister.

On pourrait attribuer n'importe quelle pensée à la victime.

Platzer, Saint Alexandre.

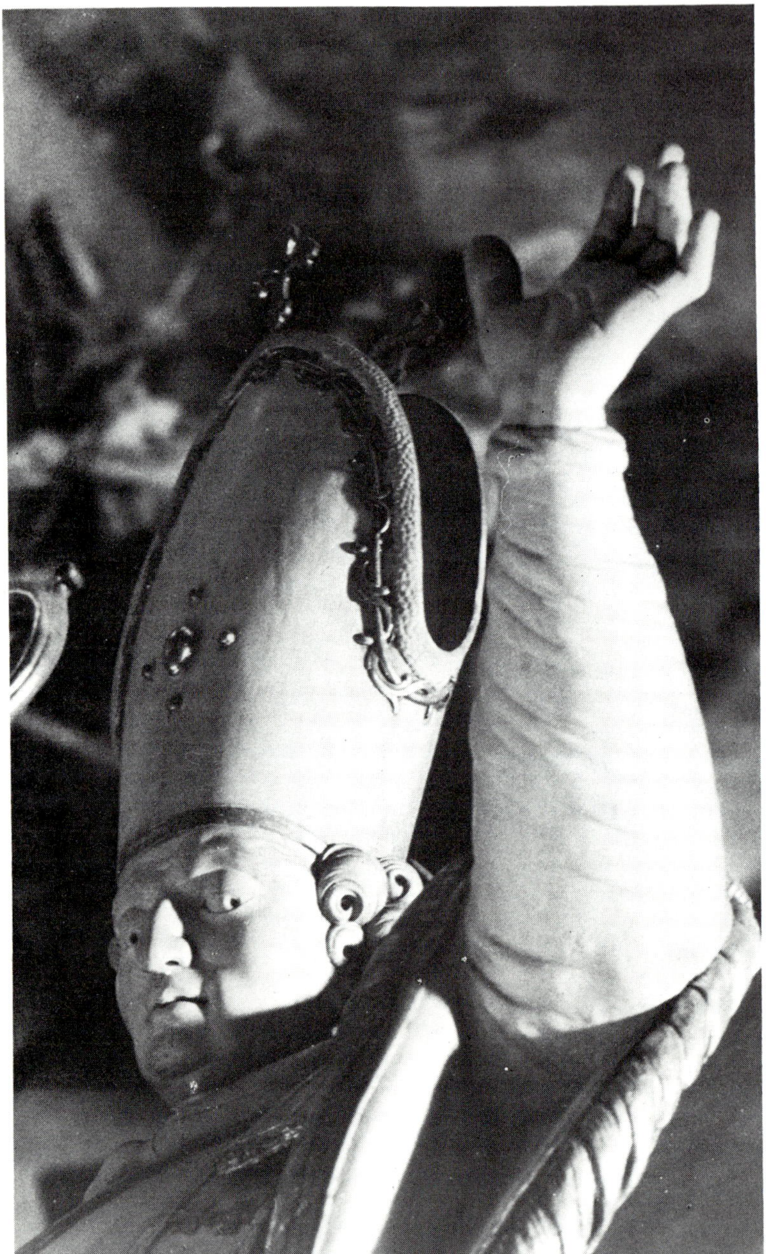

Le bourreau...

Pas plus qu'elle n'a de cheveux sur le crâne, elle ne montre, en son visage parfaitement lisse, la moindre trace d'émotion. J'ai eu tort, plus haut, de lire un sentiment de vengeance sur la figure barbue d'Alexandre. Lui aussi ne semble pas concerné par ce qui se passe. Comme un exécutant chargé d'expédier les affaires courantes, il se contente de planter sa crosse au bon endroit. Besogne bien faite, un point c'est tout. L'art d'Ignace Platzer — un sculpteur de la seconde moitié du XVIIIe siècle, issu de l'ouest de la Bohême, sans ascendance étrangère — se caractérise par une froideur totalement inexpressive. Et c'est cela le plus terrible, de voir comment ces deux personnages — le bourreau et la victime — restent impassibles dans le rôle qui leur a été fixé. Ni haine ni amour ne les unissent. Ils obéissent chacun à une fatalité abstraite qui ordonne à l'un de sévir, à l'autre de subir. Modernité de cette conception des rapports entre le plus fort et l'opprimé. Alexandre, tel un fonctionnaire du crime, applique une loi impersonnelle que l'autre reçoit avec la même soumission exempte de réaction affective. Que l'œuvre de mort soit accomplie le plus proprement possible — il n'y a pas plus à discuter le verdict que dans les récits de Kafka.

Cette absence de pathos nous met aux antipodes du baroque romain. La même scène sculptée par Bernini ou par un de ses élèves n'eût pas abouti à un constat policier aussi dépourvu de sentiment. Songeons aux pâmoisons de Thérèse devant son ange, aux langueurs des innombrables Sébastien, aux extatiques redditions des martyrs italiens. Les vaincus de Prague n'ont pas droit à la volupté de la souffrance : il ne leur est permis que de mourir. Inutile de me demander plus longtemps si les artistes locaux ont réussi à se dégager de l'imitation étrangère : voilà un exemple magnifique de baroque, mais de baroque original, adapté à la situation et à la mentalité d'un pays où il semble que dès le XVIIIe siècle les relations entre le pouvoir et les citoyens ont été empreintes de cette neutralité professionnelle qui s'est affinée ensuite jusqu'à la perfection bureaucratique atteinte aujourd'hui.

Après le concert, achevé sans applaudissements, nous montons vers le Château par une petite rue escarpée, dont je renonce à esquisser les maisons plus jolies l'une que l'autre, chacune dissemblable de sa voisine, avec tantôt un pignon, tantôt un auvent qui la distingue, ou le blason en bas-relief de quelque animal, ou une simple boule ornementale de pierre placée en face du seuil sur un des paliers de la longue rampe. Des femmes bavardent sur les marches, comme à Naples ; un dalmatien se met à la fenêtre et s'arc-boute sur ses pattes en pointant son museau craintif dans le vide ; ne manquent que les fils tendus d'une façade à l'autre et le linge séchant au soleil.

La place devant le Château est vide. C'est une longue esplanade bordée de palais avec au milieu un jardin. Les bossages en trompe l'œil et les sgraffites du palais Schwarzenberg dessinent sur les murs clairs des ombres taillées comme des pointes de diamants. Dans le silence de ce matin d'été, un bruit cadencé se rapproche. Venant de la ville basse, deux militaires montent au pas. Pour longer la résidence du président, qui occupe une partie du Château, ils se mettent au pas de l'oie, lançant devant eux d'un geste mécanique leur jambe à l'horizontale, jusqu'à ce qu'ils aient dépassé la grille. Une grosse dame assise à la minuscule terrasse de l'unique café ne se dérange pas pour autant. Elle est attablée devant une énorme glace à la pistache et à la fraise dont elle s'ingénie par mille petites simagrées à retarder l'absorption. Nous la retrouvons, une demi-heure plus tard, après que Jiri nous a emmenés à l'intérieur du Château visiter la rue miniature appelée des Alchimistes, où demeuraient les orfèvres et les trafiquants d'or, et où Kafka élut domicile (au n° 22, signalé par une plaque) en 1916, le temps d'écrire les nouvelles du *Médecin de campagne.*

La grosse dame n'en est qu'à la moitié de son festin. Nous aurions eu le temps de nous attarder dans la cathédrale Saint-Guy, dont le gothique nous a paru bien fade, ou même de parcourir les autres bâtiments situés dans l'enceinte du Château, comme la basilique romane Saint-Georges et les divers musées, avant qu'elle ne vînt à bout de sa montagne rose et verte. Fellinienne par sa corpulence et sa mise, toute seule à la terrasse de ce café sans clients, devant cette place vide et silencieuse que ne traverse ni voiture ni piéton, suçant le plus lentement possible la volumineuse portion qui dégouline à grosses gouttes sur l'assiette, elle nous apparaît comme la dernière représentante du baroque pâtissier, dans

...et la victime.

cette ville d'où le puritanisme officiel non moins que les restrictions économiques ont proscrit les gâteaux. En pleine matinée, pendant les heures consacrées au labeur par le reste de la population, ignorant superbement l'industrieux bourdonnement qu'en tendant l'oreille elle pourrait entendre monter de la ville basse, elle se dédie à la manducation sucrière avec une têtue et provocante application. Chacun de ses coups de langue est un défi à la sévérité du régime, à la pénurie des vivres, à la discipline du travail.

Après un tel spectacle, ne serons-nous pas déçus par le reste des monuments baroques que nous avons à découvrir ? Que de merveilles, pourtant, dans la ville haute qui prolonge le Château ! Notre-Dame-de-Lorette : église de pèlerinage, couvent et maisons basses aménagées dans un désordre poétique, autour de la copie de la Santa Casa de Loreto. Un coin d'Italie en somme, pour ce qui est du caprice architectural et de la vétusté, mais auquel des clochers à bulbe, des rangées de statues grises et un état avancé de délabrement confèrent le cachet mélancolique et inégalable de la capitale tchèque.

En face, l'imposant, le majestueux (c'est la première et la dernière fois que j'emploierai ces adjectifs pour qualifier un édifice à Prague), le solennel palais Cernin. Sur la façade, trente demi-colonnes encastrées relient les deux étages de trente fenêtres chacun. Frontons de ces fenêtres alternativement en demi-lune ou en triangle. Le perron convexe qui fait saillie au milieu de la façade en atténue la monotonie. Mieux vaut, pour apprécier la fugue des colonnes, ne pas se placer en face, mais la regarder de biais. Les deux étages reposent sur un socle de diamants, l'élément le plus original. Contraste entre la rigueur des pilastres et la fantaisie des bossages, qui accrochent inégalement la lumière. Le palais fut élevé, dans la seconde moitié du XVIIe siècle, par l'Italien Francesco Caratti, pour le comte Humprecht Jean Cernin, ambassadeur impérial à Venise. D'après ce que je lis, l'architecte se serait inspiré du classicisme de Palladio. Je décèle au contraire l'influence des modèles baroques. L'idée d'abolir la séparation horizontale entre les deux étages nobles par un ordre colossal de pilastres qui s'élancent sur toute la hauteur de l'édifice revient aux architectes de Rome. Bernini l'a appliquée à la façade du palais Barberini. Le palais Odescalchi, place des Santissimi Apostoli, est aussi un bon

Les diamants du palais Cernin.

exemple de ces constructions où les différentes parties, loin d'être indépendantes et de posséder chacune sa beauté, comme dans les palais classiques, collaborent à une action massive et ne prennent valeur que par rapport à l'ensemble qui se présente comme un tout indissociable. Ce procédé, repris par Vaccarini pour les palais de Catane, par Cuvilliés pour la façade du palais Holnstein à Munich, augmente l'impression de puissance, de monumentalité. Le palais Cernin est le seul à Prague qui ait plus de grandeur que de charme : on l'admire, comme une œuvre merveilleusement bien composée. Ayant servi de caserne pendant le XIXe siècle, il abrite aujourd'hui le ministère des Affaires étrangères.

Plus loin, le couvent Strahov nous attire par la réputation de ses deux bibliothèques. L'une, la philosophique, haute de deux étages, revêtue de somptueuses boiseries et de fresques allégoriques au plafond, atteste en quelle haute estime on a tenu le savoir pendant l'ère baroque. La plupart des grandes abbayes de l'Europe centrale se sont dotées au XVIIIe siècle de magnifiques bibliothèques, comme les villes se sont dotées de théâtres : théâtres et bibliothèques sont les marques distinctives de cette époque. Ils correspondent au même besoin d'interroger le monde, en explorant ce qu'on en dit dans les livres ou en le faisant comparaître sur une scène, ils expriment la même curiosité universelle. La seconde bibliothèque du couvent Strahov, réservée aux ouvrages de théologie, nous touche davantage, par sa voûte cintrée, son plafond bas orné de fresques et de guirlandes de stuc, et surtout par la rangée de mappemondes et de planisphères qui s'alignent au milieu de la grande salle. Occasion de nous rappeler qu'il y a une cosmologie baroque comme il y a un art baroque, et de nous demander si l'une n'a pas influencé l'autre.

La révolution de l'espace remonte aux découvertes de l'astronome allemand Kepler, dont la première loi, énoncée en 1609, pose que « les planètes décrivent des ellipses dont le soleil occupe un des foyers ». Loi qui conteste l'autorité du cercle, forme naturelle et parfaite, image du pouvoir classique de la raison, en lui substituant comme figure maîtresse l'ellipse à deux foyers, qui désorganise l'économie fermée de l'univers et jette l'homme dans le vertige et l'angoisse.

De cette loi scientifique découla un bouleversement dans

les mentalités. Que l'orbe céleste n'eût plus un seul centre, c'était assez pour faire dire à Pascal : « Le silence éternel de ces espaces infinis m'effraie. » Les peintres décentrèrent leurs tableaux, les architectes allongèrent en ellipse le plan circulaire des églises, une nouvelle conception de l'espace s'imposa à tous les artistes : diagonales, trompe-l'œil, lignes de fuite qui se perdent dans le lointain, dissymétries, clairs-obscurs remplacèrent l'espace équilibré, intelligible et serein des classiques. Et si les noms de Borromini, de Guarini, de Zimmermann, de Pozzo (comme ceux de Rubens ou de Rembrandt) nous viennent tout de suite à l'esprit, il faudrait y ajouter ceux des créateurs de l'opéra, genre conçu dès l'origine comme une totalité pleine d'interrogations et de mystères, comme un reflet de l'univers, comme un miroir des affres de l'homme égaré dans l'immensité d'un cosmos déréglé. Avec une légère anticipation sur les découvertes de l'astronomie, puisque l'*Orfeo* de Monteverdi, créé en 1607, deux ans avant la première loi de Kepler, donnait déjà l'image de la solitude humaine. Orphée, privé de son Eurydice et inconsolable d'avoir perdu celle autour de laquelle tournait son existence, n'est-il pas la victime symbolique du grand décentrement ?

Nous resterions bien à regarder plus longtemps les planisphères du couvent Strahov et à rêver sur l'alliance de la science et de la religion dans cette enceinte qu'aucun adversaire de l'Église ne réussira plus à nous faire considérer comme un repaire de l'obscurantisme, mais, sans nous l'avouer, nous n'avons qu'une envie, tous les trois : planter là bibliothèques, couvents, palais, églises, et redescendre devant le Château pour voir si notre athlète du *gelato* est demeurée à son poste. Hélas ! Elle a déserté elle aussi, vaincue par le silence oppressant de la place, intimidée par le défilé périodique des deux militaires dont la jambe haut levée et la raideur d'automates garantissent l'absolue imperméabilité aux tentations pâtissières, ou peut-être saturée malgré son exceptionnelle endurance. Peut-elle à elle seule assurer la continuité de la tradition gourmande dont Prague, comme toutes les villes baroques, se targuait à une époque moins funeste ?

Retour à la Mala Strana par la rue Neruda, en pente, bordée de palais, dont celui du comte Morzin nous retient par deux atlantes à la figure lippue et crépue. Deux nègres.

Ou plutôt deux Maures, le comte ayant voulu le jeu de mots avec son nom. Des Maures se trouvaient déjà dans ses armes. L'auteur des atlantes ? Brokof, décidément le plus important sculpteur baroque à Prague, avec Braun. Il semble avoir recueilli le goût exotique de Bernini, de Pozzo. Il a sculpté des Maures, il a sculpté aussi, sur le pont Saint-Charles, le Turc du groupe des saints Jean de Matha, Félix et Ivan. Exécution de commandes ? Reflet de la volonté jésuite d'imposer la prédication catholique aux quatre coins de l'univers ? Mais quand on constate que Braun s'est toujours cantonné aux modèles bohémiens, pourquoi ne pas attribuer à Brokof le besoin, par keplérienne émulation, de lâcher son imagination hors des routes de l'Europe, loin des centres connus ?

Schönborn, Lobkowitz, Kaunitz, Nostic, Liechtenstein : à ces grands noms de l'aristocratie impériale, correspondent d'autres belles demeures que nous découvrons en montant et en descendant les petites rues de la Mala Strana, émerveillés sans cesse par de nouvelles surprises, comme ces deux atlantes de Braun qui soutiennent le porche du palais Schönborn, la tête pensive sous une peau de lion, ou ce jardin en terrasses aperçu au-delà du vestibule du palais Lobkowitz. Mais souvent, à ces nobles édifices, nous préférons la petite maison nichée dans l'encoignure d'une place, ou tapie au détour d'une venelle, et dont la proximité avec les résidences patriciennes atteste que la division de la société en classes n'avait pas encore, au XVIIIe siècle, pris un tour intraitable. Familiarité affectueuse des riches et des pauvres, comme à Rome, comme à Naples, où les façades des palais se confondent avec celles des maisons plébéiennes.

Trois heures de l'après-midi. Les heures chaudes de la journée, comment les passerons-nous ? Mais au jardin Vrtba, bien entendu, à rêver, à deviser, à nous réciter des poèmes, un cornet de cerises et un kilo de tomates à portée de la main. Frugal et délicieux repas, rafraîchi à l'eau de la fontaine. Nous n'aurions garde de le remplacer par une visite dans l'une des rares pâtisseries que Jiri se fait fort de nous dénicher. Laissons à la géante du Château le monopole des voluptés gourmandes. Comme un atlante de Braun, elle porte sur ses épaules le poids d'une civilisation disparue.

Héroïque virago, restée seule à défendre la variante orale du baroque...

Kafka avait appelé « champion de jeûne » un de ses personnages spécialisé dans de grandes et spectaculaires exhibitions de jeûne, à l'intérieur d'une cage exposée au public, qu'on visitait même la nuit, « aux flambeaux pour plus d'effet ». De quel nom eût-il baptisé cette femme ? Sans avoir besoin de cage pour remplir consciencieusement son devoir, ni de nocturnes illuminations pour exalter la virtuosité de son coup de langue, elle défend avec intrépidité l'honneur précaire des sucreries.

Brokof, le Temps.

Du marbre de Carrare au tilleul de Bohême

Samedi

Dans la Vieille Ville, derrière la grand-place, visite de l'église Saint-Jacques, baroquisée au début du XVIIIe siècle, à la recherche d'une des œuvres les plus importantes de Brokof, ce sculpteur sur lequel on a peu de renseignements, bien qu'il mérite de prendre place parmi les grandes figures de l'art baroque européen. Son père, Jan Brokof, protestant converti au catholicisme, était sculpteur sur bois en Bohême. Le jeune Ferdinand Maximilien (deux prénoms impériaux !), né en 1688, trois ans après Bach, Händel et Zimmermann, compléta sa formation à Vienne auprès de l'architecte Fischer von Erlach. Revenu à Prague vers 1708, il y prit la direction de l'atelier familial. Une dizaine de statues ou de groupes pour le pont Saint-Charles (mais si noircis par le temps que l'étude en est malaisée), les sculptures du palais Morzin, le calvaire en bois sculpté de l'église Saint-Gall, et enfin le monument funéraire du comte Wratislav de Mitrovic exécuté pour l'église Saint-Jacques vers 1715 d'après un projet de Fischer von Erlach, tels sont les principaux ouvrages de Brokof à Prague. Il mourut en 1731, à quarante-trois ans, de la tuberculose qui était alors la maladie des tailleurs de pierre.

Le monument funéraire est fait d'une pyramide encastrée dans le mur, et de cinq statues que le sculpteur n'a pas groupées, laissant entre elles des vides qui contribuent à l'étrangeté et à la beauté de l'ensemble. Sur le tombeau placé au pied de la pyramide, une femme assise soutient d'une main le comte mort ; elle presse contre sa poitrine la tête coiffée d'une perruque bouclée. Il porte une cuirasse, des jambières ; la croix de Malte pend sur sa poitrine. La femme le regarde tendrement et, de sa main restée libre, soulève une couronne de chêne dont elle s'apprête à lui ceindre le front. Derrière ces deux personnages, un ange posé en équilibre instable sur l'arête gauche de la pyramide grave sur la surface lisse de la pierre les noms, les titres et les mérites du comte dont il vient de claironner les vertus au moyen de la trompette retirée présentement de sa bouche et brandie au-dessus de sa tête. Couronne de chêne et trompette, les deux insignes de la gloire : dans cette partie du monument, le sculpteur est resté conventionnel. Il ne s'est guère ému pour un mort que tant de consolations attendent au paradis. Nous demeurons de glace nous aussi. Notre œil s'arrête plein d'effroi sur le vieillard atroce qui veille à l'écart dans le coin droit, un pied appuyé sur la marche, un bras allongé vers le tombeau.

Rarement on a exprimé avec autant de réalisme et de cruauté les ravages de l'âge : figure creusée jusqu'à l'os, dont le nez réduit à une arête effilée, le regard aveugle au fond des orbites semblables à deux trous, la bouche édentée à moitié recouverte par une barbe inculte, suggèrent le dernier degré de l'usure et de la destruction. Mais non de la faiblesse : la paire de puissantes ailes attachées aux épaules et le corps lui-même, dont la maigreur souligne le jeu intact des muscles, indiquent une vigueur inépuisable. Ce vieillard est de bien plus grande taille que l'ange, on sent que son pouvoir est sans commune mesure avec le frivole privilège de souffler dans un tube de cuivre et de promener çà et là dans les airs une silhouette gracieuse. Ce vieillard n'est pas la Mort habituelle des tombeaux, il est le Temps. Voilà l'idée de génie du sculpteur, qui distingue ce monument de tous les monuments funéraires baroques. Voir un squelette saisir sa proie, comme dans les tombeaux de Bernini à Saint-Pierre de Rome, comme à Salem, permet au spectateur de se dire : je ne suis pas concerné. Point de crâne nu ici, point de tibias à découvert, point de cliquetis d'ossements, point de charge macabre. Rien de tout cet attirail à faire peur, qui n'impressionne plus à force de vouloir trop impressionner. Mais le Temps, représenté dans sa force implacable, dans sa puissance inouïe de destruction, le Temps qui obnubile chacun de nous alors que la mort n'obsède que certains, le Temps attaché à nous dès le choc de la naissance comme un ennemi qui ne nous lâchera plus et qui aura raison, non seulement de notre vie — ce qui n'est qu'une minute désagréable à passer — mais de nos rêves, de nos espoirs, de nos ambitions, souvent de nos affections les plus chères, le Temps qui nous fera regarder comme indifférente une personne que nous avons aimée : Chronos enfin, le Chronos légendaire des Grecs, le maître absolu de toutes choses sur la terre, l'adversaire acharné qui ruine tous nos efforts et ne laisse aucune de nos illusions debout, Brokof l'a saisi dans son horreur et son immensité mythiques.

Et — c'est la cinquième et dernière figure — que fait cette femme isolée accroupie dans le coin gauche, recroquevillée sous le sarcophage ? La tête recouverte d'un voile, les deux bras repliés contre sa poitrine, un coude appuyé sur un livre, elle tient son visage pressé dans une de ses mains, avec une telle force de désespoir que les doigts écartés de cette main se sont enfoncés dans la chair de la joue. Que pleure-t-elle ainsi ? Est-ce seulement la mort du comte, lequel repose dans la paix de l'au-delà ? Elle pourrait constater, en se hissant sur le tombeau, qu'il dort tout rasséréné, flatté du bruit qu'on fait autour de son nom, la croix de Malte pendant bien en vue sur sa poitrine, et l'armure qu'il porte encore attestant qu'il est mort en héros. Non, une telle douleur, un si profond accablement n'ont pas pour cause la disparition d'un individu, si cher pût-il être. « Toi, au moins, la mort t'a délivré du temps ! » clame cette femme dont la solitude et le désespoir évoquent cet autre mystère bien plus angoissant que celui de la mort, le mystère des infidélités et des trahisons. Lors d'un enterrement, on aperçoit souvent, à l'écart dans l'église, cachée derrière un pilier, une femme en pleurs ; maîtresse du disparu dans un temps lointain, ou épouse abandonnée autrefois pour une rivale plus jeune : quelque victime du temps, en somme, à qui je comparerais l'héroïne de Brokof. Elle a été supplantée dans l'affection du défunt, le privilège d'assister le comte dans ses derniers instants et de poser la couronne de chêne sur son front est revenu à celle qui lui a succédé. « La Mort t'a emporté, songe la *Derelitta* en redoublant de sanglots, mais le Temps avait au préalable tué notre amour. » Et qu'est-ce que la destruction, toute matérielle, d'un corps, auprès de la ruine d'un sentiment qui, s'il n'est pas éternel, n'est plus rien, se révèle comme n'ayant jamais existé ? La mort d'un être ne supprime pas le fait qu'il ait été. Même sans couronne de chêne, et privé de la fanfare que l'ange lui joue dans le ciel, Wratislav de Mitrovic pourrait dire : « J'ai vécu. » Mais l'extinction d'un amour fournit la preuve qu'il n'a été qu'un leurre, qu'une illusion. Le temps, et le temps seul, nous révèle que nous n'avons su ni aimer ni nous faire aimer : de là vient qu'il est un dieu — au contraire de la mort, simple accident physiologique —, le dieu Chronos des légendes, muni d'un pouvoir exorbitant.

Ne sachant comment représenter avec plus de force l'épouvante du premier homme chassé de l'Eden, Masaccio avait peint sur les murs du Carmine à Florence un Adam sans visage — il le cache derrière ses deux mains. L'obsession du temps n'est certes pas une nouveauté chez les baroques, mais Brokof l'a traduite avec plus d'amère conviction que tout autre. Ce qui est suggéré par l'attitude de cette femme dont on ne voit pas la face est infiniment plus évocateur que tout ce qu'on aurait pu lire sur ses traits. C'est elle qui a retenu la compassion du sculpteur, non le mort ; c'est à elle, non au mort, que le monument est dédié.

Y aura-t-il d'autres Brokof au musée d'art baroque que renferme un des bâtiments du Château ? En traversant le pont Saint-Charles, nous essayons d'examiner de plus près la statue si vantée de Matyas Braun : cette sainte Luitgarde qu'il sculpta en 1710 au retour de son apprentissage italien. Il était né dans le Tyrol en 1684, et s'installa à Prague cette même année 1710, en compagnie d'une épouse tchèque. Luitgarde, debout au pied de la Croix, les jambes fléchies par l'émotion, lève un regard extatique vers le Crucifié. Cette cistercienne, une religieuse flamande devenue aveugle, aurait éprouvé dans son flanc la même douleur que le Christ. Le lyrisme mystique de l'ère baroque adopta ce personnage, et Braun s'est inspiré, pour en traduire la flamboyante exaltation, directement de la Thérèse de Bernini. Même adoration pâmée, même affaissement voluptueux de la volonté vaincue par une sensation ineffable. Ferrante se hisse sur le parapet pour mettre son appareil à la hauteur du

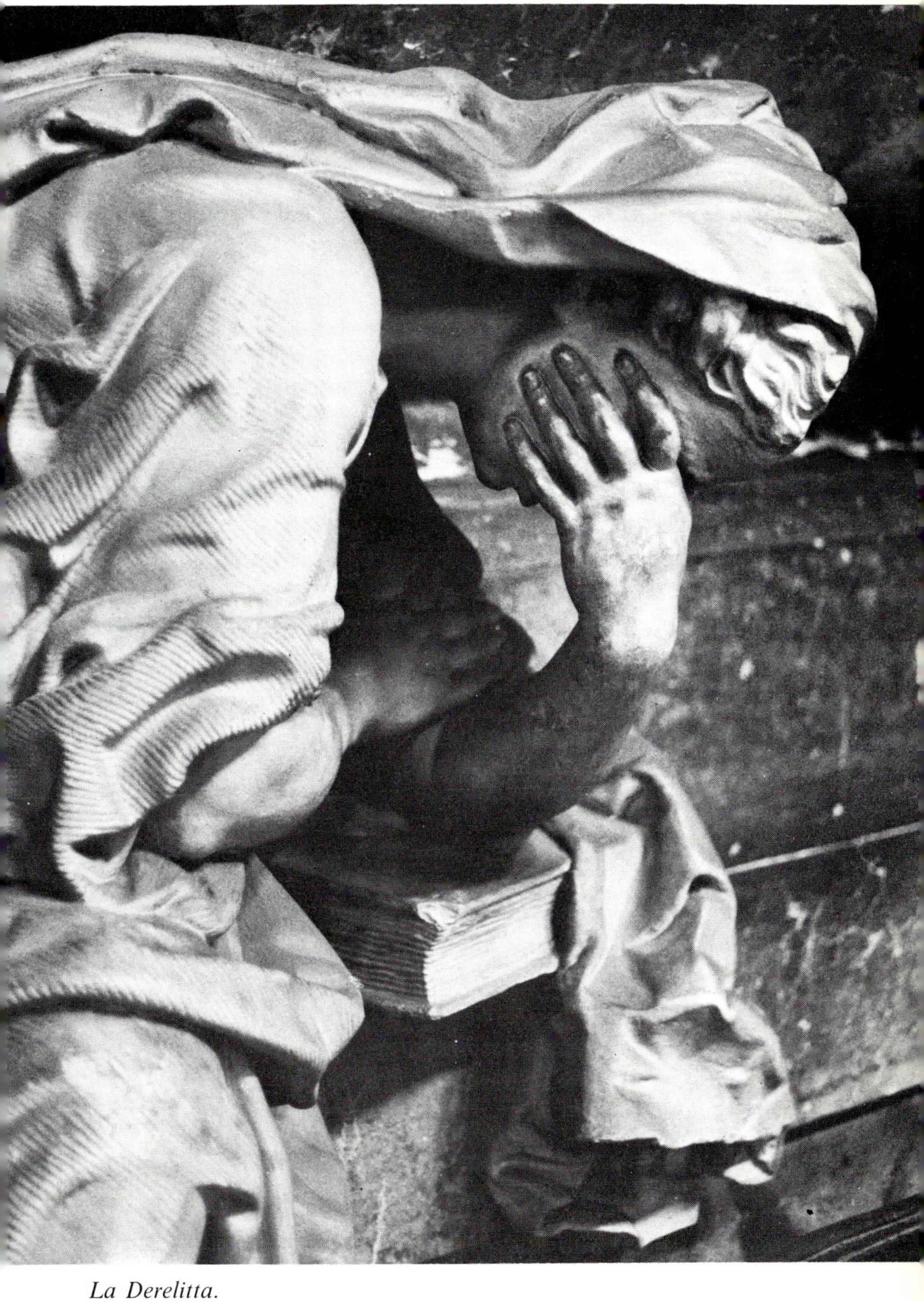

La Derelitta.

visage de la sainte : tentative impossible, et je lui crie de renoncer plutôt que de s'exposer à finir comme saint Jean Népomucène. Au fond, je ne suis pas fâché de savoir que cette statue est la première œuvre de Braun. Il l'a faite à vingt-six ans, tout juste revenu de Rome et encore sous le choc des statues de Bernini. Sa Luitgarde est belle, forte, expressive, mais elle est plus romaine que pragoise. Cette langueur, ce paroxysme de défaillance, cet abandon de tout l'être à une volupté qui le subjugue, sont-ils bien à leur place en Bohême ? En tout cas, nous aimons déjà trop ce pays pour ne pas souhaiter que Braun se soit ressaisi au plus vite, décidé à rester baroque mais non dans l'orbite du baroque romain. Un souhait qui ne devrait pas nous exposer à une trop grande déception, si les chefs-d'œuvre de Braun, rassemblés dans le musée du Château, montrent la même force virile et la même intensité réfléchie que les atlantes du palais Clam-Gallas, les statues du jardin Vrtba.

Ce que nous ne pouvions pas prévoir, c'est que les salles baroques sont fermées *sine die.* Un ange de Braun est exposé dans la cour : toujours cette pierre sablière devenue grise avec le temps. Beaucoup de draperies, symbole du poids que tous en Bohême, même les anges, ont à porter. Le visage n'est ni italien, ni allemand : yeux profondément excavés, paupières obombrées. Sourire adolescent, mais sans la morbidesse des anges rococo. Nous allons nous retirer, déçus, lorsqu'une jeune femme nous propose en excellent français de nous introduire dans les salles interdites. Elle marche devant nous, les clefs à sa ceinture, le chignon bien tiré sur sa nuque, ouvre les portes, lève les stores, allume les projecteurs. La Galerie d'art ancien de Bohême étale devant nous ses trésors. Présentation moderne, sobre et agréable. Nous saluons au passage deux Nègres superbes de Brokof : une fois de plus, pourquoi ce goût exotique ? Mais Braun nous attire d'emblée, nous captive, et Lubomira — nous avons déjà fait amitié — écoute amusée nos exclamations de surprise.

Saint Jude Thaddée, Ange, Mercure, Le Fils prodigue, Jupiter : seulement des hommes, comme si Braun avait craint, en prenant des femmes pour modèles, de retomber dans le mysticisme « romain ». Ses statues, un souffle reli-

Braun, Luitgarde (pont Saint-Charles).

Braun, Jude Thaddée.

gieux les soulève. Mais il s'agit d'une autre religion que le culte de la souffrance et de l'extase. *« Aut pati aut mori »* : cette devise ne conviendrait pas ici. Jude Thaddée, la tête levée vers le ciel, tend une main devant lui d'un geste ample et puissant ; vieillard en transe, il porte sous son bras un livre et une massue, instrument de son martyre, et pivote sur son corps dans un mouvement fiévreux qui agite en ondes pressées la draperie de sa robe relevée sur une de ses jambes nerveuses. Intense expression de souffrance, mais aussi de volonté : loin de s'abandonner au dolorisme, Jude Thaddée résiste avec énergie. S'il s'exalte, c'est de sa force de caractère.

— Pierre ? Marbre ? demandons-nous.

— Non, répond en souriant Lubomira. Bois de tilleul, matériau traditionnellement utilisé en Bohême.

Incroyable virtuosité du sculpteur. Il faut regarder de très près pour apercevoir les joints. Si grande est la véhémence de l'œuvre, si puissant le frémissement dont elle vibre, qu'elle semble avoir été faite d'un seul élan. D'être en bois lui confère, sans doute, cette santé rustique si caractéristique du baroque pragois. Même quand ils emploient de la pierre, pierre sablière ou grès, les sculpteurs de Bohême restent liés à la campagne, à la terre. Cet Ange de Braun est un robuste garçon, que le poids de ses draperies empêcherait de voler, s'il n'était décidé à prouver la vigueur de ses ailes. Aucune grâce éphébique sur ses traits, aucune androgynie, bien que sa beauté supérieure ne soit pas celle des hommes. Paupières obombrées, comme si toute la charge spirituelle qui est en lui pesait du dedans sur ses yeux. Il est certain que l'emploi du marbre, matériau ambigu auquel sa transparence et sa pureté enlèvent l'opacité de la pierre, a épuré, féminisé, parfois efféminé le style des sculpteurs romains.

Nous allons et venons dans les salles, stupéfaits de découvrir en Matyas Braun le créateur d'un univers aussi original et aussi fort que l'univers de Bernini ou l'univers de Puget. Toutes ses statues ont les yeux grands ouverts et regardent droit devant elles, sauf ce merveilleux Fils prodigue (en bois de tilleul lui aussi). Il vient de tomber à genoux après avoir accouru d'une traite, comme l'indiquent le désordre de ses vêtements encore agités par la course et l'envol tumultueux de ses boucles. Son chien le regarde, perplexe ; et deux sangliers, en arrêt à côté de lui, se demandent avec étonnement pourquoi il a interrompu sa chasse. Il se tient prosterné, les deux bras croisés sur sa poitrine, ses longues paupières abaissées sur ses yeux, dans un geste d'adoration et de repentir, mais non de vile soumission. Même s'il reconnaît sa faute, il garde sa fierté.

Comme trait le plus remarquable de ces héros de Braun, notons que, dans toutes les circonstances critiques de la vie — épreuve du martyre, vision extatique, remords du péché — ils gardent le contrôle d'eux-mêmes et conservent intact le sentiment de leur personnalité. Démenti éclatant à la thèse d'Eugenio d'Ors, lequel assimile l'attitude baroque à un début de désagrégation mentale. « Lorsque cet état supérieur que nous pourrions appeler de conscience classique est en dépression, elle laisse libre cours à une floraison multiple et vicieuse du moi, substitution baroque au moi unique. » Autrement dit, pour Eugenio d'Ors, le classique est celui qui reste maître de lui-même, alors que le baroque se laisse dépouiller de l'unité de sa conscience pour se complaire en des états crépusculaires de langueur et de déréliction. Allusion évidente aux statues qu'il avait pu voir à Rome, à la Thérèse, à la Ludovica Albertoni, ou au Faune Barberini de Munich. Braun, comme Bernini ou Puget, s'attache à des personnages en proie à une émotion paroxystique (signe qu'il est pleinement baroque), mais ce qui l'intéresse, c'est de montrer comment ils réussissent à dominer cette émotion. Il s'apparente en cela à Puget, dont les héros, comme les siens, tendent souvent le bras au-dessus de leur tête dans un geste de défi. Mais l'extase torturée qui ravage le Sébastien de Gênes le rapproche des modèles romains et l'éloigne de la mâle fermeté, de la rude intransigeance de Braun.

— Quelle force, quelle énergie, ne puis-je m'empêcher de dire à Lubomira.

— L'âme tchèque... murmure-t-elle.

L'âme tchèque ! Il y a longtemps que j'aurais interrogé Jiri là-dessus, sans la crainte d'un de ses terribles sarcasmes. La formule n'a plus aucun crédit aujourd'hui. Pourtant, chacun sent que « âme tchèque » n'est pas aussi absurde que « âme française » ou « âme italienne ». « Ame russe », « âme slave » a été la tarte à la crème du XIXe siècle : on suggérait par ces deux mots une sorte de vague à l'esprit, de confusion sympathique, de nostalgie larmoyante qui aurait été propre aux buveurs de vodka noyés dans l'immensité de la steppe blanche. Employé dans ce sens, le mot « âme » veut dire d'abord : absence de contours, fluidité mélodieuse, aussi ne peut-on l'appliquer ni au génie français, caractérisé comme on sait par une sécheresse récalcitrante au flou, ni au génie italien, qui brille par le sens plastique.

— Qu'est-ce que l'âme tchèque ? dis-je à Lubomira, désireux qu'elle m'explique comment ces deux mots ne désignent ni l'absence russe de contours ni l'absence française de musique, mais une variété intermédiaire d'être au monde, une combinaison d'abandon à l'infini et de contrôle de soi-même.

Mais elle, comme si un retour d'ironie lui faisait craindre d'avoir cédé à la grandiloquence, se contente de répondre :

— Qu'est-ce que l'âme ?

Je l'observe, avec ses cheveux blonds ramenés en chignon, sa jupe plissée, sa blouse plus élégante que les chemisiers des Pragoises, son envie de converser avec nous freinée par le devoir de réserve. J'aurais envie de lui citer le dernier roman de Milan Kundera, qu'elle ne lira jamais, où une Tchèque en exil à Genève s'interroge sur les motifs qui la poussent à rechercher la compagnie de ses compatriotes.

« Au fond, pourquoi devrait-elle fréquenter des Tchèques ? Qu'avait-elle en commun avec eux ? un paysage ? Si on leur avait demandé ce qu'évoquait pour eux la Bohême, ce mot aurait fait surgir devant leurs yeux des images disparates dépourvues de toute unité.

« Ou bien, la culture ? Mais qu'est-ce que c'est ? La musique ? Dvorak et Janacek ? Oui. Mais supposez qu'un Tchèque n'aime pas la musique ? D'un seul coup, l'âme tchèque n'est plus que du vent.

« Ou bien les grands hommes ? Jan Hus ? Ces gens-là n'avaient jamais lu une ligne de ses livres. La seule chose qu'ils pouvaient unanimement comprendre, c'étaient les flammes, la gloire des flammes où il avait été brûlé comme hérétique, la gloire de la cendre qu'il était devenu, de sorte que l'essence de l'âme tchèque, songeait Sabina, ce n'était pour eux qu'un peu de cendre, rien de plus. Ces gens n'avaient en commun que leur défaite et les reproches qu'ils s'adressaient mutuellement. »

Leur défaite : ne serait-ce pas le moment de dire à Lubomira (et à Kundera dont les livres ont été retirés de toutes les bibliothèques et le nom à jamais proscrit) que l'âme tchèque, il suffit peut-être d'examiner les statues de Braun pour la saisir ? Braun sculpte de préférence des vaincus, que ce soient des atlantes écrasés sous le poids d'un portail, des saints avec l'instrument de leur supplice, un Fils prodigue prosterné devant son père : on ne peut donc pas dire qu'il ne soit pas l'interprète de ce sentiment de défaite fondamental dans l'histoire tchèque. En même temps, artiste baroque, il trouve dans le thème de l'échec le motif élégiaque nécessaire à tous les créateurs de ce siècle. Mais, à la différence des baroques italiens, il refuse la soumission au malheur, l'extase doloriste, la docilité éperdue à la volupté du souffrir. Eût-il représenté un Sébastien, il ne l'aurait pas montré pâmé dans une ivresse mystique mais s'activant, pour ne pas prolonger inutilement son martyre, à retirer les flèches de ses plaies.

L'âme tchèque, l'âme hussite, trop éprouvée par les événements, ne pouvait pas s'accommoder de l'art classique des Donatello, des Michel-Ange, dont la sérénité intemporelle ne correspondait pas à son expérience de la vie. Dans l'art de la Contre-Réforme, elle trouva le mouvement, la passion, le pathos, la théâtralité qu'elle cherchait. Mais elle n'eut garde de l'adopter tel quel, sans le soumettre à une transformation radicale, en sorte qu'il pût convenir à son goût de l'effort et à sa volonté de lutter.

Italie, bercée par le plaisir. Bohême, violentée par l'histoire. Yeux clos, délices passives des saintes romaines. Yeux grands ouverts des héros de Braun, affrontement lucide du destin.

— Si vous vous intéressez à cet art, nous dit Lubomira, essayez d'aller jusqu'au château de Chlumec, à l'est de Prague. On l'a aménagé en musée du baroque. Vous y verrez d'autres Brokof, d'autres Braun.

Elle lâche ces mots d'un air désolé, comme si elle s'en voulait de ne pas trouver le moyen d'échapper à son rôle de guide, de conseillère culturelle. La voici qui ôte l'épingle de son chignon et refait sa coiffure, bien que tout fût en ordre dans ses cheveux. Nous aussi, après quelques phrases de politesse sur la belle organisation de son musée, nous perdons contenance. Ferrante s'affaire autour de ses appareils, je note quelques dates sur mon calepin. Braun est mort en 1738, à cinquante-quatre ans, victime, comme Brokof, de la tuberculose des tailleurs de pierre. — Était-il célèbre de son vivant ? — Oui, en 1726, son atelier, le plus important de Prague, occupait six compagnons, avec des revenus déclarés de 900 florins. Je referme mon calepin, range ma plume. Prendrons-nous congé là-dessus ? Nous nous regardons tristement, conscients de part et d'autre d'avoir manqué une occasion. Elle n'a pas su sortir de son devoir de réserve, nous n'avons pas osé l'interroger sur Prague, la Tchécoslovaquie, la place de la culture artistique, la politique de restauration dans ce pays.

Enfin, comme nous lui tendons la main, elle chuchote, les yeux baissés :

— Et après Chlumec, continuez jusqu'à Kuks, entendez-vous ? Le château de Kuks, et, de là, la forêt de Bethléem. Renseignez-vous. La forêt de Bethléem. Ce sera difficile, mais persévérez !

Interdits, nous la regardons s'éloigner sur ses sandales à semelles de bois. Quels sont ces noms étranges qu'elle vient de nous livrer ? Au ton de mystère qu'elle a employé, à la précipitation avec laquelle elle nous a quittés ensuite, nous devinons qu'elle nous a jugés dignes d'une faveur spéciale. De quel Bethléem symbolique se fait-elle l'ange ? Peut-être le message qu'elle n'a pas réussi à nous faire passer pendant que nous visitions la Galerie sous sa direction, est-il contenu dans ce hâtif murmure ? Plus tard, quand nous serons parvenus jusqu'au château de Kuks et à cette forêt énigmatique, nous nous souviendrons d'y avoir été guidés par la recommandation de Lubomira ; et nous comprendrons, alors, que la jeune femme blonde au chignon, trop timide pour se départir devant nous d'une courtoise neutralité professionnelle, nous avait transmis, non pas une simple information touristique, mais le plus intime, le plus précieux de ses secrets.

Théâtre Tyl : hommage à Mozart.

Le banquet de don Juan

Dimanche

Le lecteur, ne trouvant que des récits de matinées et d'après-midi, se demandera ce que nous faisions de nos soirées. Nous allions à l'opéra. Oui, il y a opéra tous les soirs à Prague ; tous les soirs le Théâtre National affiche un spectacle différent. L'édifice fut construit à la fin du XIXe siècle par souscription publique. Chaque village de Bohême contribua à bâtir l'imposant monument qui, détruit par un incendie en 1881, fut reconstruit aussitôt à la suite d'une nouvelle collecte. Symbole de l'émancipation nationale des Tchèques, leur Opéra n'a que le malheur de refléter le style d'une époque qui produisait de mauvais architectes. Pour le moment, comme il est en restauration, on joue dans la salle kitsch, ornée de sirènes nues, du théâtre Smetana.

Nous demandons où est le bureau de presse, à une jeune femme serrée dans une blouse luisante, qui descend d'une petite voiture fatiguée sur le parking du théâtre. « Suivez-moi », nous dit-elle en anglais. Avec sa haute coiffure de cheveux noirs savamment arrangés en chignon, elle ressemble à Madame Butterfly. Petite, dodue, souriant de ses fortes mâchoires, elle nous précède à petits pas rapides dans les couloirs de l'administration, comme si elle avait à traverser le plateau pour chanter. Travaille-t-elle au théâtre ? « Je chante. » Son prochain rôle ? Libuse, l'héroïne de Smetana. « Voici le bureau de l'attaché de presse. » Elle s'efface, sans nous avoir dit son nom. Nous apprendrons plus tard, en lisant les comptes rendus du spectacle inaugural du Théâtre National restauré, que celle qui nous a si aimablement pilotés n'est autre que la grande Gabriela Benackova. Comme Lucia Popp et Edita Gruberova, elle est née à Bratislava (l'ancien Presbourg), en Slovaquie. Moins en vue que ses deux illustres consœurs, qui ont fait carrière à l'Ouest, nous la connaissons par ses enregistrements de *la Fiancée vendue*, de *Jenufa* et du *Stabat Mater* de Dvorak.

Le Dr Kubes nous reçoit avec la plus grande affabilité. Il parle assez bien le français, comme Lubomira. Dans un texte écrit à la fin du siècle précédent, Rilke indiquait, comme obstacle à l'essor de la Tchécoslovaquie, non pas l'oppressante domination des Allemands, mais l'entêtement de la classe cultivée à « chercher une culture à l'étranger, et précisément là où elle est le plus achevée, en France ». Le résultat, ajoutait-il, c'est que, entre les Tchèques cultivés et le peuple, s'étendent plusieurs siècles. « Ils ne se comprennent plus. Nous n'avons que des vieillards et des enfants sous le rapport de la culture. » Heureuse époque, où un écrivain né à Prague pouvait conclure les remarques précédentes par cette phrase : « C'est cela notre tragédie, et non pas les Allemands. »

Tour à tour nous avons entendu *Eugène Onéguine, Freischütz, la Traviata* et un ballet, *Spartacus*. Cet ouvrage est-il imposé aux spectateurs ? Quel plaisir prendraient-ils à voir une révolte d'esclaves se faire écraser par des soldats en armes ? Autodérision ? Demander à Jiri son avis là-dessus. Public très habillé : robes longues à la mode 1950, beaucoup de smokings. Les meilleures places coûtent à peine 25 francs. Allure guindée, ménages de style bourgeois. Très peu d'applaudissements, aucun sifflet non plus, même quand le décor est d'une laideur agressive. Les mises en scène ne brillent ni par l'originalité ni par la beauté. Le point fort est l'homogénéité des distributions. Pas de stars, mais une troupe cohérente et stable, comme on en voudrait pour l'Opéra de Paris. Le dernier acte de *la Traviata*, chanté en confidence, fut touchant à souhait. Après la fin du spectacle, filmé pour la télévision, il fallut recommencer tout le premier acte, à la suite d'une erreur technique. Les musiciens de l'orchestre n'élevèrent qu'une timide protestation. Un quart des spectateurs resta pour cette expérience unique. Le retour des chefs-d'œuvre n'était plus un vain mot : à Violetta morte succéda Violetta ressuscitée. Elle chanta encore mieux, à part le fameux contre-mi ultime, qui sortit plus mal que la première fois, mais qu'elle avait eu le courage de tenter, ce qui n'est pas le cas de toutes les cantatrices, même quand elles enregistrent.

Chanteuses et chanteurs sont tous tchèques, et chantent tous en tchèque. On s'étonne au début, on regimbe, et puis on se dit que c'est le prix à payer pour avoir spectacle tous les soirs. Prague ne fait que deux exceptions, rituelles : pour *les Noces de Figaro* et pour *Don Giovanni*, chantés en italien. *Figaro*, parce que cet opéra, après avoir échoué à Vienne (neuf représentations, bien moins que *Una Cosa rara*, de Martin y Soler, qui supplanta et chassa de la scène l'ouvrage de Mozart) s'imposa tout de suite à Prague. Chaque air était sifflé dans la rue et joué sur l'accordéon. *Don Giovanni*, parce que le chef-d'œuvre de Mozart, à la suite du triomphe de *Figaro*, fut commandé à Prague, écrit pour Prague et créé à Prague. En 1787, dans le petit théâtre Nostic, aujourd'hui rebaptisé Tyl, délicieuse salle rococo où nous réussissons à nous glisser parmi la troupe d'acteurs en train de tourner pour le cinéma, sous la direction de Milos Forman, la pièce *Amadeus* de Peter Schäffer. L'éclairage aux bougies redonne grâce et magie aux cinq rangées de loges roses, mais on espère que les perruques défraîchies qui coiffent les figurants penchés sur les balustrades ne sont pas les mêmes qui ont servi il y a deux siècles aux spectateurs de la première.

Chaque fois qu'on donne *Don Giovanni* à Prague, on rouvre le théâtre Tyl. Juste hommage à Mozart, qui fut heureux à Prague comme il ne l'avait jamais été depuis ses voyages d'enfance en Italie, comme il ne le fut plus jamais à Vienne. Pour écrire son opéra, il s'installa chez ses amis Duschek, dans leur ravissante villa Beltramka qu'il faut dénicher non sans peine au milieu d'un sinistre quartier d'immeubles noirs et délabrés, mais qui garde, entourée d'un petit jardin, le charme de l'époque où le compositeur y habita. L'école musicale de Bohême, très riche au XVIIIe siècle, lui avait beaucoup appris. Benda le mélodrame, qu'il appliqua dans *Zaïde* (l'acteur parle au lieu de chanter, pendant que l'orchestre commente à l'arrière-plan ses mots, au nom du principe énoncé par Benda : « Je ne puis renoncer à la vérité de la phrase, la musique y perd quand on lui sacrifie tout »). Stamitz le développement de la symphonie. Zelenka la maîtrise de la messe.

Son librettiste Lorenzo Da Ponte vint rejoindre Mozart. Il est presque certain que Casanova, qui se trouvait alors à Prague, se joignit aux deux hommes pour suggérer quelques retouches au livret. Parmi les inspirateurs de Mozart, il faudrait compter le décor urbain lui-même, la splendeur et l'étrangeté de Prague. Y a-t-il un thème plus baroque que celui de don Juan ? S'abandonner aux appels de l'instant, jouer le moment contre la durée, ériger l'inconstance en principe éthique et esthétique : la philosophie de don Juan rejoint le programme d'une époque qui suspendait les *putti* aux autels des églises dans les poses les plus instables, et préférait aux statues solidement affermies sur leur base les anges en équilibre précaire.

Contre-épreuve par les dates : le premier *Don Juan* est celui de Tirso de Molina, écrit en 1630. Le dernier celui de Mozart. Entre 1630 et 1787, les cent cinquante ans de l'ère baroque ont été riches de toutes les variétés possibles du séducteur, qui restera cher aux auteurs du siècle suivant, mais au prix d'un total contresens sur Mozart. Don Juan deviendra un héros romantique, lancé de femme en femme à la recherche d'un idéal impossible.

Lors de la reprise viennoise, en 1788 (qui n'eut que quinze représentations, et fut un semi-échec, après le nouveau triomphe de Prague) Mozart supprima le sextuor final, morceau d'opéra-comique, et termina *Don Giovanni* sur la mort grandiose du héros. On s'est autorisé de cette suppression pour accréditer l'image d'une œuvre sérieuse et métaphysique, et métamorphoser le grand seigneur baroque en une sorte de maudit tourmenté par le mal de vivre. Gustav Mahler, quand il dirigeait cet opéra, coupait toujours l'épilogue. Pour comprendre les raisons qui poussèrent Mozart à la retouche de Vienne, et ne pas dénaturer sa pensée, il suffit d'étudier les autres transformations qu'il fit subir à son ouvrage en le portant du théâtre Nostic au National-Theater de la capitale autrichienne. Les exigences ou les faiblesses des chanteurs furent les seules responsables des changements. Le ténor de Vienne étant incapable de chanter *« Il mio tesoro »*, Mozart écrivit pour lui un air moins difficile *« Dalla sua pace ».* Madame Cavalieri réclama une scène pour Elvira, et Mozart composa le récitatif *« In quali ec-*

cessi » et l'air *« Mi tradì ».* Il introduisit un duo pour Leporello et Zerlina, qui n'est plus jamais ni joué ni enregistré. D'autres additions allongèrent encore l'opéra que l'auteur, pour réduire la durée de la représentation, amputa du sextuor comique. Mais non sans demander aux chanteurs viennois de revenir après la mort de don Giovanni et de pousser un cri sur les notes de l'accord de ré majeur. Ce qui indique bien son intention de ne pas finir sur une conclusion désespérée. La coupure était ponctuelle, elle obéissait à une contingence pratique, non à un choix philosophique. Mozart entendait garder ses distances de la tragédie, en réintroduisant l'humour inséparable de toute œuvre baroque.

Des innombrables exégèses de *Don Giovanni*, aucune n'insiste sur le rôle de la nourriture dans cet opéra. Pourtant, il commence sur une revendication alimentaire : *« Mal mangiare e mal dormire ! »* s'écrie Leporello, accusant son maître d'avoir rompu, en quelque sorte, le pacte baroque de la bonne chère. Et pour finale ? Une scène de festin. Roberto De Simone, l'ethno-musicologue napolitain, de qui on peut espérer la résurrection d'opéras du XVIIIe siècle comme le merveilleux *Flaminio* de Pergolèse présenté naguère à Versailles, soutient que la légende de don Juan se rattache aux plus anciens cultes populaires des morts. La crainte du défunt qui revient sur terre et cherche à se venger des vivants fournirait le substrat archaïque du mythe. Pour apaiser le fantôme, pas de meilleur stratagème que de le faire boire et manger. Le héros de Mozart essaye lui aussi d'amadouer le Commandeur par une offrande généreuse d'aliments. Le thème libertin ne serait que secondaire. Dans le folklore de Naples, on trouve fréquemment associés banquets funèbres et débauches érotiques, cuisine et sexe n'étant que des moyens de lutter contre l'angoisse de la mort. Nourriture, éros et thanatos : s'étonnera-t-on que le plus beau de tous les opéras et le chef-d'œuvre de la musique baroque ait puisé à ces trois sources ?

La satisfaction serait encore plus complète si, au lieu de se faire servir ce faisan dont Leporello glisse clandestinement un morceau dans sa bouche, don Giovanni dégustait devant nous quelque gâteau, meringue, glace ou autre merveille de la fantaisie pâtissière. Ne cherchons pas sur la scène du théâtre la composante sucrière de *Don Giovanni*, mais dans les coulisses, ou plutôt dans la petite chambre mal chauffée et inconfortable où le besogneux et génial Da Ponte rédigea le livret. Il s'asseyait à son bureau, raconte-t-il dans ses *Mémoires*, une bouteille de vin de Tolnay à sa droite, une tabatière pleine de tabac de Séville à sa gauche, et une jeune Allemande de seize ans à sa disposition, dès qu'il agitait sa sonnette. « Cette charmante créature m'apportait alors, tantôt un biscuit, tantôt une tasse de café. » Sans compter les grâces de sa tendre personne, offertes à la gourmandise du poète. Une scène qui aurait pu entrer telle quelle dans l'opéra. Da Ponte trempait-il son biscuit dans la tasse de café ? C'eût été rendre hommage aux deux plus savoureux ornements de la table baroque, le breuvage dont on fêtait alors le centenaire, et un échantillon de ces friandises dont le terme bien sec de « biscuit » ne rend certainement ni la substance pulpeuse ni l'arôme délicat. Comptons sur l'hédonisme de l'abbé pour faire venir du pâtissier les pièces les plus exquises, et noyer l'amertume du café dans une portion substantielle de crème fouettée.

Pour *le Mur du Diable*, Jiri tient à nous accompagner. Cet opéra de Bedrich Smetana fut donné pour la première fois en 1882, à l'époque de la Renaissance « nationale ». Le sujet, tiré d'une vieille légende tchèque, repose sur une curiosité naturelle : au sud de la Bohême, se trouve un rocher abrupt qui tombe à pic dans la Moldau, surnommé depuis un temps immémorial « le mur du Diable ». Je note que l'opéra tchèque (Smetana, Dvorak) est né du folklore local, contrairement à ce qui s'est passé en France, où les grands opéras populaires *(Faust, Carmen, Werther)* ont emprunté à des cultures étrangères, et en Italie, qui a puisé chez les rois et les dieux de l'Antiquité. Smetana jouit ici d'une immense popularité : *Libuse* inaugurera dans quelques mois le Théâtre National restauré, et, au Château, on vous montre la cellule où fut emprisonné le chevalier Dalibor, héros d'un autre opéra de Smetana. Ce fut un compositeur militant : de son peuple si durement éprouvé, il exalta les vertus patriotiques. Lui-même avait dû s'exiler quelques années en Suède, pour échapper à la police autrichienne.

(Il y a l'autre oppression : celle qu'exerce l'indifférence du public envers un artiste incompris. Janacek, au début de ce siècle, eut à la subir ; en France, il la subit encore ; et si, dans son pays, *Jenufa* et *le Rusé petit renard* sont au répertoire, il ne semble pas qu'on sorte souvent de l'oubli des opéras aussi admirables que *Katya Kabanova* ou *De la Maison des morts*. Regret, pour notre part, de n'avoir rien vu de Janacek pendant notre séjour.)

Devenu sourd quand il commença *le Mur du Diable*, son huitième et dernier opéra, Smetana pensait écrire un opéra-bouffe, une parodie grinçante de l'opéra romantique et chevaleresque. Vok, seigneur du village, cherche éperdument une fiancée : ce célibataire en quête de l'éternel féminin devait être le pendant comique du héros du *Vaisseau fantôme*. On entend de temps à autre le Diable : nez aquilin, sourcils relevés en accents circonflexes et bonnet de Méphistophélès, hoquetant d'une voix caverneuse « Ha ! Ha ! Ha ! Ha ! » et susurrant d'hypocrites flagorneries. De quoi plaire à Jiri, sans doute, mais j'espère tout de même qu'il ne pousse pas si loin le goût du dénigrement au point de trouver réussie cette puérile caricature de Satan. Il m'explique que Smetana, en cours de travail, a complètement transformé son ouvrage. Au lieu d'un opéra satirique, il a fait une œuvre douloureuse, d'un lyrisme méditatif et profond. Loin de railler la quête impossible de Vok, il s'est identifié à sa souffrance, lui que sa femme avait abandonné quand il était devenu sourd. De la conception initiale de l'opéra, restent les personnages du Diable, qui ricane à tout bout de champ, et du vieux Michalek, qui essaye de marier sa fille au seigneur, en espérant de cette alliance richesses et considération pour lui-même (réminiscence, mais combien plus pâle, du succulent Don Magnifico de la *Cenerentola* rossinienne). En revanche, Vok et son homme lige, Jarek, lui aussi victime de l'amour, me semblent très émouvants : romantiques dans le bon sens du mot, sérieux et tourmentés comme des héros de Wagner. *Le Mur du Diable* résulte de la juxtaposition, non de la fusion, de deux éléments restés bien distincts dans l'ouvrage : le parodique et le sublime.

Comme si Jiri devinait que la question de « l'âme tchèque » vient me préoccuper à nouveau, il nous invite, pour notre dernier soir à Prague, à boire chez lui du thé aux agrumes. J'ai hâte de lui demander si le génie tchèque ne consisterait pas justement à réussir la synthèse de ce qui paraît si difficile à allier : l'humour et la passion, le rire et les larmes.

Où le Fils prodigue reparaît

Petit studio au rez-de-chaussée, dans la banlieue de Prague. Livres et disques jusqu'au plafond. Sur le bureau, une machine à écrire.

— Un opéra hybride, oui, reprend Jiri en préparant le thé, puisque le dessein premier de Smetana était d'écrire une parodie du grand opéra romantique, où tous les non-sens du genre devaient être accumulés et tournés en dérision. Mais je crois que le dessein parodique a bien servi la cause de l'art. Les artisans de notre « Renaissance nationale », en effet, se prenaient tellement au sérieux que cette tâche les écrasait et paralysait leur faculté de créer et d'inventer. Tout ce qu'ils faisaient pour la cause patriotique, ils l'entreprenaient avec une responsabilité, une charge de bons sentiments, un zèle borné et une lourdeur édifiante...

— Comme des atlantes courbés sous leur faix, dis-je.

— Nous sommes tous les atlantes de notre propre culture, nous marchons écrasés sous le poids de notre histoire. Un seul salut pour nous : la parodie. Rire de nous-mêmes et des attitudes solennelles et compassées auxquelles le devoir national nous oblige. Smetana le premier a donné l'exemple : il s'est libéré de l'académisme par le rire. Ce Diable qui t'a paru si grotesque lui a permis de retrouver sa faculté inventive et de créer le personnage bouleversant de Vok. Chez nous, on n'arrive au sublime que par le détour du sarcasme et de la dérision. Bien entendu, ajoute en hâte Jiri, nous n'arrivons pas toujours au sublime, mais nous avons adopté la dérision comme une gymnastique salutaire.

Il retire la bouilloire du réchaud à gaz, puis :

— Sais-tu comment un Tchèque ressent les quatre saisons de l'année ? Le printemps comme un douloureux bourgeonnement, l'été comme une pesante torpeur, l'automne comme une chute mélancolique et l'hiver comme un sommeil profond.

Pendant que le thé infuse, Jiri cherche dans ses disques.

— Voulez-vous écouter la musique de *Spartacus* ?

Devant notre stupeur, il éclate de rire.

— Je ne l'ai quand même pas achetée, que croyez-vous ? Devrais-je faire retentir jusque dans mon studio le bruit de nos chaînes ? Ah ! Vous n'avez pas compris que nous pratiquons la dérision jusqu'à la dérision de la dérision !

Le Bouquet de fleurs : belle œuvre de Bohuslav Martinu. Tandis qu'un chœur d'enfants chante sur le mode humoristique la tragédie du péché originel, je songe aux livres de Milan Kundera et à ce mot qu'il a exalté dans un de ses romans : la litost. Mélange de tristesse, de compassion, de nostalgie et d'humour, sentiment profond de la misère humaine et sursaut narquois pour la déjouer, désespoir élégiaque et résistance au désespoir par la plaisanterie, accablement tonique ou déprime gaie, de quelque manière qu'on essaye de définir ce terme intraduisible, il me semble exprimer une variété typiquement tchèque du baroque. Liée, sans aucun doute, à l'histoire de la Bohême. En août 1968, lors de l'invasion des chars russes, Kundera lut sur un mur la devise : « Nous ne voulons pas de compromis, nous voulons la victoire. » Or, à ce moment-là, remarque-t-il, il n'y avait le choix qu'entre plusieurs variantes de défaite. Commentaire : « Ce n'était pas la raison qui parlait, c'était la litost qui faisait une proclamation. »

Déjà, en 1897, quand la Tchécoslovaquie était encore sous la domination autrichienne, le jeune Rilke, dans ses *Histoires pragoises*, évoque la désillusion du patriote qui se sent fort et fier de sa mission jusqu'au jour où il s'aperçoit que ce peuple pour lequel il combat doute de lui-même. Mais le plus beau, c'est que cette découverte, loin de le décourager, ne le persuade nullement de renoncer à la lutte. Le voilà engagé dans « l'aventure du lieutenant téméraire qui se lance à la tête de son escadron dans les rangs d'un ennemi très supérieur en nombre : il comprend soudain que la défaite des siens est déjà décidée et ce qui, l'instant précédent, lui apparaissait une action héroïque n'est plus qu'un sacrifice désespéré et inutile ».

Toujours le symbole de l'atlante : rester courageux, continuer à faire front, tout en étant convaincu de l'inéluctabilité de la défaite. Cependant, si cette définition convient aussi bien à Braun qu'à Kundera, il manque à la litost du sculpteur baroque l'élément : parodie, autodérision, qui semble si consubstantiel à « l'âme tchèque ».

— C'est que, répond Jiri en versant le thé, à la fin du XVIIe siècle, lorsque Braun commença à travailler, tout espoir n'était pas encore perdu pour la Bohême. 1848 restait à venir, avec la dure répression de l'émeute de Prague ; puis 1938, qui nous radia une deuxième fois de la carte des nations libres ; puis 1948, où nous perdîmes une troisième fois notre indépendance ; puis 1968... Mais Braun, maintenant que tu m'y fais penser, déjà Braun n'a-t-il pas été un de nos premiers auteurs sarcastiques ?

— Braun ? dis-je, je ne crois pas... Quel sérieux dans ses personnages... Plus de force morale que de tendance à plaisanter.

— Ah oui ? La statue du *Fils prodigue*, qui te plaît tant, as-tu regardé à quelle date il l'a faite ? En 1720, mon cher, juste un siècle après notre défaite à la Montagne Blanche. Avoue que pour célébrer le premier centenaire de l'anéantissement de la nation tchèque, il ne pouvait pas choisir un meilleur sujet que ce jeune homme qui vient se jeter à genoux devant son père et lui demander pardon. Pas de sujet plus sarcastique, je veux dire, où se manifeste mieux notre génie de la dérision. Songe que, après l'écrasement de notre armée à la Montagne Blanche, de nombreux nobles qui avaient pris part à la révolte contre l'empereur Ferdinand lui envoyèrent des lettres de soumission et de regrets. Regarde-le, ce *Fils prodigue*, ajoute Jiri en tirant d'une étagère un album sur le baroque tchèque, n'est-il pas merveilleux de beauté ? Peut-on concevoir plus de douceur, plus de tristesse, plus de tendre effusion ? Eh bien, c'est une suprême dérision que toute cette beauté, puisqu'elle consacre un des événements le plus honteux de notre histoire, et que, devant cette statue du fils repentant, nous ne pouvons pas ne pas nous rappeler l'apostasie de nos premiers patriotes. Même du temps de Braun, vois-tu, le printemps ne pouvait être pour nous qu'un douloureux bourgeonnement. Jamais une source de lumière et de vie. Jamais un renouveau. Et la nuit, achève-t-il en ouvrant la fenêtre sur la rue déserte, jamais la voûte étoilée, le scintillant firmament de vos poètes. Un simple couvercle noir qui nous bouche la vue.

— Peut-être, dis-je, mais vous avez aussi un art de pratiquer la soumission qui se transforme en défi indirect au pouvoir. Je songe au soldat Chveik, qui est un autre de vos héros nationaux. Il exécute ce que lui commandent ses chefs, mais avec une précision si méticuleuse qu'elle fait ressortir l'absurdité de leurs ordres. C'est en exagérant l'obéissance, en renchérissant sur la servilité, qu'il devient un instrument inutilisable entre les mains de ses supérieurs et échappe par conséquent à leur autorité. Le brave soldat Chveik...

— Publié en 1920, murmure, rêveur, Jiri. Quelle coïncidence...

— Tu vois : trois siècles après la Montagne Blanche, Hasek lui aussi à voulu commémorer à sa façon l'événement. Comme les nobles qui se sont traînés à plat ventre devant l'empereur Ferdinand, comme le fils prodigue de Braun qui est revenu en courant à la maison de son père, le soldat Chveik a choisi la docilité et la soumission. Mais puisque nous savons que Chveik n'adopte cette attitude que pour mieux se moquer du pouvoir, pourquoi ne pas attribuer rétrospectivement les mêmes sentiments aux « traîtres » de la guerre d'indépendance et au « renégat » de l'Évangile ?

— La dérision, mon cher, toujours la dérision.

— Oui, mais une dérision active, une dérision saine et tonique, pas celle où il me semble que tu voudrais enfermer ton peuple, en me soutenant que la beauté de cette statue de Braun en particulier et de l'art baroque en général n'est que le commentaire sardonique de vos humiliations...

Longtemps encore la conversation s'était prolongée ; déjà nous avions vidé plusieurs théières de breuvage aux agrumes ; déjà nous avions entendu les disques préférés de Jiri : une longue cantate profane de Dvorak, où une jeune fille, croyant chevaucher avec son fiancé, découvre qu'elle a été enlevée par le Diable ; les imprécations de la grande Kniplova dans les rôles de marâtres de Janacek, ces terribles femmes, aussi sèches qu'une *mamma* napolitaine est plantureuse, et dont les noires et despotiques silhouettes sur l'horizon de la Bohême m'empêchent d'insister plus longtemps sur le parallèle entre Prague et le sud de l'Italie ; les deux quatuors de Smetana.

L'aube commençait à soulever le couvercle de la nuit. Jiri, d'un geste brusque, referma les volets.

Nous le quittâmes, retranché derrière ses livres, résolu à nier la splendeur du jour levant, mais preuve à lui seul, même s'il eût été fâché de le reconnaître, qu'une force invulnérable à la puissance destructrice du sarcasme continue à soulever la ville aux fiers clochers.

Brokof, la Nuit.

La nuit est mon repos

De toutes les villes que nous avons visitées, Prague est la seule que nous quittions avec chagrin, comme si nous y laissions une partie de nous-mêmes. Indéfinissable impression : Prague n'est pas plus belle que Rome, elle est plus émouvante. Peut-être parce que, à la différence de Rome et de Vienne, elle n'a jamais été un centre de pouvoir, tout en étant une capitale. Elle n'inspire ni respect ni admiration, elle touche, il faut l'aimer pour la comprendre, on ne peut avoir avec elle que des rapports personnels et tendres. Jardins Vrtba, jardins Kolovrat, montée au Château par les ruelles escarpées, communion avec les pierres, avec les arbres.

Difficulté à trouver la direction de Chlumek. Aucun panneau de signalisation, dans aucune langue ; de ternes avenues de banlieue entre des maisons noires. Nous tournons pendant une heure à la recherche de la route. Celle qui conduit vers l'Est et donc vers la frontière soviétique. Les riverains ont-ils arraché les panneaux ? Est-ce une dernière proclamation, fanfaronne et impuissante, de la litost nationale ?

Voici Chlumek, minuscule village à quelque quatre-vingts kilomètres, dominé par un grand château baroque dont les quatre corps de bâtiments rayonnent autour de la rotonde centrale. Le parc est désert ; par des allées sablées, sous des arbres magnifiques, nous montons jusqu'au perron d'entrée. Des paons se dandinent sur la terrasse. Le château abrite le Musée d'art baroque de la Bohême. La vieille femme qui

Braun, Luitgarde
(copie du musée de Chlumek).

nous accueille nous invite à chausser des pantoufles de feutre. Elle parle un peu le français. Nous ne tardons pas à apprendre que son gendre tient l'hôtel Kermor boulevard Montparnasse à Paris. Elle est pharmacienne à Chlumek. Nous la suivons à travers les salles du musée. Dans la rotonde, surprise de découvrir une copie de la fameuse Luitgarde de Braun. Nous la voyons bien mieux que l'original du pont : extasiée, égarée, effusive, romaine. Cousine tchèque de Thérèse et de Ludovica Albertoni, elle nous montre de quelles influences a dû se dégager Braun pour devenir Braun, en renonçant à l'élégie, à la pâmoison, à la rhétorique du chant et de l'opéra. Au point qu'il s'est gardé, à l'avenir, de prendre des femmes pour modèles et n'a plus fait que des statues d'hommes.

Cette défiance envers les héroïnes, envers la propension féminine à défaillir et à succomber, se retrouvera au siècle suivant lorsque le fondateur de l'opéra tchèque choisira pour premiers rôles le chevalier Dalibor ou le seigneur Vok. La protagoniste sera-t-elle une femme, comme la princesse Libuse, il s'agira d'une reine autoritaire, qui prédit l'unité de la Bohême et de la Moravie et glorifie la destinée du peuple tchèque, sur la base musicale d'un choral hussite. Pendant que Smetana retire ainsi aux femmes dolentes et blessées le rôle qu'elles avaient toujours eu dans l'opéra, Verdi crée les figures plaintives de la Traviata et d'Aïda et exalte l'union de l'amour et de la mort. L'opposition entre les deux compositeurs reproduit, dans une époque et dans des genres différents, l'opposition entre Bernini et Braun.

Voulons-nous prolonger le parallèle dans notre siècle, nous serons frappés par la perdurance du contraste entre les deux écoles d'opéra. Tandis que Puccini donne les premiers rôles à des créatures féminines promises à une élégiaque immolation, Janacek met en scène ces terribles marâtres que Jiri nous a fait écouter par la voix de Nadezda Kniplova. Ludovica Albertoni renversée sans connaissance sur sa couche en désordre, la bouche entrouverte pour un dernier soupir musical, c'est Mimi qui expire entre les bras de Rodolphe, la différence n'étant qu'entre la niche de marbre et le lit de parade de la bienheureuse et la mansarde sans feu des étudiants.

Il n'y a aucun équivalent plastique de Kostelnicka ni de Kabanicha, qui tyrannisent leurs brus (Jenufa et Katya

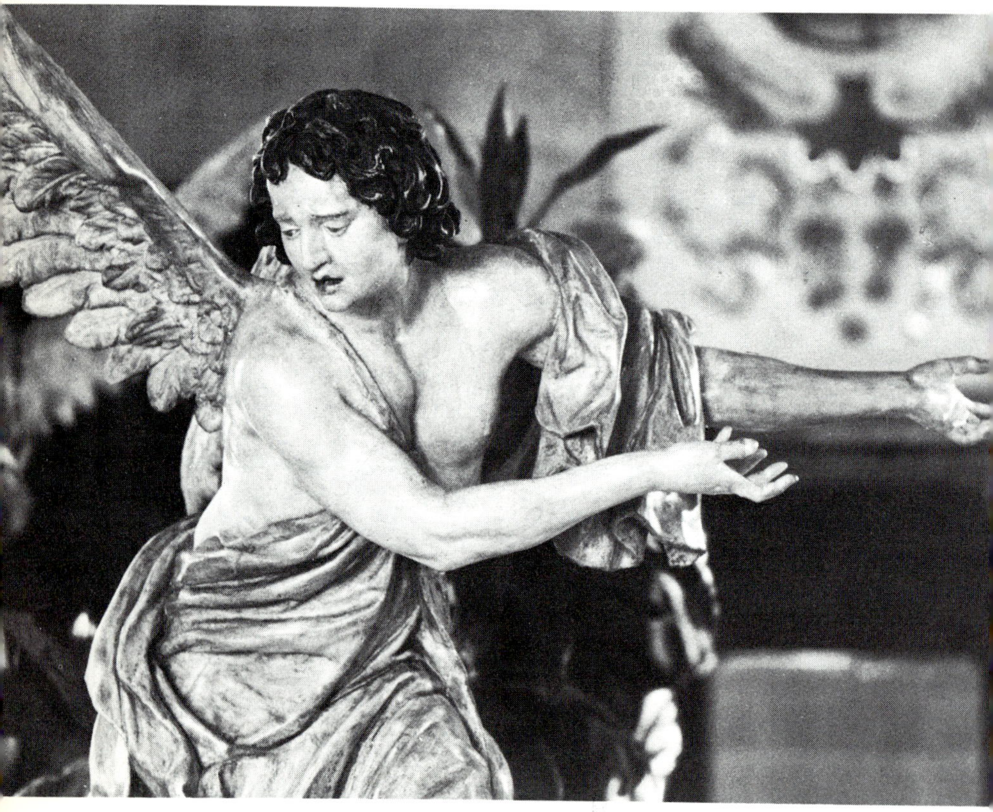

Les derniers invités du banquet.

Kabanova) avec cette force oppressive issue d'un matriarcat archaïque. Imagine-t-on Verdi ou Bellini prenant pour héroïnes des belles-mères ? Hypothèse aussi improbable que de trouver chez un sculpteur tchèque une figure trop douce, soumise à trop de langueur.

— Attention ! me dit Ferrante, toujours attentif à ne pas me laisser m'enferrer dans un raisonnement théorique, que démentirait le premier exemple. Regarde cet ange : n'appartient-il pas à la catégorie de l'élégiaque féminin ?

Il se met à plat ventre pour le photographier, à la stupéfaction de la gardienne.

— Elle vous plaît, n'est-ce pas ?

Ce « elle » peut s'appliquer à la statue, à moins que notre guide n'attribue le sexe féminin à l'ange de Brokof, dont la tête inclinée, la bouche ouverte et les cheveux au vent me surprennent à mon tour par je ne sais quoi d'abandonné et de tendre.

Nous parcourons les salles, en glissant sur les parquets bien cirés. D'admirables statues de Braun — une tête de Cronos, un saint Étienne debout, un buste de jeune homme — retiennent notre attention malgré les efforts de l'apothicaire pour l'attirer vers les tableaux qui ornent les murs.

— Vous n'aimez pas la peinture ? nous dit-elle, offusquée par notre indifférence. Toute pharmacienne qu'elle est dans un village perdu de Bohême, elle communique par sa fille et son gendre avec les trottoirs de Montparnasse et leur mythique floraison de rapins.

La peinture baroque tchèque : un chapitre important de l'histoire de l'art, en effet, mais nous ne sommes pas plus convaincus par ce que nous apercevons ici que par ce que nous avons examiné à Prague. Voici, de Karel Skréta, qui passe pour le plus grand, à côté de quelques portraits d'hommes assez banals, le couple poupin et sans force de *Didon et Énée* ; de Michael-Léopold Willmann, qui appartient à la deuxième génération du XVIIe siècle, un *David* et une *Andromède* qui sont du Rubens mou ; de Peter Brandl, peintre de la troisième génération, un *Saint Paul* et une *Marie-Madeleine* de la dernière mièvrerie. Sans la crainte de m'entendre dire par Ferrante que j'ai trop tendance à tirer de mes impressions des lois, je penserais que la peinture n'offre pas au goût tchèque de la difficulté matérielle, au besoin tchèque d'affronter et de combattre, la résistance qu'il trouve dans la pierre ou dans le bois de la sculpture.

Quelle est cette statue, justement, qui nous séduit tout de suite ? Brokof, encore : *la Nuit*. Un buste de femme, le sein nu. Elle penche la tête, sous un voile qui retombe sur son épaule et que surmonte un croissant de lune. Derrière ses paupières baissées, elle dort. D'un sommeil léger et rêveur, qui ne ressemble nullement à cette torpeur sans espoir que Jiri prête à ses compatriotes.

Sans doute me répondrait-il par les quatre vers envoyés par Michel-Ange à Giovanni Strozzi, qui l'avait félicité d'avoir sculpté, pour la chapelle Médicis, une *Nuit* si vivante, à laquelle il ne manquait que la parole. « Réveille-la, si tu ne me crois pas, et elle te parlera », concluait Strozzi. C'était l'époque où, après le sac de Rome, Florence aussi était tombée aux mains des Espagnols de Charles-Quint, et les libertés de la République toscane avaient disparu. Michel-Ange répliqua par cette épigramme :

Dormir m'est cher et plus encore être de pierre,
tant que règnent l'outrage et la honte ;
ne rien voir, ne rien entendre, m'est un grand bonheur ;
ne va point m'éveiller, je t'en prie, parle bas.

La sérénité que nous lisons sur le visage de *la Nuit* de Brokof serait-elle dérisoire elle aussi ? La manifestation, encore plus délicate et subtile, de l'inévitable litost ? Le sculpteur destinait ce buste à la façade du palais Morzin à Prague, pour lequel il avait fait, jouant sur le patronyme du propriétaire, les deux Maures atlantes. Il sculpta également un *Jour*, qui nous paraît bien moins réussi, bien moins beau. Qu'avons-nous à faire du Jour, dirait Jiri, s'il n'y a plus ni lumière ni renouveau pour nous ? « Ne va point nous éveiller, je t'en prie, parle bas. » La nuit est mon repos : légende pour le buste de Brokof, devise pour la Bohême.

Des tonneaux sous la colonnade

Encore quatre-vingts kilomètres à l'est, et nous voici dans une ravissante bourgade Renaissance, dont les maisons étroites et pointues, peintes en rose et en vert, alignent leurs pignons triangulaires, leurs façades pastel et leurs arcades ornées de guirlandes de chaque côté d'une place étirée en longueur. Pour un peu on s'attendrait à voir les villageois en costumes nationaux danser et chanter les scènes folkloriques de *la Fiancée vendue.* Smetana est né à Litomysl, dans le bâtiment qui fait face au château. Son père fabriquait de la bière pour les Wallenstein-Wartenberg (rien de commun avec le condottiere de la guerre de Trente Ans), propriétaires du gros édifice carré dont une parure de diamants peints tempère la campagnarde lourdeur par une touche d'élégance italienne. Construit vers 1580, par des architectes originaires de Mantoue, il renferme un petit théâtre aménagé dans les dernières années du XVIIIe siècle par des artisans locaux. Avec celui de Krumlov en Bohême du Sud, celui de Drottningholm en Suède et deux autres plus difficiles d'accès en U.R.S.S., il serait l'un des rares théâtres privés ayant gardé intact l'ensemble de ses décors baroques originaux.

Sept heures du soir, par une journée magnifique. Le soleil, encore haut dans le ciel, illumine l'ancienne brasserie des comtes. Nous heurtons en vain au lourd portail du château. Tout semble fermé. De l'autre côté de l'esplanade, un pépiement de jeunes filles nous attire jusqu'à la porte d'un collège annoncé par une banderole communiste. La concierge, qui connaît quelques mots d'allemand, nous emmène chez une gardienne dans les dépendances du château. Elle ne parle, elle, que le tchèque. Le directeur ? Absent de Litomysl. Quand reviendra-t-il ? Peut-être demain. N'y a-t-il pas une autre clef du théâtre ? Les deux femmes, amusées par notre insistance, se consultent. Oui, il y a une autre clef, c'est une troisième femme qui la détient, mais son enfant est malade, elle doit être avec lui à l'hôpital. Finalement, après beaucoup d'autres questions et réponses mimées plutôt qu'articulées, la seconde femme va prendre une clef et nous introduit dans la cour du château, encombrée de planches et d'échafaudages. Nous apprendrons que l'édifice, une fois restauré, abritera le Musée de la musique tchèque. Sur le côté gauche, voici trois portes, côte à côte : les trois portes du théâtre, construit dans une salle du rez-de-chaussée. Mais la gardienne a beau essayer toutes les clefs de son trousseau, au milieu du cercle de ses amies qui l'encouragent et nous adressent de petits clins d'œil amicaux, aucune de ces clefs ne s'adapte aux serrures de ces portes. « Demain ! Vous devez revenir demain ! »

Ne serait-ce que pour les revoir et les remercier de leur gentillesse, nous ne sommes pas fâchés de passer la nuit à Litomysl, bien que du premier hôtel se déverse jusque sur la place le fracas du disco : toutes les chambres ont été louées à une bande de jeunes gens dont Smetana n'est plus le dieu. Nous trouvons à nous loger dans le second hôtel : une chambre rustique et charmante qui donne sur une galerie de bois au fond d'une cour. Les formalités d'accueil ne durent pas plus de dix minutes. Longue promenade dans le crépuscule, dîner à l'unique restaurant, propre et simple. Nous n'y voyons que des hommes, attablés devant des pots de bière.

Le lendemain matin, à neuf heures, nous pénétrons dans la cour du château, par le portail grand ouvert. Va-et-vient des maçons au travail. Nos amies, qui ont noué sur leurs cheveux des fichus neufs, s'affairent devant le théâtre, mais de clef, toujours point. La mère de l'enfant malade ne viendra pas aujourd'hui. « Attendez ! Attendez ! » Elles semblent espérer quelque miraculeuse intervention. En Allemagne, il y a longtemps qu'un « Impossible ! », un « Nein ! » énergique nous eût signifié un congé péremptoire. Elles gagnent un petit bureau, se pendent au téléphone. Enfin arrive un homme d'une cinquantaine d'années, aux cheveux en brosse ; il parle assez bien le français et précède une nouvelle femme qui apporte la fameuse clef. (Nous saurons que Lubomira, de Prague, ayant averti le directeur du château de notre visite, celui-ci, retenu en dehors de Litomysl, a dépêché le directeur des archives.) Nos amies sont partagées entre le bonheur de nous montrer leur théâtre, et le dépit de n'avoir pas réussi à l'ouvrir elles-mêmes. Elles nous suivent à l'intérieur, se taisent, intimidées, pendant les explications que nous donne dans un langage inconnu d'elles cet homme au costume gris et à la courtoise neutralité de fonctionnaire. Leurs yeux pleins de malice et de tendresse nous cherchent pour nous dire : « Nous sommes sans doute moins savantes, mais ce théâtre est à nous, c'est nous qui l'aimons et en prenons soin ! »

Un joyau, qui nous console de n'avoir pas revu l'admirable théâtre d'Antonio Bibiena à Mantoue. Le parterre, où sont disposés des bancs séparés par une allée, ne contient pas plus de cent trente places. Un balcon, divisé en loges minuscules, fait le tour de la salle. La loge des comtes occupe à elle seule le fond. La scène, plus profonde que la salle, n'est pas construite en galeries fixes comme à Mantoue, mais équipée d'un décor amovible : pour le moment, une superbe architecture en trompe l'œil. Six paires de colonnes, fixées à des châssis latéraux, conduisent à la toile de fond qui montre un portique fuyant en biais et la voûte d'un palais à caissons. Malgré les dimensions réduites du théâtre, la profondeur paraît considérable. Le décor est conçu de telle sorte qu'il se prolonge dans les coulisses et s'achève hors de portée de la vue du public. Les spectateurs peuvent rêver aux parties du palais qui ne sont pas offertes à leurs yeux, selon les recommandations de Ferdinando Galli Bibiena et de ses deux fils Giuseppe et Antonio. Le décorateur ne fut autre que Joseph Platzer, qui avait, dix ans plus tôt, aménagé à Prague le théâtre Nostic où serait créé le *Don Giovanni* de Mozart. Le père de Joseph, Ignace Platzer, architecte et sculpteur, avait modelé les statues géantes et inexpressives de Saint-Nicolas. Ainsi, au fond de l'Europe, et comme suprême manifestation d'un art qui allait s'éteindre avec le siècle, le petit théâtre de Litomysl réalisa une dernière fois la synthèse de l'architecture et de la peinture, de la réalité et de l'illusion.

Montons sur le plateau : chacune des colonnes latérales consiste en une planche peinte qui peut glisser sur un rail.

Litomysl, dernier théâtre baroque.

Un système de poulies permet de remonter la toile de fond. En changeant les panneaux des châssis et les toiles de fond, on disposait de dix-sept décors différents, tous conservés dans les magasins du théâtre, avec les deux rideaux de scène que nous verrons aussi. Que jouait-on dans ce théâtre ? Non pas des opéras, mais des comédies allemandes et françaises, dans le goût sentimental et larmoyant de cette fin de siècle férue de Jean-Jacques Rousseau et de Sedaine.

Smetana, à l'âge de six ans, n'ayant eu que cinquante mètres à parcourir entre la brasserie et le château, donna ici son premier concert. Il joua au piano l'ouverture de *la Muette de Portici*, l'opéra alors célébrissime de Daniel Auber. J'avais rappelé à Jiri, pour nous justifier d'aller tous les soirs à des spectacles en apparence frivoles, que les Belges, en 1830, soulevés d'ardeur patriotique par les airs belliqueux de cet ouvrage, étaient sortis en tumulte du théâtre et avaient proclamé l'indépendance de leur pays. Notre ami s'était emporté. Leurs professeurs, m'avait-il dit, citaient toujours le pensum d'Auber comme modèle d'art socialement utile. Assez de ce marxisme primaire ! En France, lui avais-je répondu, comme on a un peu honte d'aimer si passionnément l'opéra, on se raccroche à l'exemple des Belges et au *Nabucco* de Verdi. Les trilles peuvent inciter à l'action politique, et les grâces du *bel canto* exhorter aux vertus de l'engagement. Le jeune Smetana, en jouant l'ouverture de *la Muette de Portici* quelques semaines après la Révolution belge, se préparait à sa carrière de musicien national, bien que ce décor de colonnes, de chapiteaux et d'urnes grecques évoque aujourd'hui à nos esprits nostalgiques l'art merveilleusement gratuit des castrats.

Notre guide nous entraîne vers les magasins. Des deux rideaux de scène, l'un représente un temple antique surmonté d'une coupole, avec des échappées sur les arbres d'un parc, l'autre la cour d'un palais dont les colonnes se perdent obliquement vers un point de fuite invisible. Pour les toiles de fond, le peintre, influencé par le nouveau goût pastoral et bourgeois, a renié l'idéal aulique des Bibiena. Voici un logis de paysan : poêle de faïence, rangées d'assiettes sur le mur, mezzanine avec des bottes de paille, pots en étain sur une étagère, porte et volets de bois plein ; sur les châssis, tonneaux et ustensiles de ménage. Avec les mêmes châssis, en déroulant une autre toile où sont peintes une forge et des épées suspendues à une barre, on obtenait une armurerie. Diderot, dont le père était coutelier, se serait plu dans cet atelier, où Greuze aurait trouvé l'atmosphère d'honnêteté laborieuse nécessaire à ses scènes de famille. Une haute fenêtre d'où pleut une lumière latérale, un guéridon avec un encrier, une carte géographique, une pendule et un portrait de femme accroché au mur caractérisent le salon bourgeois aussi net et frémissant qu'un intérieur de Chardin. Une ferme intermédiaire limite l'espace du café ; par la fenêtre, on voit, de l'autre côté de la rue, une maison qui semble à grande distance. D'autres toiles de fond suggèrent une prison, une église, une forêt, des rochers au bord de la mer.

Si les décors d'architecture ont encore la noblesse et la magnificence de la scénographie baroque, la simplicité des intérieurs et la fréquence des échappées sur la nature préparent le nouveau siècle. Mais peut-être, pour expliquer cette différence de style, serait-il superflu de l'attribuer à l'éveil de la sensibilité romantique. L'amour des arbres, des cheminées qui fument, des routes qui serpentent dans la campagne, des ustensiles de ménage et des outils rustiques, ne reflète-t-il pas tout simplement la vie paisible des campagnes tchèques ?

Les femmes qui nous ont suivis dans le magasin et devant les maquettes où chacun des décors est reconstitué en miniature, s'extasient devant les façades de palais et les colonnades à l'italienne. Mais la chaumière du paysan, la rue du village, le sous-bois au printemps les touchent de plus près. Les Wallenstein-Wartenberg vivaient dans leur résidence viennoise et ne venaient ici que l'été. Art de cour, le baroque est par définition un art urbain. Il ne pouvait sortir de la ville qu'au prix de certaines transformations. Ainsi a-t-il déroulé ses portiques dans ce coin champêtre de Bohême, en s'humanisant, en s'animant de la vie colorée des métiers. On eût fort étonné les Bibiena en leur disant que leurs spéculations sur l'espace et leurs recherches sur les lois optiques auraient abouti à mettre en valeur, par les jeux exaltants de la perspective, l'enclume du maréchal-ferrant, le tonneau du vigneron.

La forêt de Bethléem

L'heure du bilan. Résumons nos plus grandes surprises, nos plus fortes émotions. Le Sébastien de Giorgetti à Rome, le Sébastien de Puget à Gênes, la chapelle du Saint-Suaire à Turin, les rayons du crépuscule à Ottobeuren, le Faune de Munich, la présentation de la rose à Salzbourg, la coupole d'Andrea Pozzo à Vienne (Ferrante citerait d'abord : les fresques de Mondovi), les jardins de Prague (là-dessus, nous ne nous disputerons pas)... Savions-nous, en roulant vers le nord en direction de Kuks et du château recommandé par Lubomira, que nous attendait un dernier émerveillement ?

Non point à Kuks même, bien qu'il soit déjà assez étonnant de rencontrer en pleine campagne, alignées sur la terrasse devant la masse sombre et inélégante de ce qui a été longtemps l'hospice d'une station thermale, une vingtaine de grandes statues dans lesquelles nous reconnaissons d'emblée le dramatisme et la puissance épique de Matyas Braun. Elles sont noircies et rongées par le temps, ces allégories des Vices et des Vertus disposées en file sur la balustrade, au-dessus d'un champ qui dévale jusqu'à la rivière. Appelées « Vices » et « Vertus » pour obéir aux prescriptions morales de la Contre-Réforme, elles me font penser d'abord aux statues extravagantes de Bagheria près de Palerme, dont, vers la même époque (les années 1720), le prince de Palagonia fit orner sa villa. Braun n'a pas manifesté autant d'audace, sans doute ; point de monstres, ici, de dragons à tête de chèvre, de femmes à museau de cheval, de nains, de bossus ; mais un répertoire de figures et de thèmes qui montrent jusqu'où peut s'aventurer le baroque quand il se livre au démon de l'étrangeté sans basculer dans la folie.

D'ouest en est, nous relevons : une femme qui plante un poignard dans son sein. Une vieille édentée. Un ange plaintif pâmé à l'intérieur de ses ailes. Un ange contemplant un crâne. Un homme en extase les yeux levés vers le ciel. Une femme qui se regarde au miroir. Symétrique de son visage, un masque est fixé derrière sa tête, en sorte qu'on se demande : de ces deux visages, lequel est le vrai, lequel est le masque ? Et encore : si c'est le masque qui se regarde (et se voit dans le miroir où ses linéaments sont ébauchés), que signifie cette statue ? Sottise de la vanité, ou insanité de la déraison ? Au bout de la rangée, une femme voilée tient deux pigeons qu'elle fait le geste d'offrir. Est-ce la Générosité, qui ne sait pas ce qu'elle donne ? Platitude de cette interprétation. Pourquoi ne s'agirait-il pas d'une envie spontanée, envie de se mettre un voile sur la tête, envie de tenir dans ses mains deux pigeons ? En tout cas, la statue acquiert bien plus de force, si nous y voyons une femme qui a été saisie par un double désir, pour lequel aucune explication n'est possible.

« Après Kuks, la forêt de Bethléem. Renseignez-vous. Ce sera difficile, mais persévérez ! » Ce nom mystérieux, le souvenir du ton sur lequel il nous a été chuchoté, nous persuadent de ne pas renoncer à découvrir le secret de Lubomira, bien qu'aucune des rares personnes croisées dans le hameau au pied du château ne soit en mesure de nous renseigner. Une petite fille vient à notre secours : elle nous indique une route. Qui d'autre qu'une enfant pouvait nous ouvrir le chemin qui conduit à la révélation suprême ? Après beaucoup de détours, au milieu d'une campagne vallonnée et inhabitée, nous parvenons à l'orée d'une forêt. Une profonde forêt de sapins, de chênes et de bouleaux, l'Urwald des romantiques allemands. A peine si le soleil, pourtant à son zénith, réussit à s'infiltrer dans l'épaisseur des branches. Les arbres bruissent au vent et agitent leurs grandes ombres sur la mousse. Et puis, en pleine futaie, après une fontaine ornée de statues déjà fort surprenantes au milieu de ce désert, surgissent à nos yeux médusés de gros blocs de pierre où Matyas Braun, à la fin de sa vie, dans la totale liberté concédée par la solitude et l'affranchissement de toutes les règles, a donné corps à ses rêves.

Les blocs sont alignés le long du sentier, de cinquante mètres en cinquante mètres à peu près. Le plus important par la masse réinvente la grotte de Bethléem. Les Rois mages, entre des palmiers, défilent avec leurs chameaux. Saint Hubert, descendu de son cheval, est tombé à genoux devant le cerf qui, hiératique et sévère, le fixe entre les yeux. De la croix plantée entre ses bois jaillit le rayon qui illumine l'Europe centrale, comme l'Europe latine baigne dans l'éclair qui a frappé saint Paul. Hubert écarte les bras : volupté et souffrance. Foudroiement dans la douceur, soumission jubilante à l'ordre du ciel. Cette œuvre serait déjà superbe en soi : dans le silence et l'isolement de la forêt, quelle n'est pas sa magie ! Le reste des travaux de Braun a beaucoup souffert. Toutes les têtes de la fontaine ont disparu : il y avait là, au bord d'une vasque en forme de nacelle allongée, un homme et une femme drapés assis sur la margelle, et un chien dressé sur ses pattes, qui buvait. D'une grande femme couchée un peu plus loin près d'une tête de mort, il ne subsiste que de vagues contours.

Quelle idée aussi d'avoir choisi ce lieu sauvage pour y laisser son testament artistique ! Qui pouvait prendre soin de ces statues ? Pour qui ont-elles été sculptées ? Qui passe jamais ici, loin de tout village, église ou château ? L'immensité de la forêt palpite autour de nous. Les fûts clairs des bouleaux s'élancent d'un seul jet vers le ciel. Pour trouver que Braun fût un parfait représentant de l'« âme tchèque », il lui manquait, me disais-je, l'autodérision. Que demander de plus, à présent ? Ai-je besoin d'autres preuves ? Le grand artiste, au soir de sa vie, ne pouvait pas se moquer plus ouvertement de sa propre carrière et de l'art en général, qu'en s'adonnant, pour en faire ses chefs-d'œuvre, à des travaux qui n'auraient jamais la visite du public ni la consécration de la gloire, et qui s'effriteraient peu à peu sous les intempéries et les tempêtes.

Pendant ce temps, dans les années 1725-1730, De Sanctis construisait à Rome l'escalier de la Trinité-des-Monts, Arevalo la sacristie de la Chartreuse à Grenade, Giuseppe Bibiena le théâtre des Margraves à Bayreuth, Fattoretto l'église des Jésuites à Venise, Juvarra le château Stupinigi à Turin, Churriguerra la place de Salamanque, Servandoni la façade de Saint-Sulpice à Paris, I.K. Dienzenhofer l'église Saint-Nicolas à Prague. L'Europe se couvrait d'édifices qui la pareraient d'un décor immortel, tandis que Braun jetait ses dernières forces dans des œuvres dépourvues de toute finalité sociale et promises à la destruction. Un autre, résolu comme lui à se retirer du monde, se serait contenté de rêver sous les arbres et d'écouter les oiseaux. Il voulut, lui, ajouter à sa délectation de promeneur solitaire la jouissance de gaspiller son génie, en s'enivrant d'un acte purement créateur, dont il n'existe pas d'autre exemple aussi gratuit.

On a souvent relevé la composante pseudo-agreste du baroque, le goût pour le « grotesque » (qu'il faudrait écrire, comme l'italien *grottesco*, avec deux *t*, puisque ce mot dérive de « grotte » et désigne d'abord le style qui imite les rochers), pour la rocaille, pour les cavernes artificielles. Fontaines de Bernini, confessionnaux de Zwiefalten, bancs et ponts rustiques dans les jardins, saillies rocheuses de l'église des frères Asam à Munich et leur modèle romain, autour des fenêtres du palais Montecitorio : nombreux seraient les exemples à citer. Ceux qui insistent sur cette tendance en profitent pour rabaisser un art qui se serait perdu en inventions « amusantes » (c'est le mot d'Eugenio d'Ors) au lieu de viser à la haute spiritualité des classiques. C'est ignorer l'entreprise de Braun au fond de la forêt de Bethléem, et son utilisation des rochers à une fin métaphysique. Après la scène de la Nativité et le message d'amour du Nouveau Testament, voici les mystères et les frayeurs de l'Ancien, personnifiées par deux vieillards à l'aspect terrifiant.

L'un, accroupi et jeté sur le flanc, s'appuie sur une tête de mort et nous dévisage du fond de ses orbites profondément excavées. De longs cheveux et une barbe fluviale complètent son portrait de divinité chthonienne, surgie d'un âge aussi immémorial que celui de la forêt. L'autre se trouve à l'entrée d'une grotte, à genoux, appuyé de côté sur ses mains ; au milieu de son visage décharné, ses yeux immenses scrutent au loin l'horizon. C'est l'Urmensch primitif, le Cronos encore chaud du sein de Gaia. Titans jaillis du sol comme des rocs arrachés au chaos, des prophètes de la Bible l'un et l'autre n'ont-ils pas la grandeur farouche ? Si je les comparais, pour la puissance musculaire et la force expressive, aux Esclaves inachevés, au Moïse de Michel-Ange, ce serait diminuer l'originalité de Braun. Où les situer dans l'histoire

La vision de saint Hubert.

de l'art ? Représentent-ils l'apogée du baroque, par l'exaltation du sentiment dramatique de la vie ? Ou déjà l'après-baroque, le romantisme du désespoir et de la lutte impuissante contre le destin ? Ou quelque chose qui n'a rien à voir avec le baroque, le rêve de cette communion tellurique avec les forces élémentaires de la nature, qui a de tout temps hanté les hommes ? Ou même — je pencherais pour une réponse affirmative — quelque chose qui n'a plus rien à voir avec l'art ? « Arrière ! » semblent-ils nous crier, avec autant d'énergie que les prêtres d'Isis lorsqu'ils repoussent le jeune Tamino des portes de leur temple. « Il faut vous purifier si vous voulez entrer dans cette caverne dont je vous interdis l'accès tant que vous serez encombrés de tout votre bagage inutile d'idées sur l'art et la culture et de comparaisons entre les écoles, les styles... Ici n'a le droit de pénétrer que celui dont la sagesse ne s'arrête pas à ce qu'il étudie dans les livres, mais puise directement aux arcanes de l'univers. »

Tout artiste a rêvé ainsi de faire une œuvre qui paraisse issue non de son talent ou de son métier, mais d'un geste médiumnique comme si elle était une création spontanée. Si Braun n'a pu tout à fait y réussir — il savait qu'il restait le démiurge et que ses mains avaient sculpté les statues — du moins, en les abandonnant à la pluie et au gel qui achèveraient un jour de les anéantir, il les offrait en sacrifice aux éléments. Cronos rentrerait, tôt ou tard, dans le sein de Gaia. La Terre-Mère annihilerait l'ultime et plus bel effort de sa vie. Éloignons-nous en silence, respectons les dernières volontés du sculpteur : il faut tourner le dos à ses œuvres et nous enfoncer dans la futaie murmurante. Qui nous eût dit que, au terme de ce voyage entrepris pour déchiffrer les secrets d'une civilisation raffinée et complexe, nous recevrions l'ordre de nous replonger aux sources premières de la vie ?

Ferrante n'approuve pas ce finale. Il me fait observer que le vieillard devant la grotte n'en défend nullement l'accès, mais s'apprête au contraire à l'abandonner et à fuir. La disposition des différentes statues et des scènes dans la forêt répondrait à un programme initiatique. Le voyageur serait invité à parcourir toutes les étapes du baroque — quitte à découvrir qu'au bout de sa recherche la question reste sans réponse. Tour à tour la fontaine, les chameaux, les palmiers, la conversion de saint Hubert, les crânes lui rappellent les thèmes, les paysages qu'il a vus à Rome et dans le reste du croissant : l'eau, l'exotisme, l'extase, la mort. Et puis, au bout de l'allée, la tête tournée vers lui, ces deux vieillards qui le guettent pleins d'effroi. Ils se sont retirés du monde après en avoir épuisé les souffrances. Les bouleversements de l'ère baroque ont laissé dans leurs traits ravagés l'empreinte des guerres, des famines, des épidémies. Les grandes nouveautés stylistiques aussi : dans leur posture instable qui révèle leur tumulte intérieur, avec leurs membres tordus et leurs regards anxieux que même la retraite sous la fraîcheur des ombrages n'a pas apaisés, ne résument-ils pas l'impétuosité, la violence, les tourments de leur époque ? Ils sembleraient tout indiqués pour servir de conclusion à notre livre.

Voilà, aimerions-nous dire, le point extrême atteint par un art que nous avons vu naître place Navone. Les Fleuves descendus de leur socle ont vagabondé à travers l'Europe ; ils sont arrivés ici, où ils ont pris la teinte terreuse des écorces ; leur équilibre reste aussi précaire, l'âge ne les a ni assagis ni adoucis. C'est peut-être pour garder intacts les caractères du premier baroque qu'ils se sont réfugiés au fond de cette sylve obscure, à l'abri des transformations que le rococo s'apprête à lui faire subir. Personne d'autre que ces deux gardiens de la grande tradition berninienne ne pourrait nous fournir les clefs qui nous manquent encore. Sauf que, dans notre livre, ils refusent d'entrer et se lèvent à notre approche pour s'enfuir. Le dernier mot du baroque, nous ne le saurons jamais : il se dérobe à nous au moment où nous croyons le saisir. Les chérubins qui ont joué si souvent pour nous de la trompette aux quatre coins des églises, les *putti* qui nous ont accueillis dans leurs farandoles, ont cédé la place à deux ermites exténués que nous n'aurons garde de déranger plus longtemps.

Une brume dorée se répand sous les arbres. Derrière les statues qu'elle domine de ses frondaisons compactes, la forêt s'élève en pente douce vers un plateau solitaire où les troncs semblent moins drus. Qui sait si, derrière les rangées de chênes, de sapins et de bouleaux, nous ne découvrirons pas le paradis mythologique que nos anges, tant de fois, nous ont promis dans leurs concerts ?

Index

Table

ITALIE

AUTRICHE

PRAGUE ET LA BOHÊME

Mise en pages : Françoise Borin

IMPRIMERIE AUBIN, 86240 LIGUGÉ
D.L., septembre 1984. — Impr., L 16892. — Édit., 11195
Imprimé en France